AF612996

sociología
y
política

DERECHAS Y ULTRADERECHAS EN EL MUNDO

por

OCTAVIO RODRÍGUEZ ARAUJO

siglo xxi editores, s.a. de c.v.
CERRO DEL AGUA 248, DELEGACIÓN COYOACÁN, 04310, MÉXICO, D.F.

siglo xxi editores argentina, s.a.
TUCUMÁN 1621, 7 N, C1050AAG, BUENOS AIRES, ARGENTINA

edición al cuidado de ricardo valdés r.

portada de ivonne murillo

primera edición 2004

cerro del agua 248, col. romero de terreros, méxico, d.f.
www.sigloxxieditores.com.mx

isbn 968-23-2519-6

impreso y hecho en méxico

A la Facultad de Ciencias Políticas
y Sociales de la UNAM,
con mi gratitud

INTRODUCCIÓN

Desgraciados los tiempos
en los que hay que explicar lo obvio
FRASE ATRIBUIDA AL *CHE* GUEVARA*

Cuando terminé de escribir mi libro sobre las izquierdas y el izquierdismo** (que también podríamos llamar ultraizquierdismo) me quedó la inquietud de que valdría la pena intentar una exploración sobre la otra cara de la moneda: las derechas y las ultraderechas. Pensaba en esto cuando se dio un hecho fortuito: fui invitado a dar una conferencia sobre el ascenso electoral de las derechas (verano de 2002), y por ahí empecé.

Unos meses antes, Francia había conocido el sorprendente fenómeno de que el Frente Nacional, de ultraderecha, había obtenido en la primera vuelta electoral casi el mismo porcentaje de votos que el candidato fuerte de la derecha, Jacques Chirac y más que Jospin, socialdemócrata. En el mundo, y no sólo en Francia, se encendió un foco rojo. No sólo la derecha había desplazado a la izquierda reformista y no precisamente anticapitalista (la socialdemocracia), sino que la ultraderecha en algunos países ganaba crecientes simpatías, incluso entre sectores de trabajadores que antes votaron por los comunistas o por los mismos socialdemócratas.

Al mismo tiempo se percibía ya que el gobierno de Estados Unidos, sobre todo después del 11 de septiembre de 2001, revelaba un rostro más ultraderechista que sus antecesores. Todavía no ocurría la segunda invasión a Irak, pero ya se veía esa posibilidad después de Afganistán. En casa, es decir en México, nunca habíamos tenido un gobierno que abiertamente dijera que era de empresarios para empresarios, y cuyo presidente hiciera público su fervor religioso. Había motivos para preocuparse, sobre todo porque ha estado de moda hablar de la sociedad posideológica, en la que referirse a las izquierdas y a las derechas era, en el mejor de los casos, un asunto del pasado. El tema de moda era (y es todavía para muchos) la democracia, concebida en su aspecto formal: elecciones, multipartidismo, alternancia partidaria en el poder, libertades (incluida la de mercados), derechos humanos, etcétera.

* Citada por Pascual Serrano, "Cuando al engaño le llaman transición", <http://perso.wanadoo.es/camilofidel/resena-sinconstitucion.htm>.
** *Izquierdas e izquierdismo*, México, Siglo XXI Editores, 2002.

Se ha querido ver a la democracia como una panacea: si hay democracia se resuelve todo. Y, obviamente, no es así. En la actualidad hay mayor democracia en el mundo que hace 30 años, y sin embargo hay más pobreza y mayores desigualdades entre personas y entre países que entonces. No. La democracia, que ciertamente está más generalizada que antes, ha sido también una pantalla para ocultar la hiriente realidad del mundo en que vivimos. No estoy siquiera sugiriendo que la democracia no sirva, incluso la formal, sino simplemente que no ha sido ni será, por sí misma, un remedio general para todos los males.

De aquí que me haya interesado demostrar, en el debate sobre el significado de las izquierdas y las derechas, que la democracia o la no democracia no tienen nada que ver con el tema. Las izquierdas, siguiendo a Bobbio, tienden al igualitarismo (no a la igualdad), y las derechas a conservar o aumentar las desigualdades. Y si bien es lo que estamos viendo, había que demostrarlo. Sería el inicio, pero no suficiente para aclarar los conceptos.

Hacía falta otro concepto, la dominación. La dominación genera desigualdad: unos dominan y otros son dominados. Una obviedad, sí, pero es otro elemento que nos habla de desigualdades; por lo que quienes defienden formas de dominación que perpetúan o aumentan las desigualdades están admitiendo posiciones derechistas, aunque no se reconozcan o se asuman en esas posiciones. Y la dominación puede ser o no democrática, de donde se deduce que hay formas de dominación menos brutales que otras: ser dominado y además sin libertad para expresar el descontento, es peor que ser dominado con democracia. Por lo menos así lo entendería si fuera mi caso. ¿Y qué formas de dominación han sido más brutales que el fascismo, sobre todo el alemán, y el llamado comunismo, particularmente el de los tiempos de Stalin? Si al fascismo lo calificamos no de derecha sino de ultraderecha, ¿al stalinismo cómo lo calificaríamos? Otra discusión, muchas interrogantes. Pero aquí no acaban.

Los fascistas, señaladamente el italiano y el alemán, fueron nacionalistas, pero también de pretensiones imperialistas y hasta colonialistas. En esto no se diferenciaron mucho de los británicos o de los estadunidenses, "muy democráticos" según han dicho siempre. Sin embargo sí eran diferentes, pero en otros aspectos. Y cuando la URSS, después de la Segunda Guerra, tuvo la oportunidad de apropiarse del resto de Europa oriental, el gobierno no dijo que no; aceptó el obsequio, y todavía fue por más, por lo menos hasta Afganistán, su última conquista. Otro problema de interpretación, más interrogantes.

Los fascistas históricos eran nacionalistas expansionistas, los neofascistas del presente son también nacionalistas pero defensivos. Unos, los europeos, defienden su nación, en contra de la Unión Europea, de Estados Unidos y de la globalización neoliberal; otros, los estadunidenses, también defienden su nación, con ciertas peculiaridades incluso imperiales, pero al mismo tiempo no aceptan la globalización económica, les parece un peligro para sus formas de vida o para el modelo al que aspiran. La ultraderecha latinoamericana, por otro lado, es en general proestadunidense, admira a los imperios y el nacionalismo no parece preocuparle mucho. Hace 50 años la ultraderecha latinoamericana defendía la pequeña propiedad, ahora ya no se sabe qué defiende, pues unos ultraderechistas están en contra de las trasnacionales y otros en su favor y buscan asociarse con éstas.

La religión, por otra parte, tiene especial importancia para las ultraderechas de Estados Unidos (no todas), de Europa y de América Latina, pero no lo fue, en sentido distintivo, en las dictaduras de Italia o de Alemania, aunque sí en las de Portugal o España, por ejemplo. También parece ser muy importante en los países del Islam, pero no en todos los gobiernos de estos países. Más problemas de interpretación y de generalización.

Podría seguir en esta lógica, pero me detengo, pues este libro aspira a dilucidar (no resolver) estos problemas. Si lo logro o no, lo juzgará el lector.

El libro está compuesto de tres partes. En la primera he querido demostrar que los conceptos no son inmutables, obvio, pero que aún así tienen ciertos contenidos que nos dicen algo sobre temas específicos y que tienen validez histórica (y teórica). Asimismo, he querido demostrar que algunos esquemas de interpretación persistentes por decenios, son por lo menos discutibles, y que la discusión libre de ataduras (dogmas y prejuicios, por ejemplo), puede ser incómoda para algunos pero necesaria para avanzar en el conocimiento del mundo en que vivimos.

En la segunda parte, y a partir de la anterior, me refiero a las derechas, sobre todo en los gobiernos, en diferentes regiones del mundo con relativo énfasis en el presente. Los cuatro capítulos comprendidos en esta parte tienen grandes diferencias metodológicas, al igual que los siguientes de la última parte. Esto se debe a que obedecí a mis propios impulsos subjetivos en función de lo que me interesaba demostrar y porque algunas situaciones son menos debatibles que otras. Es claro que lo más polémico me exigía un mayor desarrollo o fundamentación, como por ejemplo la inclusión del llamado socialismo en un libro sobre las derechas. En otros términos, no me interesó ajustarme a un guión rígido ni simétrico, sino más bien a las necesidades de cada tema según mis posibilidades y lo que quería demostrar. Diría, como justificación, que es el privilegio del autor.

La tercera parte trata de las ultraderechas en dos tiempos y sólo donde han sido o son más evidentes y más claramente diferentes de las derechas. Los dos tiempos son el periodo entreguerras principalmente referido a Europa, donde las ultraderechas tuvieron mayor desarrollo, y el presente tanto en Estados Unidos como en la misma Europa. En este apartado he querido demostrar que si bien hay denominadores comunes también hay diferencias muy importantes, tanto entre el pasado y el presente, como entre gobiernos y organizaciones en ambos tiempos.

Las diferencias entre las derechas, entre éstas y las ultraderechas y entre estas últimas son las que me llevaron a llamarlas en plural. No hay una derecha ni una ultraderecha para todos los casos analizados. Son múltiples y tienen características diversas, según el momento histórico y el lugar en que se han desarrollado.

Es un libro polémico, como casi todo lo que he escrito, y también general —donde cada uno de los capítulos da para otras investigaciones específicas y de mayor profundidad. Hay debates implícitos y otros explícitos, pero no hay trampas intencionales, pues estoy convencido de que éstas, lejos de favorecer la discusión, la inhiben. Y vivimos tiempos en los que el debate no es sólo una necesidad sino una urgencia.

Quienes leyeron la versión original y me hicieron comentarios, me ayudaron mucho, pero no son responsables de lo que aquí se dice. Quiero agradecer, por lo tanto, y en primer lugar, a quienes leyeron partes o el total del manuscrito: Teresa Guitián, Miguel Urbano, Samuel Ramos, Enzo Traverso, Michael Löwy, Guillermo Almeyra, Rhina Roux y Alfredo Suárez. También a quienes me facilitaron materiales: además de Löwy, a Carlos Melesio, Lilia Venegas, Claudio Albertani y Carmen Guitián. Y, por supuesto, a mis ayudantes de investigación, al principio Norma Gómez y luego, por más tiempo, Tamara Barra.

Octubre de 2003

OCTAVIO RODRÍGUEZ ARAUJO

1. PROPUESTAS CONCEPTUALES

¿CONSERVADORES Y REACCIONARIOS?

No conozco a un autor que no coincida con la relatividad de los conceptos *izquierda* y *derecha*. Son conceptos relativos uno del otro. En palabras de Bobbio: "Los dos términos de una díada[1] se rigen indisociablemente el uno con el otro: donde no hay derecha ya no hay izquierda, y viceversa. Dicho de otro modo, existe una derecha en cuanto existe una izquierda, y existe una izquierda en tanto y cuanto existe una derecha. [...] si todo es izquierda ya no hay derecha, y, recíprocamente, si todo es derecha ya no hay izquierda."[2]

El término *derecha* ha sido asociado a la conservación del *statu quo*. Es un calificativo reservado comúnmente a los conservadores, a los defensores del orden establecido en el sentido de Easton, es decir como *persistencia* del sistema, que incluye cambios.[3] Por lo mismo, es también un concepto que ha variado según las tradiciones y el tipo de sociedad y de poder que se han defendido a lo largo de la historia. Muchas de las posiciones políticas que ahora consideramos de derecha fueron de izquierda en otro momento. El ejemplo clásico para Europa, al que han recurrido muchos autores, incluido Marx, fue el liberalismo y la lucha de la burguesía contra el absolutismo y los obstáculos del antiguo régimen que impedían su desenvolvimiento. La burguesía fue, en un momento dado, una clase revolucionaria. Luego fue conservadora. El liberalismo, como ideología de un sector de la naciente burguesía europea, fue también considerado progresista, de izquierda, por comparación con quienes veían en él un peligro para las tradiciones, los prejuicios y las formas de vida que defendían la Iglesia católica y la mayor parte de la nobleza y los terratenientes, es decir quienes gozaban de privilegios a costa de la sumisión, la pobreza y la ignorancia de los demás. Los defensores

[1] Díada es un concepto filosófico que se refiere a la unión de dos elementos o principios complementarios recíprocamente.

[2] Norberto Bobbio, *Derecha e izquierda*, Madrid, Punto de lectura, 2001, p. 63.

[3] Sobre el significado de la persistencia, David Easton, *Esquema para el análisis político*, Buenos Aires, Amorrortu editores, [s.f.e.], pp. 119 y ss.

de ese mundo, que cuestionaban la burguesía y los intelectuales liberales, eran los conservadores, como lo son ahora y desde hace poco más de 200 años los defensores del mundo que construyeron esa burguesía y esos intelectuales en algunos países de Europa y en su amplia y creciente área de influencia, el continente americano incluido.

Empero, la identificación de la derecha con el conservadurismo y de la izquierda con el progresismo, que es una identificación común y en uso todavía, no nos explica nada, salvo en algunas circunstancias concretas y específicas. Aunque en general todos entendemos que un conservador es de derecha y un progresista es de izquierda, cualquier intento de definición del conservadurismo y del progresismo tendría que referirse, más que a una persona, partido o clase social, a momentos históricos y a realidades concretas de un país, de una región, de una entidad específica en un contexto más amplio, en la historia misma o por comparación con otros similares. El profesor chino Qin Hui, en un elocuente párrafo, resume esta cuestión al comparar dos sucesos ocurridos en dos países muy diferentes en dos momentos también distintos:

> En Irán, la "revolución blanca" del Sha fue un programa oligárquico capitalista, de modernización autoritaria, que provocó una fuerte reacción fundamentalista, eventualmente desligada de la "revolución negra" de Jomeini. Eso fue muy similar a la manera en que las reformas de Stolipin se toparon con una poderosa reacción de la tradición del *mir*,[4] pavimentando el camino de la Revolución de Octubre. En tanto que los campesinos rusos odiaron las reformas de Stolipin, ya que les quitaron la tierra, la actitud de los campesinos iraníes fue justamente la opuesta. Cuando la Revolución Islámica arrasó las principales ciudades en 1977-1979, los campesinos iraníes –cerca de la mitad de la población– permanecieron indiferentes u hostiles al levantamiento contra el Sha. Ellos se habían beneficiado de su reforma agraria, la cual había también distribuido la tierra de las mezquitas para ellos, y sintieron que debían ser leales a él –a veces atacando las reuniones revolucionarias o tomando por la fuerza las casas de los terratenientes y de los activistas islámicos. Por las mismas razones, los terratenientes iraníes con frecuencia apoyaron la revolución contra el Sha, mientras que los terratenientes rusos fueron el primer objetivo de la revolución de 1917. Menciono todo esto para mostrar que ninguna clase es inherentemente "progresista" en la historia. Nosotros no deberíamos preguntarnos cuál clase puede

[4] Piotr Stolipin, quien fuera presidente del Consejo ruso en 1906, llevó a cabo una reforma agraria que disolvió las comunas rurales (propiedad colectiva) denominadas *mir*. (Nota del autor.)

movilizar a las demás para las reformas, sino qué clase de reformas podrían ser justas, y beneficiar a la mayoría de la población...[5]

Lo contrario al conservadurismo, se lee en el *Diccionario de política* de Bobbio, Matteucci y Pasquino,[6] sería el progresismo. Pero ninguno de los dos elementos tiene que ser identificado, sin excepciones varias, con derecha e izquierda, respectivamente. La idea de progreso puede identificarse con la derecha y con la izquierda, según la apreciación y los valores del analista; la idea de conservación igual. La conservación de los bosques y las selvas choca con el progresismo industrial, y hoy la primera es una posición cercana o afín a la izquierda y el segundo asociado con la derecha que desdeña la importancia de la ecología para la vida del planeta y sus habitantes. Pero no siempre fue así, aunque hubo reflexiones similares en el pasado. Hace muchos años, en 1954, Simone de Beauvoir escribía: "la burguesía empezó a dudar también de las ilusiones que se había forjado: el progreso de las técnicas y de la industria ha demostrado ser más amenazante que auspicioso; y hemos aprendido no a fertilizar la tierra, sino a devastarla".[7] De aquí se puede desprender que si conservadurismo es un concepto relativo en sí mismo, la derecha también, y que ambos conceptos dependen tanto del momento en que quiere ubicárseles como de la perspectiva política, moral o ideológica del observador, del analista o de quienes ven amenazados sus intereses.[8]

Bobbio, citando a Revelli, destaca que "no se es de derecha o de izquierda, en el mismo sentido en que se dice que se es 'comunis-

[5] Qin Hui, "Dividing the big family assets", *New Left Review*, London, número 20, marzo-abril 2003 (en Internet).

[6] Norberto Bobbio, Nicola Matteucci y Gianfranco Pasquino (directores de la obra), *Diccionario de Política*, México, Siglo XXI Editores, 12a. ed., 2000.

[7] Simone de Beauvoir, *El pensamiento político de la derecha*, Buenos Aires, Ediciones Siglo Veinte [1969], p. 12. Esta obra fue originalmente publicada en la revista francesa *Les Temps Modernes* en los números 112-113 y 114-115 de 1954 y posteriormente recogidos y editados por Gallimard con el título *La pensée de droite, aujourd'hui*, Paris, 1955.

[8] El nacionalismo, por ejemplo, era visto como un peligro para los imperios multinacionales de Austria y Rusia, y los monarcas de ambos imperios asociaban ese nacionalismo a las corrientes liberales de la época. Los progresistas eran, en esos momentos (en Austria o Rusia), los liberales nacionalistas, mientras que éstos, en Francia y en Gran Bretaña, serían ya los conservadores. En Francia, después de la guerra con Prusia (1870-1871), el nacionalismo se convirtió en la causa más importante de los conservadores, para entonces críticos del liberalismo y, obviamente, de la revolución.

ta', o 'liberal' o 'católico'. En otros términos, derecha e izquierda no son palabras que designen contenidos fijados de una vez para siempre. Pueden designar diferentes contenidos según los tiempos y las situaciones."[9] Pensemos en un ejemplo, a mi juicio elocuente: Antes de los años 60 del siglo pasado, y por mucho tiempo[10], la derecha estuvo identificada, más en el discurso que en la realidad, con la defensa de la pluralidad y con un cierto eclecticismo; ahora es al revés, es la izquierda la que defiende la pluralidad y se opone al pensamiento único, y más todavía a la imposición de un pensamiento único y a una visión unilateral del mundo.[11] Cuando la derecha defendía la pluralidad, la ultraderecha y la izquierda —cada una por su lado— defendían el monolitismo, lo que ahora también llamamos "pensamiento único". La derecha neoliberal de nuestro tiempo, en cambio, defiende y propone un pensamiento único; más aún: el fin de la historia de Fukuyama[12] y el *There is no alternative* de Thatcher. Eran el fascismo (Mussolini y Hitler) y el comunismo de los tiempos de la Tercera Internacional (sobre todo con Stalin a partir de 1927-1931) los que se oponían a la pluralidad, a la diversidad, a la desunión bajo un Estado que, en esa lógica, representaba la unión de todos, subordinándolos; es decir, la ultraderecha y la izquierda, esa izquierda que confundió la idea de Marx de *comunidad teórica* con monolitismo en el pensamiento, en la organización, en la vida cotidiana.[13] Quienes se oponían a la pluralidad parecían no darse cuenta del retroceso histórico en que estaban incurriendo. La defensa de la *unicidad* fue argumento de tendencias totalitarias y

[9] Norberto Bobbio, *Derecha e izquierda, op. cit.*, p. 125.

[10] Es conveniente recordar que el pluralismo fue una reacción del liberalismo individualista al Estado absolutista, y que el liberalismo individualista fue la base ideológica de la burguesía en tanto que no había conflicto de intereses intra e interclasistas. Como estos conflictos fueron (y son) inevitables (en el capitalismo), el pluralismo habría de ceder su lugar a la imposición coactiva de los grupos dominantes en el Estado.

[11] Un matiz: en los países llamados socialistas de Europa y en la URSS en tiempos de Gorbachov, hubo quienes demandaban pluralismo, pero no sólo entendiendo por éste la terminación del monolitismo político sino ampliando el concepto al campo de la economía, es decir abrirse al mercado capitalista.

[12] Escribía Fukuyama: "si mirábamos más allá de la democracia y los mercados liberales, no había nada hacia lo que podíamos aspirar a avanzar; de ahí el final de la historia." <http://www.arrakis.es/~trazeg/fukuyama.html>.

[13] Sobre el concepto *comunidad teórica* y la importancia de éste en el desarrollo y análisis de la izquierda, véase Octavio Rodríguez Araujo, *Izquierdas e izquierdismo. De la Primera Internacional a Porto Alegre*, México, Siglo XXI Editores, 2002.

del absolutismo. Flores Olea, en referencia al carácter absoluto del monarca, nos recuerda que "el monarca, en la necesidad de *unidad* que impone la razón, combate a los elementos disgregadores de su reino y lucha contra el 'pluralismo' y la 'diversificación' de la autoridad y de los poderes en su territorio."[14] Por contraparte, en el *posmodernismo* se critica la unicidad y la idea de totalidad: "Nosotros vivimos ahora en la era de los objetos parciales [...] No creemos más en una totalidad primordial que alguna vez existió, o en una totalidad final que nos espera en una fecha futura",[15] por lo que, por un lado, se soslaya la lógica totalizante del capitalismo, afirmando implícitamente la inmutabilidad de éste como sistema económico, y se rechaza, por otro lado, la sustitución del capitalismo por el socialismo (una totalidad final). Como ha podido verse, derecha, ultraderecha o izquierda no designan contenidos inmutables. Estos cambian "según los tiempos y las situaciones".

Nunca, como en los últimos años, se han cuestionado con tan sólidos fundamentos conceptos tales como progresismo y su contraparte: el conservadurismo. Muchos de los niños y los jóvenes de hoy, con toda razón, están preocupados por lo que les heredará el progreso, por lo que ya les ha dejado y en el que viven. La contaminación y la insuficiencia de agua, para sólo citar dos ejemplos de alto significado biológico, son temas de profunda reflexión en el siglo XXI, y de diferencias. Hace dos siglos la industria se veía como progreso y muy pocos, en una lógica humanista y no religiosa, la cuestionaban. Hoy se sabe que la industrialización ha resuelto muchos problemas pero que ha creado otros que se han convertido en una suerte de monstruo de Frankenstein, como la emisión de dióxido de carbono, metano y óxido nitroso por el desarrollo industrial, cuyos efectos en el calentamiento de la Tierra y en los cambios climáticos serán catastróficos para toda la humanidad.[16] Walter Benjamin, cita Michael Löwy, decía que el progreso técnico e industrial puede ser portador de catástrofes sin precedente.[17] La idea de progreso, como

[14] Víctor Flores Olea y Abelardo Mariña Flores, *Crítica de la globalidad. Dominación y liberación en nuestro tiempo*, México, Fondo de Cultura Económica, 1999, p. 108.

[15] Gilles Deleuze y Felix Guattari, *Anti-Oedipus: Schizophrenia and Capitalism*, Minneapolis, University of Minnesota Press, 1983, p. 42.

[16] Estados Unidos emite el 25 por ciento de dióxido de carbono con sólo el 4 por ciento de la población mundial. Véase, con amplia información, Pablo Clavijo López (director), *Guía Mundial. Almanaque anual 2003*, Colombia, Editorial Cinco, 2003, p. 114.

[17] Michael Löwy, "La dialectique de la civilisation: figures de la barbarie moderne

el progreso mismo, también es discutible como lo demuestra, entre otros, Popper.[18] Por lo mismo, la oposición al progreso no es ni puede ser unilateral ni se plantea en una sola ideología o corriente de pensamiento. Ciertas izquierdas y algunas ultraderechas ven en los defensores del progreso y en el progreso mismo un adversario o un enemigo. La idea de progreso, en las sociedades capitalistas (y en cierto sentido también en las llamadas socialistas de los tiempos de la industrialización a toda costa), supuso y supone, por otro lado, una mayor jerarquización de la sociedad, es decir mayores desigualdades, particularmente visibles en el mundo capitalista.[19] Los "dueños" y usufructuarios del progreso son, tanto en la sociedad capitalista como en la llamada socialista, las elites, los que gozan, en un caso, de las mayores riquezas y del poder político y/o de los medios de comunicación masiva, o, en el otro caso, de mayores privilegios además del monopolio de los medios de comunicación y de la coacción. El extremo límite del poder sobre el progreso, que yo llamaría totalitarismo absoluto u orwelliano, y que por fortuna sólo ha sido una aproximación en los totalitarismos existentes hasta ahora, significaría, en términos de Popper en referencia a su control holístico, *el fin del progreso*,[20] tampoco deseable.

El progreso tiene víctimas.[21] El no progreso también. Pero en los últimos años pareciera que sólo importan las víctimas del progreso. A éstas es a quienes se dirigen algunas de las nuevas izquierdas (diferentes a las de los años 60 del siglo pasado), pero también las ultraderechas no gobernantes tanto en Estados Unidos como en Europa occidental y en aquellos ámbitos donde el progreso (y

au XXème siècle", en Marcello Flores, *Storia, verita, giustizia. I crimini del XX secolo*, Milano, Mondadori, 2001. (Copia proporcionada por el autor.)

[18] Karl R. Popper, *La miseria del historicismo*, Madrid, Alianza Editorial, 1973, §32: "La teoría institucional del progreso", pp. 167 y ss.

[19] Aun en la Unión Soviética, donde sólo en sus primeros años, sobre todo en el campo, hubo propiedad privada de los medios de producción, la colectivización y el desarrollo acelerado de la industria fortalecieron el desarrollo de una elite burocrática, jerarquizada y diferenciada del resto de la población. Véase E. H. Carr, "Revolution from Above", en *New Left Review*, London, número 46, noviembre-diciembre 1967, pp. 17-27.

[20] Karl R. Popper, *op. cit.*, p. 174 (las cursivas son mías). Sobre el holismo en Popper, véase en esta obra el § 7.

[21] Después de invadir a Irak, de matar civiles y de imponer un gobernante espurio en ese país, George W. Bush declaró: "Pienso que un Irak libre será un ejemplo de libertad y de *progreso* para todo medio oriente." *La Jornada*, México, 16 de abril de 2003. (Las cursivas son mías.)

la modernización) se percibe como atentatorio de fundamentos religiosos, usos y costumbres tradicionales o formas culturales que han querido mantenerse al margen de las llamadas occidentales. Curiosamente, algunas izquierdas se han preocupado más por las víctimas del *no progreso* relativo (los pueblos marginados, por ejemplo) que por las del *progreso* (en concreto, por los trabajadores). Los tiempos cambian.

Los defensores del progreso son, también y en cierta forma, conservadores. Defienden la conservación de una dinámica económica, política y cultural que, en términos sociológicos, beneficia a unos cuantos. El desarrollismo de los años 50 del siglo XX en América Latina fue, sin duda, progresista, y contó con el apoyo de las masas empobrecidas al pensar que mejorarían su situación, pero fue al mismo tiempo conservador ya que el implícito era evitar que el orden fuera subvertido y que el comunismo pudiera ganar influencia.[22] Un ejemplo altamente revelador fue el que estudió Miriam Limoeiro Cardoso sobre el gobierno de Juscelino Kubitschek en Brasil. "La perspectiva política general —escribía— [era] cambiar, pero dentro del orden, para garantizar el orden. Al plantear en estos términos la necesidad del desarrollo, Juscelino [movilizó] a extensos sectores para el esfuerzo desarrollista." Y más adelante la autora decía: "La actitud desarrollista es francamente transformadora, muestra una profunda disconformidad con el presente. Por otra parte, es abiertamente conservadora, preocupada como está por garantizar el orden por encima de todo. En cuanto al campo económico es marcadamente innovadora, al impulsar los sectores emergentes, al concentrar las inversiones en áreas nuevas, predominantemente industriales —aunque con eso contraríe la hegemonía que regía anteriormente."[23] El ejemplo citado de Brasil no fue único, y menos en esos años.

Por otro lado, el término *derecha* no sólo podría asociarse a los conservadores, sino también a los reaccionarios, es decir a quienes han intentado regresar el reloj de la historia a tiempos y situaciones previas, como por ejemplo a quienes después de la restauración de la monarquía borbónica (constitucional) quisieron regresar a la

[22] Después del triunfo de la Revolución cubana Estados Unidos diseñó una especie de nuevo Plan Marshall para América Latina, y éste se llamó, precisamente, Alianza para el *Progreso.*

[23] Miriam Limoeiro Cardoso, *La ideología dominante. Brasil-América Latina*, México, Siglo XXI Editores, 1975, p. 219.

monarquía absoluta anterior a la revolución francesa, o se puede relacionar con esos tres o cinco millones de italianos que en la actualidad verían con simpatía que el reinado de los descendientes de Víctor Manuel II fuera reinstalado con el actual príncipe de Saboya que regresó a su país después de 56 años de exilio. Muchos ejemplos podrían citarse de movimientos reaccionarios, que en los términos actuales calificaríamos como *ultraderecha*. ¿Pero todos los que reivindican un cierto pasado son reaccionarios y por lo mismo de ultraderecha? La defensa de valores, ritos y formas de poder o de representación, en una palabra de una cultura *anterior* (secular), ¿es necesariamente reaccionaria?

¿Y qué tan anterior es *el anterior* que reivindican, por ejemplo, los defensores de las identidades comunitarias y precapitalistas que se oponen a la llamada "gran narrativa" de la historia basada en la lucha de clases y qué tanto se soslaya el modo de dominación y sus fundamentos de ese anterior que ahora se reivindica como si aquel anterior hubiera sido un mundo feliz, igualitario, armónico y respetuoso de los derechos humanos? Hace no muchos años un obispo católico defensor de los indios mexicanos argumentaba que debían respetarse sus usos y costumbres ancestrales; y alguien le preguntó si estaba de acuerdo en que también se les respetaran sus creencias religiosas anteriores a la evangelización impuesta durante la colonización. En ese punto, el obispo no estuvo de acuerdo. Pienso que es un buen ejemplo de los "anteriores" arbitrarios y convenientes que defienden muchas personas tanto con posiciones de izquierda como de derecha y hasta de ultraderecha.

Hay un debate sobre estos aspectos relacionados tanto con lo *anterior* como con las *identidades*. Sectores de las nuevas izquierdas, incluso algunas derivadas del marxismo, reivindican las identidades no clasistas de grupos sociales, étnicos y culturales que viven bajo la opresión de quienes tienen el poder para imponer su hegemonía; en otros ámbitos, sin embargo, se analizan estas identidades y la dominación, antiguas y nuevas, en el marco de la lucha de clases y de la lógica totalizante del capitalismo.[24] Pero la ultraderecha —y en ciertos casos también la derecha— reclama igualmente la reivindicación de identidades/diferencias no clasistas para afirmarse en sus identidades y en relación con otras identidades que son diferencias: blancos contra negros y viceversa, protestantes contra judíos o mu-

[24] Véase al respecto Leo Panitch y Colin Leys, *Socialist Register 2003: Fighting identities: race, religion and ethno-nationalism*, London, Merlin Press, 2002.

sulmanes y viceversa, nacionalismo contra globalización y viceversa, etcétera.

Hay muchas confusiones sobre este punto. En sus afanes por deslindarse de los "viejos" esquemas socialistas de la lucha de clases, de la dominación fundada en intereses económicos y del imperialismo como una expresión de esta dominación, por ejemplo, ciertos sectores de las nuevas izquierdas, defensoras de las identidades y de la pluralidad al margen de las clases sociales, aceptan situaciones despojadas de su historia, aparentemente neutras, como si su lucha estuviera basada en una especie de "borrón y cuenta nueva". Un ejemplo: en el Foro Social Mundial que se ha llevado a cabo durante tres años consecutivos en Porto Alegre, Brasil, se acepta, sin cuestionamientos, la participación de la Confederación Internacional de Organizaciones Sindicales Libres (CIOSL) en su Consejo Internacional. Se pasa por alto que, después de la Segunda Guerra Mundial, Estados Unidos lanzó una grande e intensa campaña, acompañada de acciones (documentadas) de la Agencia Central de Inteligencia (CIA, en inglés) en contra de los llamados entonces sindicatos rojos. Su consigna era convertir éstos en sindicatos "libres" o formar, como alternativa, sindicatos pro estadunidenses, es decir "libres y democráticos". Se creó, contra la Federación Sindical Mundial (roja), la Confederación Internacional de Organizaciones Sindicales Libres (CIOSL), cuya rama latinoamericana sería la ORIT (Organización Regional Interamericana de Trabajadores). Se crearon igualmente tres sedes del Instituto Americano para el Desarrollo del Sindicalismo Libre (en México, Honduras y Uruguay) cuyos directores fueron siempre de la CIA. Estos institutos se fundaron (con la aceptación de los gobiernos de cada país) para formar líderes sindicales pro Estados Unidos. ¿Será que nadie recuerda el papel de esas organizaciones, de consuno, contra los sindicatos prosocialistas y contra gobiernos que, aun siendo liberales, no quisieron alinearse con Estados Unidos? ¿Nadie recuerda el papel de la CIOSL y de la CIA en los golpes de Estado en Brasil y Chile, en 1964 y en 1973 respectivamente, y en otros países?

Aunque parece que el pragmatismo se ha apoderado de las principales corrientes políticas de nuestro tiempo, incluidas en éstas a ciertas izquierdas, es la derecha la más pragmática, pues su ideología es de base empírica-positivista, y más cuando tiene el poder (el poder, por definición, es pragmático). La ultraderecha y la izquierda en general son corrientes que defienden más la ideología que la derecha. La ultraderecha, incluso cuando ha tenido el poder (como por ejemplo en Italia y Alemania durante el fascismo), ha defendido su ideología, pese a que en cuestión de programas, así como en su estrategia y tácticas, ha sido pragmática. La derecha no suele interesarse mucho en la ideología. La derecha se adecua a los cambios y en ocasiones se adelanta a hacerlos para conservar el *statu quo* (nunca estático). Para la derecha la ideología y los principios son mucho menos importantes que para la ultraderecha, por una sencilla razón: la ideología de la derecha es la defensa de sus intereses y los que representa, tenga o no el poder gubernamental.

Respecto del pragmatismo de la derecha, piénsese en la posición de los gobiernos que en 1999 estuvieron de acuerdo en lanzar a los ejércitos de la OTAN contra Yugoslavia y que luego, en 2003, se opusieron a la invasión de Estados Unidos y sus aliados a Irak. En 1999 la Organización de Naciones Unidas no fue consultada, cuatro años después sí, y el Consejo de Seguridad se dividió entre quienes estuvieron a favor de invadir militarmente a Irak y quienes estuvieron en contra, pero que no se opusieron ni reprobaron la invasión unilateral de Estados Unidos a Granada o Panamá, o la de algunos de ellos mismos a Afganistán "contra el terrorismo" en 2002. Pragmatismo y juego de intereses. No otra cosa. Y en este juego de intereses, a nadie parece importarle la situación de los pueblos (en este caso del iraquí, con Hussein o sin él), ni la ética ni los tratados internacionales, ni el hecho más obvio de este conflicto: que ni Estados Unidos ni ningún otro país tienen derecho alguno a invadir a otra nación so pretexto de que "no hay libertades ni democracia". Es el pragmatismo de quienes tienen poder, de los gobiernos de derecha en el mundo cuyas diferencias o afinidades dependen de los intereses que defienden en cada situación y según las circunstancias.

DOMINACIÓN, DESIGUALDAD Y DEMOCRACIA

En el plano que aquí nos interesa, quizá debiéramos abandonar la generalización de las asociaciones *derecha-conservadurismo* e *izquierda-progresismo* que, como hemos visto, implican serias dificultades para su caracterización, aunque aceptemos, sobre todo en el lenguaje coloquial, que la derecha es conservadora como suelen definirla los diccionarios no especializados. Propondría un enfoque diferente, *relacionado* con la lucha de clases inherente al capitalismo, pese a que, como hemos visto, hay quienes piensan que es una óptica obsoleta. Soy consciente de que el debate sobre las clases sociales dista mucho de haber sido resuelto, de que en Marx y los marxistas no hay una teoría acabada sobre el tema, de que incluso en Marx hay diversos enfoques sobre la caracterización de las clases sociales y sobre la lucha de clases, pero no es el punto a discutir, directamente, en este escrito.[25] Me interesa más el problema de las clases sociales en términos de *interés de clase* y de *dominación*.[26] Erik Olin Wright[27] señalaba que "cualquiera que sea el significado del concepto 'intereses', seguramente incluye el acceso a recursos necesarios para cumplir varios tipos de metas u objetivos. La gente ciertamente tiene un 'interés objetivo' en incrementar su capacidad para actuar." Y en este sentido, la estructura de clase impone límites para el acceso diferenciado a recursos en una sociedad y, por lo mismo, a capacidades también diferenciadas para actuar. Las clases dominantes han tenido y tienen claro que para mantener y reproducir su poder y lograr sus metas y objetivos (en función de sus intereses) tienen que mantener y reproducir la estructura de clases que les permite ser dominantes.

Si aceptamos que en toda sociedad capitalista, de manera más evidente que en las llamadas socialistas, hay unas clases que dominan y otras que son dominadas, la derecha siempre estaría ligada de una forma u otra a los intereses fundamentales de las clases dominantes. En este caso conceptos como conservadurismo se pueden asociar con esos intereses de las clases dominantes. Podría hablarse de conservadurismo asociado a los intereses de las clases dominantes y de este modo el concepto pierde una buena dosis de ambigüedad. Pero igual podría hablarse de progresismo (y hasta de modernización) asociado a los intereses de las clases dominantes, como ya hemos visto. ¿Y entonces? Salta a la vista que aquí lo que importa es la asociación con los intereses de las clases dominantes, una vez que dominan —permítaseme la aclaración aparentemente redundante.

[25] Para dar una idea de las dificultades inherentes al concepto de clase social y de lucha de clases, me permito remitir a la estupenda síntesis del debate sobre el tema en los apartados correspondientes en Georges Labica y Gérard Bensussan, *Dictionnaire critique du marxisme*, Paris, Presses Universitaires de France, (2a. ed.), 1985.

[26] Una discusión sobre el *interés de clase*, anterior al libro de Wright citado en la siguiente nota, puede leerse en Göran Therborn, *¿Cómo domina la clase dominante? (Aparatos de Estado y poder estatal en el feudalismo, el capitalismo y el socialismo)*, México, Siglo XXI Editores, 1978, pp. 173 y ss.

[27] Erik Olin Wright, *Classes*, London/New York, Verso, 1985, p. 28. Hay traducción al español, pero tiene muchas imprecisiones.

Dominantes-dominados tiene que ver con desigualdad. Desigualdad es lo contrario a igualdad. En la lucha de clases, es decir en la teoría de las clases sociales, uno de los implícitos es que unas clases dominan a otras, con lo que se establece una relación de desigualdad. En el socialismo del que hablaba Marx no existirían estas desigualdades *sociales*, menos en el comunismo. Cuando la izquierda ha estado asociada al socialismo, como meta y como lucha, el implícito ha sido la *tendencia* a la igualdad (subrayo tendencia). Aquí igualdad no quiere decir eliminación de los desiguales, que es un principio totalitario, sino la igualdad que respeta las diversidades, la que en las diferencias acepta y respeta a todos como personas o grupos *en un marco de no dominación*. En términos de Bobbio: "*Igualitario* es quien tiende a atenuar las diferencias; *no igualitario*, quien tiende a reforzarlas."[28] Hay propuestas o planteamientos que, incluso en el capitalismo, tienden a hacer menos grandes las desigualdades, como los impuestos directos progresivos, la educación, el derecho al trabajo, el derecho a la salud, etcétera y, en el ámbito político, también la oportunidad de participación de la sociedad en los asuntos de su competencia. El elemento que mejor caracteriza a las doctrinas y movimientos que se han llamado de "izquierda" es el igualitarismo, siempre y cuando éste sea entendido no como la utopía de una sociedad donde todos sean iguales en todo sino como tendencia. Es decir, exaltar más lo que convierte a los hombres en iguales y no lo que los convierte en desiguales, por un lado, y por otro, mediante la práctica favoreciendo las políticas que tiendan a convertir en más iguales a los desiguales. [29]

El igualitarismo, así caracterizado, está asociado al socialismo, como meta y como lucha.[30] El no igualitarismo, al capitalismo. El capitalismo, por definición, crea desigualdades[31] y las formas de dominación indispensables para mantenerlo son su expresión política, ya que sugieren un poder necesario para preservar el capita-

[28] Bobbio, *Derecha*..., *Ídem*, p. 147 (las cursivas son mías).

[29] *Ídem*, p. 149. (No he citado el párrafo de Bobbio tal como está en su libro, pues hay algunos errores de traducción que lo hacen ininteligible-ORA.)

[30] Es pertinente enfatizar, aunque sea muy sabido, que la idea del socialismo surgió a partir de la crítica de las condiciones de vida de los trabajadores en el capitalismo, y que su teoría se basa en la creación de una sociedad en la que las *profundas* desigualdades sociales sean disminuidas al máximo posible.

[31] Sobre este tema, entre otros libros, puede consultarse el muy reciente de Michael D. Yates, *Naming the System: Inequality and Work in the Global Economy*, New York, Monthly Review Press, 2003.

lismo, es decir las desigualdades que le son propias y convenientes. Ese poder necesario para preservar el capitalismo, para garantizar la reproducción del capital es, para los teóricos marxistas, precisamente el Estado, el Estado capitalista.

De lo anterior es pertinente resaltar que las *formas* de ese poder (formas de Estado) tienen que ver con la correlación de fuerzas sociales (nacionales e internacionales) y con las tradiciones en un espacio y momento dados. A veces esas formas de Estado son democráticas, a veces autoritarias, en otras se trata de dictaduras y de totalitarismos. Pero estas formas, materializadas en gobiernos, no son las que más felizmente diferencian a las derechas de las izquierdas; si acaso, las políticas que llevan a cabo: menos igualitarias, más igualitarias, siempre en una lógica de dominación/no dominación.

En este razonamiento debe quedar claro que la forma de Estado, un régimen político, es de izquierda o de derecha en tanto sea tendente a promover un mayor igualitarismo (no eliminación de los desiguales, como ya dije antes) o un no igualitarismo, respectivamente. Una vez más la palabra *tendencia* (tendente en este párrafo) es imprescindible para no caer en confusiones ni en generalizaciones que puedan resultar absurdas. Y esa tendencia de un régimen se podrá observar por la orientación de las políticas públicas: hacia la promoción de menores desigualdades o hacia su contrario, la acentuación y reforzamiento de las desigualdades.

Y aquí quisiera llamar la atención sobre una confusión frecuente: el uso de la mayor o menor democracia (sobre todo formal, es decir sin adjetivos) como indicador de izquierdismo o de derechismo. *No tiene nada que ver.* La democracia, sobre todo la formal, es decir la electoral, no hace, por sí misma, más de derecha o de izquierda a un régimen, aunque sí más soportable. La democracia, como bien decía Kautsky, no significa la supresión de las clases sociales ni del dominio de una clase sobre otra.[32] La promoción de las llamadas "transiciones a la democracia", de moda sobre todo desde mediados de los años 80 del siglo pasado,[33] ha servido para genera-

[32] Karl Kautsky, *La doctrina socialista. Bernstein y la socialdemocracia alemana*, Barcelona, Editorial Fontamara, 1975, p. 244.

[33] Desde mediados de los años 80 del siglo pasado se puso de moda la transición a la democracia. Guillermo O'Donnell y Phillipe C. Schmitter publicaron en 1986 (traducido al español en 1991) su *Transiciones desde un gobierno autoritario. 4. Conclusiones tentativas sobre las democracias inciertas;* y en 1991 (traducido al español en 1994). Samuel P. Huntington publicó su también famoso libro *La tercera ola. La democratiza-*

lizar sistemas multipartidistas como sinónimo de democracias, pero de ninguna manera puede afirmarse que estas transiciones hayan reforzado una tendencia al igualitarismo.[34] Todo lo contrario: las desigualdades sociales y económicas propias de los países capitalistas, ahora en mayor número que antes de la destrucción del Muro de Berlín, han aumentado en todo el mundo, incluso en los países más desarrollados, vivan o no en regímenes llamados democráticos que se han querido caracterizar, a conveniencia, como multipartidistas como vía a la posibilidad de alternancia en el poder. Hay mayor tendencia al igualitarismo en Cuba, por ejemplo, que en estrictos términos de ciencia política sería una dictadura, que en Argentina donde por primera vez en los últimos 60 años se mueren niños por hambre y desnutrición, pero esto sí, con democracia, con la democracia que sustituyó a las dictaduras militares del pasado a partir de 1983 con Alfonsín.[35]

Lo ideal sería que la tendencia al igualitarismo se produjera en un ambiente de democracia en el que se garantizaran los derechos individuales, la diversidad de las personas y sus organizaciones, y en el que la dominación de cualquier especie fuera imposible sin el consentimiento de alguien, como demandan en la actualidad algunas izquierdas —no todas y, mucho menos, las derechas en cualquiera de sus variaciones o grados. ¿Será este ideal el del socialismo democrático que hasta ahora sólo ha sido un planteamiento, o quizá una utopía? Puede ser, pero definitivamente la democracia

ción a finales del siglo XX. Muchos textos sobre el tema se han escrito desde entonces en varios idiomas.

[34] La democracia, que se quiere circunscribir a la existencia de partidos políticos, al respeto del sufragio, a la alternancia partidaria en el poder, que es la concepción liberal de democracia, oculta la relación de los diversos ámbitos de poder, incluso económico, con quienes no lo tienen, relación que sólo por excepción es democrática. Cuando los ámbitos de poder permanecen a pesar de la alternancia de partidos y de copiosas votaciones, como es común, no se puede hablar de democracia en sentido real, sino sólo de democracia formal. De aquí que me parezca muy pertinente citar, por acertado aunque sea letra muerta, el concepto de democracia que sugiere el artículo 3° de la Constitución Política de México: se considera a la democracia *no solamente como una estructura jurídica y un régimen político, sino como un sistema de vida fundado en el constante mejoramiento económico, social y cultural del pueblo.*

[35] Argentina tenía, en los años 60 del siglo pasado, 10 por ciento de pobres. En octubre de 1998, 32.6 por ciento y en mayo de 2002 aumentó a 51.4 por ciento. *Apud,* Bernardo Kliksberg, "Hacia una nueva visión de la política social en América Latina", http://216.239.57.100/search?q=cache:vQO5G7Y0NucC:www.bndes.gov. br/conhecimento/publicacoes/catalogo/KLIKSBERG.pdf+bernardo+kliksberg&hl=es&lr=lang_es&ie=UTF-8.

formal que he mencionado no es un marco suficiente para garantizar las tendencias al igualitarismo que sirven para caracterizar a las izquierdas, como tampoco han sido suficientes estas mismas tendencias sin democracia, ya que dieron pie, como bien se sabe, a la justificación del totalitarismo en el mal llamado "socialismo realmente existente". (Hay algunos autores que han dicho que el totalitarismo en la Unión Soviética se justificó porque la ideología que le sirvió de fundamento era humanista y perseguía objetivos igualitarios, de una sociedad sin clases, en tanto que el nazismo se basó en la irracionalidad de suprimir a las razas consideradas inferiores.[36] Ciertamente el marxismo era humanista, incluso cuando hacía referencia a la "dictadura del proletariado",[37] y el nazismo era la negación del humanismo; pero la realidad del stalinismo no fue humanista ni una dictadura del proletariado, ni recuperó el humanismo marxista. Se entiende que una cosa era la revolución y otra tendría que ser la construcción de una nueva sociedad, de un nuevo Estado, de un nuevo régimen. Engels escribía: "Una revolución es, indudablemente, la cosa más autoritaria que existe; es el acto por medio del cual una parte de la población impone su voluntad a la otra parte por medio de fusiles, bayonetas y cañones, medios autoritarios si los hay; y el partido victorioso, si no quiere haber luchado en vano, tiene que mantener este dominio por el terror que sus armas inspiran a los reaccionarios."[38] ¿Por cuánto tiempo? Engels no dio respuesta a esta pregunta; de esto se encargó la realidad. Al margen de discusiones, por ahora, sobre si fue o no una dictadura del proletariado, lo que se construía en la URSS obviamente no se refería a un régimen humanitario, ni siquiera a una nueva democracia.

[36] Sobre estas interpretaciones puede consultarse el inciso "Totalitarismo" de Bobbio, Matteucci y Pasquino, *op. cit.*.

[37] Para Marx y Engels, sobre todo después de la experiencia de la Comuna de París de 1871, la dictadura del proletariado no se entendía como lo opuesto a la democracia ni como una forma de gobierno, sino más bien el poder social de una clase mayoritaria sobre una minoritaria que antes ejercía el poder. Véase por ejemplo el prólogo de 1872 de Marx y Engels al *Manifiesto del partido comunista.* Este poder social, por las reivindicaciones implícitas, era, obviamente, más humanista que la dictadura de una minoría (la burguesía) sobre la mayoría (los trabajadores).

[38] Marx y Engels, *Obras escogidas*, 2 tomos, Moscú, Editorial Progreso, 1966, tomo I, p. 671. El texto citado lo escribió Engels en 1872-1873, cuando el concepto de partido todavía no tenía la connotación de una organización política acabada ni mucho menos vanguardista en el sentido leninista del término. No fue sino hasta 1877-1879 que Marx y Engels hablarían ya de partido con masas, dirigentes y disciplina. Véase O. Rodríguez Araujo, *Izquierdas e izquierdismo*, *op. cit.*, pp. 65-66.

Una reciente investigación, con base en archivos soviéticos originales, revela lo lejos que estuvo el stalinismo de lo que entenderíamos como humanismo.[39] El stalinismo ciertamente no llegó a la supresión de razas, ni mucho menos por considerarlas inferiores, pero no por ello dejó de ser irracional la muerte de cientos de miles de personas por reales o supuestas razones políticas. Las relaciones de dominación, aunque de base diferente a las del capitalismo, no dejaron de existir en la URSS y en otros países de orientación socialista.[40])

Hay alrededor de 125 países considerados democráticos en el mundo de hoy. Todos capitalistas, y en ninguno de ellos, salvo en los países escandinavos (y cada vez menos), se perciben claras tendencias al igualitarismo. ¿Qué diferencia existe entre los países llamados democráticos y los que no caben en este esquema, por cuanto a la tendencia hacia el igualitarismo? En general, ninguna. Tan de derecha, por cuanto a tendencias igualitarias, es el presidente de Estados Unidos (donde hay partidos competitivos) como el rey de Arabia Saudita o el sultán de Omán (donde no hay partidos políticos), o la dictadura militar en Brasil y el gobierno "democrático" de Collor de Mello que, de acuerdo con Chossudovsky, aseguró "a las elites económicas [...] lo que los regímenes militares nacionalistas no fueron capaces de lograr plenamente."[41] La diferencia, que sí existe, como existe entre todos los gobiernos del mundo, es de grado. En Estados Unidos y en Brasil, para seguir con nuestros ejemplos, hay más oportunidades para la población, a pesar del crecimiento del desempleo[42] y de la pobreza, que en los países con gobiernos despóticos —en el sentido aristotélico del término. Pero más oportunidades para la población no quieren decir menor desigualdad;[43] en realidad se trata de una pantalla para tratar de

[39] Véase J. Arch Getty y Oleg V. Naumov, *La lógica del terror. Stalin y la autodestrucción de los bolcheviques, 1932-1939*, Barcelona, Editorial Crítica, 2001, particularmente el Apéndice 1: "El número de la víctimas del terror", pp. 473-478.

[40] Véase, más adelante, el apartado II. 4, en el que recupero la discusión sobre este punto.

[41] Michel Chossudovsky, *Globalización de la pobreza y nuevo orden mundial*, México, CIICH (UNAM)/Siglo XXI Editores, 2002, p. 224.

[42] El Departamento del Trabajo de Estados Unidos ha considerado, con datos de junio de 2003, que el desempleo en este país es de los más altos desde la Segunda Guerra Mundial. Véase *La Jornada*, México, 1 de septiembre de 2003.

[43] Brasil, por cierto, ocupa el segundo lugar de desigualdad en el mundo, según las mediciones del Banco Interamericano de Desarrollo en declaraciones de Bernardo Kliksberg, *La Jornada*, México, 3 de febrero de 2003. Y Estados Unidos, con base en el índice de Gini (distribución de los ingresos familiares), presenta mayores desigualda-

ocultar la desigualdad como un problema inherente al capitalismo (bajo un régimen democrático o despótico) y para difundir la idea de que los individuos, si quieren y se esfuerzan, pueden aprovechar esas oportunidades para mejorar sus condiciones,[44] idea que se contradice, sin duda alguna, con el crecimiento de los índices de desempleo y desigualdad en todo el mundo, todavía más graves en los países subdesarrollados. ¿Qué oportunidades puede aprovechar quien, además de haber sido expulsado del trabajo, es excluido y reducido a paria?[45]

La clave está en la lucha por el socialismo contra la defensa del capitalismo, no en la democracia como se ha querido entender entre las clases dominantes y quienes les hacen el juego, consciente o inconscientemente. Esta democracia, que hemos llamado formal, para distinguirla de una democracia real con alcances sociales, económicos y culturales (democracia *social*), corresponde en su origen al liberalismo (la ideología dominante en el capitalismo) y ha sido pensada en una dimensión política, en realidad electoral, incluyendo en ésta una de sus principales consecuencias: la representación política que, con buena dosis de razón, desde hace algunos años se critica por ser elitista. La democracia formal es, en lo fundamental,

des internas (0.41) que cualquiera de los países de Europa occidental, salvo Turquía (0.42). Véase <http://www.cia.gov/cia/publications/factbook/fields/2172.html>. De hecho, según Platt, Estados Unidos tiene el más regresivo sistema de bienestar para la población pobre entre todas las naciones desarrolladas del siglo XXI. Véase Tony Platt, "The State of Welfare: United States 2003", *Monthly Review*, New York, vol. 55, núm. 5, octubre de 2003.

[44] No es casual que en Estados Unidos se rechace, en general, el concepto de clase social en el sentido marxista del término, y no así en el sentido de Pareto, por ejemplo. El estadounidense promedio piensa que en su país el origen social (e incluso racial) no tiene importancia alguna, ya que es el país de las oportunidades donde cada quien puede hacer consigo mismo lo que desee; es decir uno es pobre porque no se ha esforzado por dejar de serlo (la filosofía del propio esfuerzo). La idea es que se trata de un país de perdedores (*losers*) y ganadores (*winners*), no de clases sociales. Sobre las "oportunidades" para los ricos y los pobres en la sociedad capitalista, incluso en Estados Unidos, véase Michael D. Yates, *op. cit.*, capítulo 2: "Capitalism and Inequality". En Estados Unidos, como en otros países industrializados, las encuestas de opinión le han dado más importancia a la igualdad de oportunidades que al reparto de la riqueza. Véase Alberto Alesina, Eward Glaeser y Bruce Sacerdote: "Why doesn't the United States have a European-style welfare state?", Washington, *Brookins Papers on Economic Activity*, núm. 2, 2001, pp. 187-277, citado en OIT, *Revista Internacional del Trabajo*, vol. 121, núm. 4, 2002 (versión en Internet).

[45] Este punto lo contempla Pablo González Casanova, "Globalidad, neoliberalismo y democracia", en Pablo González Casanova y John Saxe-Fernández (coordinadores), *El mundo actual: situación y alternativas*, México, UNAM-Siglo XXI, 1996, p. 53.

de elites, igual se trate de elites económicas, burocráticas (o tecnocráticas), de partidos y de otras organizaciones sociales (dirigentes y líderes), o del saber. Es una democracia excluyente, en términos reales, de las mayorías de la población (Schumpeter[46]); es una democracia que tiende a limitar la participación de las bases sociales, que restringe o acota las libertades, que está construida al margen de la justicia social, que no tiende al igualitarismo social y económico. En una palabra, se trata de una democracia más cercana a las derechas que a las izquierdas, sin que esto quiera decir que sea definitoria, por sí misma, de posiciones derechistas o izquierdistas, como ya se ha señalado.

Esta democracia se ha generalizado en los últimos años, en algunos casos más por factores externos a los países que por movimientos o luchas sociales en su interior. Estos factores externos se resumen en las políticas deliberadas de las grandes potencias económicas y de las instituciones multinacionales que dominan. La democracia, además de obedecer a impulsos y demandas de los pueblos de muchos países donde no existía o donde era administrada con serias limitaciones, ha sido también una *imposición* (llamada condición) del Fondo Monetario Internacional (FMI), del Banco Mundial (BM) y de la Organización Mundial del Comercio (OMC), dominados por el Grupo de los Siete (G7), para facilitar reducciones o ampliaciones de deuda externa o préstamos necesarios para el supuesto desarrollo de los países del llamado Tercer Mundo y de los llamados países ex comunistas de Europa.[47] Pero la democracia no va sola, sino en paquete: se "vende" con ciertos requisitos, normalmente impuestos por el FMI, tales como privatización de empresas públicas, disminución del déficit público, disminución drástica de los gastos sociales, topes salariales y homogeneización hacia abajo de los salarios, desmantelamiento de los sindicatos como asociacio-

[46] Al respecto puede verse a David Held, *Modelos de democracia*, Madrid, Alianza Editorial, 2001, pp. 204 y ss.

[47] Los países que controlan el FMI son, en primer lugar, Estados Unidos, y le siguen Japón, Alemania, Francia y Reino Unido. Véase al respecto el libro de Patrick Lenain, *Le FMI*, Paris, La Découverte, 1993, donde se explica didácticamente desde la fundación del FMI y el BIRD (BM) y lo que ahora es la Organización Mundial del Comercio (antes GATT), hasta los ajustes estructurales *impuestos* a los países subdesarrollados y la transición de los países del Este de Europa hacia la denominada economía de mercado. Sobre el aprovechamiento de las deudas externas y la ofensiva neoliberal, Eric Toussaint, *La bolsa o la vida. Las finanzas contra los pueblos*, 2 tomos, México, CADTM-SNTE-Convergencia Socialista, 2002.

nes de defensa de los trabajadores, desregulación económica del Estado y apertura comercial y a las inversiones extranjeras. En síntesis, eliminar todos los obstáculos que puedan encontrar los flujos de mercancías y de dinero en la lógica de la globalización, sin importar sus efectos sociales. La ecuación implícita es muy sencilla: *democracia igual a libertad de mercados.*

La globalización que vivimos ha sido una estrategia planeada para lograr un sistema corporativo supranacional[48] que, por un lado, ha convertido a los gobernantes de casi todo el mundo en *gerentes* o en una suerte de presidentes municipales[49] y, por otro lado, ha destruido y revertido, en todo el planeta y no sólo en los países periféricos, los avances de bienestar, participación y equidad ganados en décadas.[50] De aquí la creciente desigualdad mencionada antes.

En un elocuente gráfico aportado por Bernardo Kliksberg, actualmente asesor del Banco Interamericano de Desarrollo (BID) y de otras instituciones, se establece la disparidad de ingresos entre el 20% más rico y el 20% más pobre de la población mundial. La estadística demuestra que la relación de participación en el ingreso entre los más ricos y los más pobres en 1960 era de 30:1, en 1970 de 32:1, en 1980 de 45:1 y en 1989 de 59:1. Igualmente nos presenta el famoso gráfico de la copa de champán de las disparidades económicas mundiales, que incluye el producto nacional bruto, la distribución del comercio mundial, los préstamos comerciales, el ahorro interno y la inversión interna entre el quinto más rico y el quinto más pobre de la población mundial, y los quintiles intermedios.[51] La brecha se abre en todos los casos, y más en los últimos 40 años. "En los '80 —escribía Kliksberg— se estimaba que cuatro de cada diez familias latinoamericanas se hallaban por debajo de la línea

[48] El vocablo "corporativo", en este caso, se usa en el sentido estadounidense, es decir como grandes sociedades anónimas o de acciones. No confundir, por tanto, con el corporativismo opuesto a la representación democrática que sugiere la aceptación de conflicto, de lucha de clases y de diversidad ideológica.

[49] Esta idea (de los presidentes municipales) la he tomado en extenso de Paul Hirst y Grahame Thompson, *Globalization in Question (The International Economy and the Possibilities of Governance)*, London, Polity Press, 1996, en Octavio Rodríguez Araujo, "Política y neoliberalismo", *Revista Mexicana de Ciencias Políticas y Sociales*, México, UNAM-FCPyS, año XLI, octubre-diciembre de 1996, número 166.

[50] Al respecto véase Víctor Flores Olea, *op. cit.*, particularmente los capítulos III y IV.

[51] Bernardo Kliksberg (compilador), *¿Cómo enfrentar la pobreza? (Aportes para la acción)*, Buenos Aires, Programa de las Naciones Unidas para el Desarrollo/Centro Latinoamericano de Administración para el Desarrollo/Grupo Editor Latinoamericano, 1992, p. 14.

de la pobreza, no pudiendo satisfacer sus necesidades básicas. Hoy [1992] el número ha ascendido a no menos de cinco de cada diez familias." Y más adelante añade que "la estratificación de la pobreza se ha hecho cada vez más regresiva. El sector que más ha crecido es el de los muy pobres, los pobres extremos, que si gastaran todo lo que ganan sólo en alimentos (hipótesis irreal) igual no podrían comprar el mínimo de alimentos imprescindibles."

Finalmente, como apoyo de lo dicho anteriormente sobre la orientación de los gobiernos de izquierda (tendentes a disminuir las desigualdades) y de derecha (tendentes a aumentar las desigualdades mediante sus políticas públicas), recurriría de nuevo a Kliksberg cuando señala que el Programa de Naciones Unidas para el Desarrollo (PNUD) cuestiona varios mitos sobre la materia. Y uno de estos mitos es que la causa del abandono en que se encuentra gran parte de la población mundial es por falta de recursos financieros, cuando en realidad se trata de "la ausencia de compromiso político" de los gobiernos.[52]

Por lo tanto, si las desigualdades y la pobreza han aumentado a la vez que se ha ampliado la democracia formal, no sólo se demuestra que esta democracia no tiene nada que ver con las categorías izquierda o derecha, como ya se ha dicho, sino que la mayor parte de los gobiernos, "sin compromiso político" con las mayorías, son de derecha, como suelen ser los gerentes en cualquier empresa.

En conclusión, gobierno que no promueve, mediante sus políticas públicas, un mayor igualitarismo (como tendencia) o que refuerza las desigualdades sociales, es un gobierno de derecha. Si además de lo anterior ese mismo gobierno lleva a cabo prácticas racistas, xenófobas, contrarias a diversas expresiones culturales y religiosas, entonces estaríamos hablando de un gobierno de ultraderecha (poco frecuente en el mundo de hoy, aunque hay tendencias a su implantación[53]). La mayor o menor democracia, en esta lógica, es un medio y no un fin (como en ocasiones se ha querido ver). Y es un medio para que la derecha o la izquierda puedan llegar al poder y desde ahí orientar al gobierno hacia un mayor o menor igualitarismo, según sea el caso, como también es un medio para quienes piensan que se puede cambiar el mundo sin tomar

[52] *Ídem*, pp. 12-13. Kliksberg se refiere, obviamente, al compromiso político de los gobiernos con la solución a los problemas de la pobreza y la desigualdad.

[53] Esta posibilidad ha sido planteada ya, desde 1999, por Víctor Flores Olea, *op. cit.*, p. 130.

el poder o, simplemente, y no es asunto secundario, para que la sociedad se pueda expresar sin temor a ser silenciada por "la ley y el orden". La democracia, en síntesis, además de ser indispensable para garantizar un ambiente de libertades, puede ser útil para los partidos políticos y para que éstos en el gobierno, si los centros de poder real lo permiten, puedan determinar políticas de izquierda o de derecha (según las hemos caracterizado), en función de su orientación real (más que formal) y de su compromiso político. Sobraría decir que los centros de poder real no suelen permitir políticas de izquierda aunque un gobierno, resultado de elecciones democráticas, se las proponga. El ejemplo más contundente, que no único, fue el golpe de Estado al gobierno de Allende en Chile (1973), y aunque Mitterrand llegara a decir que Francia no era Chile (puesto que se trataba de la cuarta potencia mundial), lo cierto es que "el sistema", en palabras de su viuda, no le permitió muchas de las reformas que se había propuesto.[54]

En pocas palabras, la democracia, como concepto aislado, es decir la democracia formal y sin adjetivos, no nos dice nada para caracterizar de derecha o de izquierda a un régimen, a un gobierno o a una organización de la sociedad. *Sólo es o sería de izquierda si el concepto* democracia *se extiende a los ámbitos social, de las libertades y de la justicia, es decir como elemento favorecedor de tendencias igualitarias y que disminuyan o eliminen la dominación de unos sobre otros.* Si no es el caso, estaríamos hablando de un concepto asociado a la derecha o, mejor dicho, útil para la derecha de raíz liberal en cualquiera de sus variantes. En este sentido debemos diferenciar a la derecha de raíz liberal de la ultraderecha o derecha extrema, en particular a aquella de raíz corporativa (sea tradicional —en la vertiente católica—, sea dirigista —en la vertiente fascista—) que es antiliberal por definición y, por lo mismo, contraria a la democracia representativa, a pesar de las diferencias entre el corporativismo católico y el fascista.[55] La tradición del corporativismo católico estuvo basada en la inmovilidad, en el conservadurismo tanto político como económico, razón por la cual perdió fuerza con la industrialización y con el resurgimiento ampliado del liberalismo posterior a la Segunda Guerra Mundial. Fue conservador y en ciertos sentidos también reaccionario. En cambio, el fascismo que bien pudiéramos llamar

[54] Danielle Mitterrand, en entrevista con el autor en París, junio de 1996.

[55] Norberto Bobbio, Nicola Matteucci y Gianfranco Pasquino, *op. cit.*, capítulo sobre "Corporativismo".

clásico (el italiano y el alemán) estuvo asociado más a la industrialización que a la conservación de la sociedad estamental del medio rural europeo. No es casual que para algunos autores el fascismo haya sido identificado con progreso en lo económico, pese a haber sido antidemocrático en lo político y en lo social. Una vez más el conservadurismo y el progresismo resultan conceptos resbaladizos. Empero, como corriente política, no hay duda en que la ultraderecha de inspiración fascista, tanto antes como ahora, se ha caracterizado por su desdén por la democracia y por su intolerancia hacia lo diverso o diferente o hacia quienes no coinciden con una determinada concepción de las cosas o de los valores defendidos, según sea el caso. Es por esto que la ultraderecha de inspiración fascista es y ha sido, por esencia, autoritaria y de tendencias totalitarias. El fascismo italiano, por ejemplo, no fue propiamente reaccionario (se planteó la modernización de Italia), pero sí fue intolerante y, por lo mismo antidemocrático. El régimen posrevolucionario en México tampoco fue reaccionario, pero sí fue autoritario aunque mucho menos que el fascismo. Ninguno de estos dos ejemplos de régimen fueron tendentes al igualitarismo, por lo que podrían ser clasificados en la derecha, pero el fascismo italiano fue mucho más de derecha que el régimen mexicano; esto es, el primero fue de ultraderecha, el segundo sólo de derecha. Y, en esta misma lógica, el fascismo alemán (nazismo) fue más de derecha que el italiano. Una vez más, un problema de grados en el relativismo de los conceptos. Uno de los rasgos más importantes del fascismo, señalaba Moore, "fue el violento rechazo de los ideales humanitarios, en particular de toda noción de igualdad humana *potencial*",[56] y tenía razón. Sólo para quienes se han quedado con el discurso, fuera de contexto y en párrafos aislados y sin apego a la realidad, el fascismo fue tendente al igualitarismo. No fue el caso, ni mucho menos se caracterizó por el respeto al ser humano, como veremos más adelante.

Pero aún así nos queda pendiente el problema de la dominación. La democracia, como dije antes citando a Kautsky, no significa la supresión de las clases sociales ni del dominio de una clase sobre otra. Estos es, la democracia no quiere decir *no dominación.*

De lo dicho anteriormente se pueden extraer algunas conclusiones quizá preliminares: las derechas y las ultraderechas, liberales

[56] Barrington Moore, Jr., *Los orígenes sociales de la dictadura y de la democracia*, Barcelona, Ediciones Península, (2a. ed.) 1976, p. 362. (Las cursivas son mías para enfatizar la expresión.)

y antiliberales, respectivamente, democráticas y antidemocráticas, también respectivamente, y sean conservadoras o progresistas, no cuestionan la dominación de unos sobre otros. Ciertamente la democracia formal (liberal) puede permitir la formación de un gobierno "con compromiso político" con las mayorías, pero también su contrario. Hitler sugería que la democracia occidental había permitido el surgimiento del marxismo, el cual sería impensable sin aquélla, y tenía razón (fue Inglaterra, el país liberal por excelencia en aquel entonces, el que no expulsó a Marx en su largo exilio), pero también permitió el surgimiento del nazismo y que éste suprimiera —negándola— a la *democracia* occidental.[57] Esta es una cualidad nada despreciable de la democracia liberal; pero de aquí no debe desprenderse que ésta corrija o elimine, por sí misma, las desigualdades y la dominación. Quizá por esta razón ha habido teóricos que han pensado que para terminar con éstas (las desigualdades y la dominación) sería necesaria una revolución social, ya que las clases dominantes, que se benefician de la dominación, no abandonan fácilmente sus privilegios y los medios que les permiten tenerlos. De aquí la idea del socialismo, es decir la *tendencia* al igualitarismo.

El problema fue que la construcción del socialismo, hasta ahora inacabada incluso en los países que persisten en ella, cambió los privilegios derivados de la propiedad de los medios de producción por los privilegios derivados del control de los medios estatales de producción, con lo cual se logró un mayor igualitarismo económico y social, pero sin democracia política y sin la eliminación de la dominación, una nueva forma de dominación, en ocasiones mayor que la existente en los países gobernados por las derechas liberales, ya que se ha dado en el marco de formas totalitarias de ejercicio del poder.

Si bien en el pasado las izquierdas desdeñaban las libertades individuales y sociales y los derechos humanos y ciudadanos en regímenes tendentes al igualitarismo (en los países llamados socialistas, significativamente), hoy en día las cosas han cambiado.[58] Una de las

[57] La genealogía del nazismo la ha estudiado Enzo Traverso en *La violencia nazi. Una genealogía europea*, Argentina, Fondo de Cultura Económica, 2003, donde el autor señala que "la singularidad del nazismo no reside en su *oposición* al Occidente sino en su capacidad para lograr una *síntesis* entre sus diferentes formas de violencia" (p. 168), formas de violencia que, en mi interpretación, se encuentran en la "civilización occidental" de manera contradictoria y complementaria con la "democracia occidental", también existente en Occidente y que ciertamente negó el nazismo.

[58] Es pertinente señalar, sin embargo, que muchos intelectuales de izquierda, especialmente los que tuvieron fuerte influencia del stalinismo, siguen justificando las

virtudes de los movimientos estudiantiles-populares, comúnmente ubicados en 1968, fue su demanda antiburocrática, antiautoritaria y antimonista; es decir, contraria a cualquier forma de dominación de una clase sobre otra o de un *gobierno* sobre los gobernados (en un país o región, en una organización, en la escuela e incluso en la familia). Democracia, libertades, autogestión serían las propuestas de esa nueva izquierda surgida desde finales de los años 50 del siglo pasado y que irrumpieron de manera más o menos generalizada una década después.

De esos años a la fecha, las izquierdas, con algunas excepciones, coinciden en las demandas por un mayor igualitarismo, pero con libertades y democracia. Las derechas se plantean las libertades (incluidas la de empresa y la de mercados), pero no la tendencia al igualitarismo que, obviamente, contradice la lógica del capital. De aquí que las dictaduras y los totalitarismos, incluso en países donde su régimen garantizó o ha garantizado (hasta ahora) una comprobable disminución de las desigualdades, sean cuestionadas. Los llamados sistemas de *capitalismo de Estado* o de *socialismo de Estado,* según diferentes autores,[59] y que en general y con poca precisión se han denominado "socialistas", son vistos en la actualidad como regímenes que tendieron o tienden al igualitarismo, pero que han carecido o carecen de un ingrediente que, desde algunas izquierdas en las que me incluyo, se juzga indispensable: la democracia (con sus respectivas libertades).

Estos conceptos, y quizá gracias a su relativismo, se pueden extender también a los países llamados socialistas, donde también se han dado formas de dominación y por lo mismo desigualdades entre quienes han contado con privilegios y quienes no los han tenido. Pero este es otro tema que he preferido desarrollar más adelante en el apartado titulado "En los países socialistas".

restricciones a las libertades de prensa y de asociación en los países de orientación socialista por el mero expediente de que las necesidades básicas de la población están cubiertas.

[59] En referencia a la Unión Soviética como "capitalismo de Estado", véase Charles Bettelheim, *La lucha de clases en la URSS (primer periodo 1917-1923),* (3ª. edición) México, Siglo XXI Editores, 1980, y como "socialismo de Estado" en relación con Cuba, véase Armando Chaguaceda Noriega, "Cuba: 'Transición democrática' o renovación socialista. Proyectos y alternativas para un siglo que comienza", ponencia presentada en el *Congreso Internacional "La obra de Carlos Marx y los desafíos del siglo XXI"*, La Habana, Cuba, 5-8 de mayo de 2003, en http://www.nodo50.org/cubasigloXXI/congreso/ponencias.htm.

En los países capitalistas y en relación con los partidos políticos o grupos sociales equivalentes, legales o clandestinos, el razonamiento es el mismo que para regímenes y gobiernos: partido que, por lo menos *formalmente* (declaración de principios, programa de acción, objetivos), tiende hacia el igualitarismo es, por lo menos *formalmente*, de izquierda; si promueve o aspira a acentuar las desigualdades, es de derecha (derecha moderada o ultraderecha, para el caso, puesto que las diferencias son visibles en la comparación de cada partido con los demás y según el momento que se analice). Vale decir, aunque sea tema de otra reflexión, que sobre todo los partidos de izquierda tradicional se han desdibujado ideológicamente como un intento de ser más competitivos frente a los partidos de derecha, tomando en cuenta que la población, en general, suele ser conservadora (en el sentido de recelosa o temerosa de los cambios). Y este desdibujamiento se ha traducido, cuando esos partidos han ganado el poder, en gobiernos sin compromisos con las causas mayoritarias de la población, razón por la cual difícilmente podría ubicárseles como partidos de izquierda aunque afirmen ser tales. Sólo un análisis detallado, para cada país y cada momento, nos permitiría ver las diferencias entre las políticas de los diversos partidos o coaliciones de partidos en el poder.

Dado que casi todos los gobiernos de los países capitalistas (democráticos o no) son de derecha, es dable pensar que los partidos en el poder (para los países capitalistas en donde existen partidos) también son de derecha, aliados con otros partidos de derecha o de ultraderecha, o aliados con partidos de centro izquierda o de izquierda (estos últimos ahora en minoría). Pero aquí también se tienen que usar criterios de grados: unos son más de derecha que otros, o lo han sido, según la circunstancia histórica (recuérdese que estamos trabajando con conceptos y categorías relativos). No es igual un partido socialdemócrata en el poder aliado con un partido de derecha que con uno de izquierda (no se confunde alianza con "cohabitación", como se le llamó en Francia al hecho de que el jefe de Estado fuera de izquierda o de derecha y el jefe de gobierno de la tendencia contraria). La alianza que pueda hacer un partido socialdemócrata con un partido de derecha o de izquierda, y viceversa, depende de circunstancias específicas, entre las que quisiera destacar las siguientes: *a*] la conveniencia en términos ideológicos (poco común en los años recientes), *b*] la conveniencia relacionada con sus posibilidades de triunfo electoral o para tener mayoría en el parlamento, *c*] las presiones de los grupos más fuertes de las clases dominantes, y *d*] la correlación de fuerzas en el ámbito internacional en una cierta coyuntura.

FALSAS IGUALDADES

La díada izquierda-derecha ha querido ser sustituida por la oposición democracia-totalitarismo.[60] Los ideólogos "del liberalismo y del capitalismo triunfantes", con más recursos propagandísticos que los del socialismo, han querido ocultar, con las ventajas indiscutibles de la democracia sobre el totalitarismo, que esta oposición se ubica en una dimensión diferente a la oposición igualitarismo-no igualitarismo.

La creencia generalizada de que la Unión Soviética y otros países eran socialistas, llevó a pensar, con pocas excepciones, que al fracasar aquélla el socialismo perdía vigencia, que el socialismo había sido derrotado. Al revelarse, para todos los que quisieran verlo, que en los países llamados socialistas la democracia ha sido un bien limitado (cuando no ausente), se estableció una igualdad aparentemente lógica, pero inexacta: *socialismo igual a totalitarismo*, y de aquí se dedujo otra igualdad también aparentemente lógica pero igualmente inexacta: *capitalismo igual a democracia*.[61]

En este razonamiento se han ocultado cinco realidades que quisiera resaltar: 1] El socialismo no ha existido, por lo que no ha podido fracasar ni, para el caso, ha sido totalitario. No debe confundirse el socialismo, como aspiración no realizada, con lo que se ha querido presentar como tal y que, ciertamente, ha tenido innegables características de totalitarismo. 2] El liberalismo, como ideología fundacional del capitalismo, sólo acepta la igualdad de los

[60] Una interesante reflexión sobre este tema, quizá olvidada por muchos, es la de ese gran pensador de derecha, Raymond Aron (1905-1983), en su libro *Démocratie et totalitarisme*, Paris, Éditions Gallimard, 1965. En este libro, el autor partía de una confrontación entre Tocqueville y Marx, en la que el primero proponía que la democracia en las sociedades modernas terminaría por borrar las distinciones de status y de condición entre los individuos, es decir un cierto igualitarismo. Obviamente Tocqueville se equivocó.

[61] Esta segunda fórmula ha sido muy bien sintetizada por la democristiana Angela Merkel, "The political order of freedom, i.e. democracy, and the economic order of freedom, i.e. the market economy, are inseparable" (El orden político de libertad, es decir democracia, y el orden económico de libertad, es decir la economía de mercado, son inseparables). Véase A. Merkel, *The 'we-society' – the need for a New Social Market Economy*, en http://www.cdu.de/.

seres humanos en el ámbito formal de la ley y la política: todos los ciudadanos son iguales, cuando ha sido ampliamente demostrada su falsedad en la práctica, es decir en la aplicación real y concreta de la ley y en la exclusión histórica —incluso de la política— por razones de pobreza, analfabetismo, raza, género o religión (bastaría recordar que, por ejemplo, el voto femenino —que es equivalente en número al masculino— fue acordado en Gran Bretaña y en Estados Unidos en 1918 y 1920, respectivamente, en Francia y en Italia en 1945, en Argentina en 1951, en México en 1953, y en Suiza a partir de 1971. Asimismo, que en 1965 se les concedió, por primera vez, el derecho de voto a los afrodescendientes del sur de Estados Unidos). 3] El capitalismo ha generado desigualdades sociales y económicas, no sólo entre los seres humanos sino entre naciones, y estas desigualdades han aumentado a pesar de la democratización extendida en los últimos años. 4] Si bien es cierto que en los países de orientación socialista,[62] llamados socialistas, el totalitarismo ha existido y es frecuente, y que en los países capitalistas la democracia formal es en la actualidad una categoría más o menos generalizada, no siempre ha sido así: el fascismo en sus diferentes versiones y las dictaduras militares han sido recursos del capitalismo para sostenerse, y el fascismo en cualquiera de sus versiones ha sido totalitario y capitalista a la vez; 5] Democracia, autoritarismo, dictadura y totalitarismo, en su expresión formal, son categorías que corresponden, típicamente, a la dimensión política; igualitarismo y desigualdad sociales son categorías que, en este contexto, están más determinadas por la economía que por otras circunstancias, aunque teóricamente dependan de decisiones políticas de "gobiernos comprometidos".

Nota bene a propósito de la realidad *número 4*: El totalitarismo en la URSS, sobre todo en el stalinismo, tuvo orígenes distintos al de la Alemania nazi, señala Enzo Traverso.[63] En términos de su genea-

[62] La expresión "países de orientación socialista", a mi juicio menos polémica que la de "países llamados socialistas", la he usado en otros textos en el pasado y se la debo a Wladimir Andreff, "Les politiques d'ajustement des pays en développement a orientation socialiste: un retour a l'orthodoxie", Paris, 1988, mimeo. Usaré indistintamente ambas expresiones o "socialista", así entre comillas. Juan Brom, siempre cuidadoso en los conceptos, les llama "de declaración socialista", pero también usa la expresión "orientación socialista" e "intención socialista". Véase Juan Brom, *Para comprender la historia*, México, Editorial Grijalbo, 2003, p. 122.

[63] Enzo Traverso, "Hannah Arendt: les origines du malentendu", *Rouge*, Paris, 21 de noviembre de 2002. Véase también su libro *La violencia nazi…* ya citado.

logía, dice, “si el antisemitismo y el imperialismo constituyen etapas esenciales en el proceso de formación del nazismo, no jugaron prácticamente ningún papel en el nacimiento del stalinismo”. En otro texto, Michael Löwy, citando a Martine Leibovici, hace notar que “se pueden comparar Kolimá y Buchenwald, pero no el Gulag y Treblinka”.[64] Y tiene razón: los primeros fueron campos de concentración en Siberia y en Alemania, respectivamente; el Gulag era un sistema de campos soviéticos de trabajos forzados en tanto que Treblinka fue un campo de exterminio masivo de judíos polacos —por medio de gases (monóxido de carbono)— instalado por los nazis como parte de la Operación Reinhard. Por brutales que hayan sido ambos sistemas, que lo fueron, no podemos igualar el ejercicio de la violencia mediante trabajos forzados en una prisión (Gulag o campo de concentración, para el caso), con el ejercicio de la violencia mediante el exterminio masivo de quienes fueron calificados como razas inferiores por quienes se creyeron superiores.

Nota bene a propósito de las realidades números *3* y *5*: El coeficiente de concentración o índice Gini (IG) mide el grado de desigualdad en una sociedad. Es un índice que permite hacer comparaciones entre países y en diferentes momentos, sujeto a la veracidad de los datos y al método utilizado para constituir los indicadores. Los criterios varían. Por ejemplo en Europa occidental suele usarse una medida estándar de ingreso deflactada mediante una escala común para todos los países, mientras que en América Latina suele trabajarse con base en encuestas metodológicamente no estandarizadas. Sin embargo, el IG permite hacer comparaciones suficientemente confiables de desigualdad. Un índice de 0 (cero) significaría igualdad total y un índice de 1 (uno) desigualdad total; es decir 0.20 significaría una sociedad casi sin desigualdades, 0.40 nos indica una mayor concentración de ingresos (mayor desigualdad) y un índice de 0.60 nos habla de una sociedad muy desigual donde unos cuantos tienen muy altos ingresos y el resto vive en condiciones de límite de pobreza. El Banco Mundial[65] explica muy bien el uso de este índice. “En el Brasil y Hungría, por ejemplo, los niveles de PNB *per cápita* son bastante similares, pero en el Brasil la incidencia de la pobreza es mucho más alta [...] En Hungría, el

[64] Michael Löwy, “Retour sur Hannah Arendt”, <http://www.lcr-rouge.org/archives/111199/controv.html>.

[65] <http://www.worldbank.org/depweb/beyond/beyondsp/chapter5.html>.

20% (quintil) más rico de la población recibe aproximadamente 4 veces más que el quintil más pobre, mientras que, en el Brasil, el porcentaje que obtiene el quintil más rico supera en más de 30 veces al que recibe el quintil más pobre [....] Esa relación es, como promedio, del orden de 6:1 en los países de ingreso alto. En el mundo en desarrollo, la desigualdad, medida de la misma manera, varía según la región: es de 4:1 en Asia meridional; 6:1 en Asia oriental y Oriente Medio y Norte de África; 10:1 en África al sur del Sahara, y 12:1 en América Latina." Estos últimos datos los usaré más adelante en referencia a América Latina.

Por países (en números redondeados a dos decimales y en diferentes años), Suecia tenía un índice de 0.25, Estados Unidos de 0.40, México de 0.52, Brasil y Sudáfrica de 0.59,[66] Sierra Leona de 0.63, Laos de 0.37, Jordania de 0.36, Burundi de 0.33, Moldavia de 0.41, Turquía de 0.42, Vietnam de 0.36, China de 0.40.[67] Laos, Jordania, Burundi, Vietnam o China, suelen ser considerados como países no democráticos, y algunos definitivamente no lo son por ser gobernados por autócratas. Como puede observarse, *la democracia no tiene nada que ver con la desigualdad en un país, ni tampoco con tendencias al igualitarismo.* Si se observa históricamente el índice de Gini queda claro que en Estados Unidos la desigualdad ha aumentado de 1967 a 1992, mientras que en Indonesia, que no es un país caracterizado por su democracia, la desigualdad ha disminuido de 1978 a 1990.[68] En 1999 Indonesia tenía un IG de 0.32 (igual que en 1990) y Estados Unidos de 0.40 en 1997, como ya se mencionó.

[66] Otras fuentes ubican a Brasil con un IG de 0.63.

[67] Una fuente sobre el IG en el mundo, lamentablemente incompleta, es <http://www.cia.gov/cia/publications/factbook/fields/2172.html>.

[68] Véanse <http://www.frbsf.org/econrsrch/wklyltr/el97-03.html> y <http://www.agnet.org/ library/image/eb434t1.html>, respectivamente. Más información detallada sobre el aumento de la desigualdad en Estados Unidos, en <http://216.239.51.100/search?q= cache:-_sj8m1eqGYC:www.census.gov/ hhes/ www/ img/ p60-191. pdf+gini+ index&hl= es&ie= UTF-8.> y en <http://www.census.gov/ hhes/ income/ incineq/p60204/ p60204txt.html>, información oficial que ofrece datos hasta 1998 inclusive. Es pertinente mencionar que de 2000 a 2001 el número de pobres aumentó en Estados Unidos, así como la desigualdad en relación al quintil de más bajo ingreso de la población. Véase <http://www.census.gov/hhes/income/income01/prs02asc.html>.

2. DERECHAS

EN EUROPA

La situación de Europa occidental en los años recientes es reveladora: después de ser gobernada por partidos socialdemócratas, en mayoría o en coalición, ahora éstos están en minoría y los partidos de ultraderecha han crecido en influencia. Los partidos socialdemócratas sólo tienen el poder en Grecia y en Suecia,[1] y con tesis de "tercera vía" y de "nuevo centro" en Gran Bretaña y en Alemania. (En Finlandia la presidencia está en manos del Partido Socialdemócrata, pero el gobierno —primer ministro— está dominado por el Partido de Centro: el *Suomen Keskusta.*) Este viraje se ve también en el Parlamento Europeo. En la anterior legislatura (1994-1999) la derecha representada por el Partido Popular Europeo contaba con 201 asientos y el Partido Socialista Europeo con 214. En la actual legislatura el Partido Popular se alió con el grupo Demócratas Europeos, que no existía, y cuenta con 233 diputados, en tanto la izquierda disminuyó a 180.[2]

Esos fracasos de los gobiernos socialdemócratas o en los que han participado éstos, que hasta hace poco representaban 13 de los 15 países de la Unión Europea, han derivado no sólo en el triunfo de gobiernos de derecha asociados en diversos grados con la ultraderecha, como en Holanda, Dinamarca, Noruega (no miembro de la UE), Austria, Italia y Portugal, sino en gobiernos de derecha o centro-derecha que hoy por hoy dominan, en conjunto, el panorama político de 11 países de la UE,[3] quizá 10 si excluimos a Finlandia por las características ya señaladas. De los otros países, que son Gran Bretaña, Grecia, Suecia y Alemania, el gobierno del primero se ha corrido obviamente hacia la derecha y el último se ha

[1] En 1976 el Partido Socialdemócrata Sueco perdió las elecciones en favor de la derecha, y las volvió a ganar en 1982, pero debe reconocerse que el llamado gobierno burgués preservó varias de las políticas de la izquierda. Véase Giles Radice y Lisanne Radice, *Socialists in the Recession*, London, Macmillan Press, 1986, p. 86.

[2] Véase <http://www.electionworld.org>.

[3] "EU shifts right", *Shanghai Star*, 20 de junio de 2002 (en Internet).

visto precisado a ciertas ambigüedades políticas, especialmente por las presiones de Washington, inconforme con las declaraciones de campaña y la posición de Schroeder sobre las pretensiones de George W. Bush sobre Irak. Irlanda y Luxemburgo también tienen gobiernos de derecha, en ambos casos producto de coaliciones de liberales con los llamados conservadores. En Bélgica gobierna la derecha en alianza con partidos socialdemócratas. Y estos nuevos arreglos políticos pueden marcar la diferencia, no sólo sobre temas como impuestos, educación, salud, jubilaciones y subsidios (es decir en políticas tendentes a atenuar las desigualdades o su contrario: a acentuarlas), sino también sobre tolerancia a la diversidad y al multiculturalismo.

Una de las explicaciones del ascenso de la ultraderecha en Europa occidental en los últimos años es, precisamente, el fracaso de los gobiernos socialdemócratas y de los partidarios del Estado de bienestar (*welfare state*) para disminuir la desigualdad social, el desempleo y la pobreza, si acaso se lo propusieron.[4] Pero no es la única explicación. Hay otra que sólo en apariencia tiene un carácter subjetivo, y que está relacionada con los indicadores anteriores. Cuando el crecimiento económico requirió más mano de obra, los gobiernos auspiciaron la inmigración de trabajadores de otros países: en Francia, por ejemplo, después de la Segunda Guerra hubo fuertes migraciones procedentes de Argelia, Marruecos, España y Portugal; estas migraciones aumentaron en los años de "crecimiento intensivo 1962-1973 con yugoslavos, turcos y africanos negros".[5] Fue una inmigración inducida que provocó malestar en las centrales sindicales y un cierto racismo entre la sociedad. Con la izquierda en el gobierno las comunidades de inmigrantes fueron relativamente favorecidas. "De hecho, los documentos de residencia fueron simplificados y se facilitó el reagrupamiento familiar",[6] es decir que las

[4] En los años 80 del siglo XX no pocos gobiernos socialdemócratas de Europa occidental adoptaron políticas neoliberales, entre éstas la reducción del Estado o del intervencionismo estatal. Esta misma política se siguió en muchos otros países del mundo, independientemente de la orientación de sus gobiernos. América Latina fue un caso ejemplar. Stiglitz, Premio Nobel de Economía (2001) y ex funcionario del Banco Mundial, sugiere *ahora* que en problemas como el desempleo, la desigualdad y la contaminación, la intervención del Estado sería la única solución, no los mercados, pero esta recomendación implícita, desgraciadamente, no ha logrado extenderse en los ámbitos de gobierno. Véase Joseph E. Stiglitz, *El malestar en la globalización*. Buenos Aires, Taurus, 2002.

[5] René Mouriaux, *Le syndicalisme face à la crise*, Paris, Éditions La Découverte, 1986, p. 108.

[6] *Ídem*, p. 109.

familias de los inmigrantes pudieron ir a Francia. Algo muy similar ocurrió en Alemania, sobre todo en relación con los inmigrantes turcos, política que después quiso ser revertida. Una vez legalizada la permanencia de los inmigrantes (sin derecho a voto en Francia y en Alemania), sus hijos tuvieron ciertos derechos y, por lo mismo, prestaciones sociales y subsidios que, según la ultraderecha, sólo deberían tener los nacionales (blancos, por supuesto). El sentimiento racista se incrementó, y más cuando los cambios estructurales en la economía se fueron extendiendo en los años 80 del siglo pasado, pues estos cambios provocaron mayor desempleo, flexibilidad del trabajo y contratación temporal o a tiempo parcial, sobre todo de mujeres.[7]

Estos cambios en Europa tienen relación con el surgimiento y desarrollo de una nueva derecha, como la llamó King.[8] Esta nueva derecha, cuya máxima expresión fue ubicada por este autor en Gran Bretaña (Thatcher) y en Estados Unidos (Reagan), se ha nutrido de dos tendencias principales: el liberalismo, que comprende la restauración de los valores liberales tradicionales del individualismo, gobierno limitado y libres fuerzas del mercado; y conservadurismo, que consiste, según este autor, en demandar un gobierno capaz de establecer un orden y una autoridad en la sociedad con base en valores religiosos y morales tradicionales. "Los defensores de la nueva derecha —señala King—, buscan no sólo revivir el papel de los mecanismos del mercado y terminar con las políticas colectivistas del Estado, sino también desmantelar los derechos ciudadanos establecidos durante los dos últimos siglos. Los 'derechos ciudadanos' se refieren a los derechos civiles, políticos y sociales establecidos bajo el ímpetu del desarrollo económico en las sociedades industriales avanzadas, y extendidos para todos los miembros de esas sociedades." El propósito de la nueva derecha fue muy claro: revertir la tendencia histórica que se inclinaba por la ampliación de los derechos ciudadanos y del intervencionismo estatal para

[7] Un amplio desarrollo de las consecuencias del neoliberalismo en el trabajo, en Antonio Ojeda Avilés, "Sindicalismo europeo, su crisis, sus alternativas", en *Sociología del Trabajo*, Madrid, Siglo XXI, número 6, primavera de 1989, pp. 51-77. En esta misma revista y en otros números, puede consultarse sobre la flexibilidad del trabajo y sobre el trabajo femenino. El mejor conjunto de textos, a mi juicio, sobre la situación del trabajo en siete países europeos, es el dirigido por Robert Boyer, *La flexibilité du travail en Europe*, Paris, Éditions La Découverte, 1987.

[8] Desmond S. King, *The New Right. Politics, Markets and Citizenship*, London, Macmillan Education, 1987.

disminuir las desigualdades. "Los defensores de la nueva derecha —añade King— creen que la desigualdad es un prerrequisito para el desarrollo social y el 'progreso'."[9]

La vieja derecha (que sólo sería una manera de decir, pues no podría precisarse qué tan vieja es) tuvo un periodo de aceptación de la amplia intervención del Estado y de gobiernos fuertes de tipo laico. Esto se dio principalmente después de la crisis de 1929-1933. En esos años, que culminaron con el ascenso del nazismo en Alemania, que sin duda fue un movimiento de ultraderecha, el liberalismo fue visto con desconfianza y luego sustituido por la noción de la subordinación del individuo al Estado, el totalitarismo en lugar de la democracia, el partido único en vez del bipartidismo o del multipartidismo.[10] De este modo se puede decir que esa vieja derecha de los años 30 y 40 del siglo pasado, también tuvo su ultraderecha, ambas, digámoslo así, estatistas y partidarias de gobiernos fuertes. La diferencia era de grados, políticamente hablando, porque al igual que ahora, tanto en Estados Unidos como en Alemania y otros países europeos, la ultraderecha también era racista, nacionalista y etnocentrista, xenófoba, anticomunista, antisemita y, más en el discurso que en la realidad, puritana y religiosa de algún tipo.

La importancia de los gobiernos de Thatcher y Reagan como impulsores de la globalización neoliberal parece innegable, dado el poder económico de la mancuerna formada por sus respectivos países. Lo que siguió fue la ampliación del modelo y la adecuación a éste incluso en países donde la socialdemocracia gobernaba. La crisis de la deuda en los años 80, que explica ampliamente Eric Toussaint,[11] fue un factor fundamental para involucrar a los gobernantes del Tercer Mundo y de los países llamados ex comunistas en el modelo. El FMI y el BM jugaron muy bien su papel de "salvadores"

[9] *Ídem*, Introducción.

[10] No debe haber confusión: la oposición del fascismo (italiano y alemán) al liberalismo fue, como señala Marcuse en referencia al Estado total-autoritario, reducida a una lucha de 'ideologías' al mismo tiempo que dejaba "de lado la estructura social básica del liberalismo". Herbert Marcuse, "La lucha del liberalismo en la concepción totalitaria del Estado", en Wolfgang Abendroth (editor), *Fascismo y capitalismo*, Barcelona, Ediciones Martínez Roca, 1976, p. 50. Por otro lado debe aclararse que *partido único* no debe interpretarse en todos los casos como equivalente a una dictadura, como tampoco multipartidismo como democracia. México, una década después del fin de la revolución fue monopartidista y así se mantuvo por varios años, pero no fue una dictadura. Hungría, bajo Horthy, fue una dictadura, pero ésta no gobernó sin oposición partidaria.

[11] Eric Toussaint, *op. cit.*, tomo I, capítulo 7.

a la vez que determinaron las políticas a seguir. Otro factor que no puede soslayarse fue la dócil aceptación del modelo por la mayor parte de los gobernantes del extenso mundo que los organismos de Naciones Unidas llaman "en desarrollo". En América Latina esta aceptación fue relativamente más fácil, dado el papel subordinado que han querido jugar casi todos sus gobernantes.

El relativo triunfo de la globalización neoliberal, como se le ha denominado al modelo iniciado por la nueva derecha, además del derrumbe del llamado socialismo y el consecuente sentimiento de derrota para todos los que creyeron que la URSS y sus satélites eran socialistas, favoreció a los partidos de derecha, y más porque los partidos de centro-izquierda (socialdemócratas en general) no han sido capaces de distinguirse, por cuanto a sus políticas de gobierno, de sus competidores tradicionales (la democracia cristiana). El discurso de la socialdemocracia perdió credibilidad al alejarse, en los hechos, de las políticas de tendencia al igualitarismo y al fracasar en su retórica contra del desempleo.

Esta circunstancia y la inexistencia del "comunismo" llevaron a la ultraderecha a una nueva política que habría de fortalecerla: el anticomunismo fue abandonado y de alguna manera sustituido por el racismo y la xenofobia, al mismo tiempo que, curiosamente, abogaría por la restitución al Estado de sus atribuciones interventoras en rubros como la salud, la educación, los subsidios y las jubilaciones. Con esta nueva política la ultraderecha habría de hacerse atractiva para los europeos (blancos) desempleados, los hijos de éstos, la pequeña burguesía golpeada por la concentración de la riqueza, trabajadores amenazados por los licenciamientos en las empresas y por la disminución de prestaciones sociales que habían conquistado en años anteriores. Su diferencia con la izquierda radical ha sido, como es fácil deducir, que ésta defiende también a los inmigrantes, es solidaria con los pueblos de todos los países y de todas las razas y que aspira a una ampliación de la democracia en términos participativos, además de rechazar las formas autoritarias e intolerantes de ejercicio del poder y de convivencia social.

Para la derecha y el centro-derecha tradicionales, que han sufrido deslizamientos hacia posiciones más de derecha (de la nueva derecha mencionada), y toda vez que la socialdemocracia ha perdido terreno, no ha sido difícil encontrar, en las diversas fuerzas ultraderechistas, aliadas más o menos naturales, aunque no compartan sus extremismos. Estas derechas tradicionales tendrían más coincidencias que diferencias con la ultraderecha, salvo por dos razones a mi juicio importantes: *a*] que por su vocación de gobierno y por el recuerdo imborrable del nazismo, mantienen un estilo y un discurso moderados y prudentes; y *b*] que en contraste con la ultraderecha (que es nacionalista y chauvinista), las derechas apoyan a los grandes capitalistas, nacionales y extranjeros, al modelo neoliberal de globalización económica y a la Unión Europea como potencia económica. Aun así, y sobre todo por motivos electorales, esa derecha no ha vacilado, en algunos países, en establecer alianzas con la ultraderecha.

Con base en las propuestas conceptuales que he discutido al principio, habríamos de aceptar que los gobiernos socialdemócratas en Europa occidental, con excepciones, y por comparación con los gobiernos claramente derechistas, han sido de izquierda, de izquierda moderada. Sus políticas ciertamente no han conducido al socialismo, que sería la característica más evidente de un gobierno de izquierda, pero sí han hecho concesiones importantes a los trabajadores para el mejoramiento de su calidad de vida y han llevado a cabo reformas sociales que también los han beneficiado. Es muy pertinente añadir que muchas de las reformas sociales han sido conquistadas por los trabajadores gracias a la fuerza de sus organizaciones, fuerza que en el presente se encuentra un tanto disminuida aunque todavía beligerante. Gracias a esta fuerza y beligerancia de los trabajadores es que ciertas prestaciones sociales, como educación y salud, gratuitas todavía en la mayor parte de los países de la Unión Europea, no se han perdido por el tipo de gobierno que tienen o han tenido estos países, a pesar de los intentos que han hecho por abatirlas. Las movilizaciones sociales han renacido en países como Francia, Italia y España, donde los gobiernos de derecha han querido continuar y extender las privatizaciones en todos los ámbitos y ajustar las necesidades del trabajo a las del capital.

El índice de Gini, que nos permite apreciar la distribución del ingreso familiar, como hemos visto antes, nos da una idea de las desigualdades en los países de Europa occidental, y nos permite compararlas con otros países también desarrollados o con los subdesarrollados. Pero un índice de desigualdad en los ingresos no es suficiente para apreciar las asimetrías existentes, como señala Amartya Sen.[12] Junto con este índice debe contemplarse el desempleo, que es un elemento determinante de desigualdades sociales,

[12] Amartya Sen, "Desigualdad y desempleo en la Europa contemporánea", OIT, *Revista Internacional del Trabajo*, vol. 116, núm. 2, 1997 (Versión en Internet).

pues es obvio que quien no tiene empleo, aunque cuente con subsidios equivalentes a una cuota de salario, se encuentra en desigual condición que quien sí lo tiene. En Europa occidental los salarios han aumentado y también el producto interno bruto *per cápita*. Sin embargo, el desempleo ha crecido sensiblemente en los últimos años, especialmente después de 1979-1981, cuando se iniciaron las medidas de "cambio estructural" y de privatizaciones impulsadas por la nueva derecha y adoptadas de manera similar por algunos de los gobiernos socialdemócratas.

Con la información disponible[13] los países que, de acuerdo al índice de Gini (IG), presentaban menores desigualdades, eran (pues los datos más actuales fluctúan entre 1990 y 1997): Dinamarca y Suecia: 0.25, Finlandia y Noruega: 0.26, Italia: 0.27, Bélgica: 0.29 y Alemania: 0.30. Los países con mayores desigualdades eran: Turquía: 0.42, Gran Bretaña: 0.37, Irlanda y Portugal: 0.36, Francia, Grecia, Suiza, España y Holanda: 0.33. Sin embargo hay países en los que el IG es muy bajo, como Finlandia, pero el desempleo ha sido alto, particularmente de 1991 a 1997,[14] en tanto que otros, como Portugal, han tenido un IG muy alto y un desempleo mucho menor que el de Finlandia. También se puede apreciar que hay países, como Noruega, Suecia o Dinamarca, con IG y desempleo bajos. Austria, con un IG de 0.31, ha tenido un desempleo también muy reducido, ligeramente superior al de Noruega en promedio y más bajo que en este último país durante 2002.

Con base en los tipos de gobierno de 1945 a la fecha, se aprecia que aquellas naciones que durante más tiempo han sido gobernados por la socialdemocracia, a menudo en coalición, como ha sido el caso de los países escandinavos, tienen, con excepción de Finlandia, menor desempleo promedio e índices bajos de desigualdad (aquí incluyo a Finlandia). En oposición a estos países, los que han sido gobernados por dictaduras por largo tiempo (España y Portugal) tienen un IG alto y, en el caso de España, el mayor desempleo promedio de la zona del Euro. Vale añadir que el desempleo se

[13] <http://www.cia.gov/cia/publications/factbook/fields/2172.html>, ya citada.

[14] 1991 fue un momento de crisis muy difícil para Finlandia, puesto que su economía estaba muy ligada a la de la URSS. Bajaron considerablemente el PIB y las inversiones y aumentó el desempleo; además, fue el inicio de la época de gobiernos conservadores y de centro derecha que sustituyeron a la socialdemocracia tradicional que, en general, había gobernado, con altibajos y en coalición, desde 1946. Véase *L'etat du monde*, Paris, Éditions La Découverte, de 1988-1989 a 2003 (en español, *El estado del mundo*, Madrid, Akal, desde hace varios años).

disparó a niveles altísimos durante el gobierno de Felipe González, muy dudosamente de izquierda pese a haber sido del Partido Socialista Obrero Español. Gran Bretaña, gobernada por la nueva derecha desde 1979, presentaba en 1995 el IG más alto después de Turquía y un desempleo que fluctuó entre 8.2 por ciento y 11.2 por ciento antes de que Blair asumiera el poder (1997), es decir cuando los gobiernos conservadores de Thatcher y Major fueron sustituidos por el laborismo, pese a ser, ahora, de la llamada "tercera vía".[15] En Francia, salvo pequeños periodos antes de De Gaulle (1958-1968) y después de Giscard (1974-1981), han predominado los gobiernos de derecha. Con la "cohabitación" Mitterrand-Chirac se inició la era de las privatizaciones y, junto con ella, el aumento del desempleo (arriba de 11 por ciento promedio de 1987 a 2002). Como ya se dijo antes, las desigualdades sociales en este país son grandes, a pesar de ocupar el cuarto lugar entre las grandes potencias industriales.

*

En la actualidad, como se ha señalado, la mayoría de los países de la Unión Europea —y otros más del continente— es gobernada por la derecha o el centro-derecha. Es pertinente recordar que buena parte de los partidos de derecha se presentan como *partidos populares*, algunos con el añadido de "cristianos". Otros se denominan cristianos (democristianos o socialcristianos), como en Alemania.

Además del Parlamento Europeo, cuyo partido mayoritario es precisamente el Partido Popular Europeo, aliado con Demócratas Europeos (ambos de ideología cristiana), existen partidos populares, gobernando solos o en coalición, en, por ejemplo: Austria, España, Noruega (Partido Popular Cristiano, también gobernante en coalición), la República Checa (donde el Partido Popular-Unión Cristiana y Democrática es parte de la coalición que, junto con el Partido Socialdemócrata, gobierna actualmente), Luxemburgo (Partido Popular Social Cristiano, gobernante), Holanda (donde el Partido Popular de la Libertad y la Democracia participa actualmente en el gobierno), Portugal (con el Partido Popular participante en el gobierno), Eslovenia (donde el Partido Popular participa en el gobierno), Suiza (con el Partido Popular como parte del gobierno). Recientemente se ha sumado a la ola de partidos populares, el go-

[15] Habrá de reconocerse que a partir del gobierno de Blair el desempleo comenzó a disminuir en la Gran Bretaña, de 8.2% en 1996 a 5.1% en 2001.

bernante en Francia (Unión para un Movimiento Popular), como veremos más adelante.[16] Existe, como bien se sabe, la Internacional de Partidos Demócrata-Cristianos y Populares, con partidos afiliados de 72 países.[17] No deja de ser curioso que varios partidos de derecha que se fundaron después de la PGM tuvieran el nombre de Partido Popular, algunos de ellos considerados prefascistas.

Interesa, para los fines de este estudio, hacer un pequeño y somero examen de los partidos y gobiernos de derecha en algunos países de Europa occidental.[18] Quizá se entienda mejor por qué la derecha ha ganado terreno y, no menos importante, por qué la ultraderecha, tratada en la tercera parte de este libro, ha encontrado condiciones para crecer.

Después de la segunda guerra mundial (SGM) se inició la reconstrucción de Europa. Alemania fue ocupada por la URSS, Gran Bretaña, Estados Unidos y Francia. En mayo de 1949 se promulgó una nueva constitución de la República Federal. En agosto de ese año hubo elecciones legislativas, en las que la Unión Demócrata Cristiana (CDU por sus siglas en alemán- *Christlich Demokratische Union Deutschlands*) obtuvo la mayoría de votos. El nuevo parlamento eligió como presidente a Heuss, del Partido Liberal (minoritario),[19] y Heuss propuso a Konrad Adenauer como canciller. Adenauer era el líder histórico de la CDU, en aquel entonces más o menos avanzada aunque de derecha, y particularmente europea.[20] En segundo lugar, por un margen pequeño, quedó el Partido Socialdemócrata (*Sozialdemokratische Partei Deutschlands*-SPD). Estos habrían de ser los principales partidos contendientes hasta el presente. De entonces a

[16] Véase <http://www.electionworld.org/>

[17] Sobre esta Internacional consúltese <http://www.idc-cdi.org/parties/Miembros_IDC.asp>

[18] Para el desarrollo del texto que sigue sobre los partidos europeos me he valido de diversas fuentes, destacadamente de J. Denis Derbyshire y Ian Derbyshire, *Political Systems of the World*, (segunda edición revisada y ampliada), Oxford, Helicon, 1996, Wolfram Nordsieck, *Parties and Elections in Europe / Parteien und Wahlen in Europe*, 1997-2002 - <http://www.parties-and-elections.de>, <http://www.electionworld.org/> y *L'etat du monde* (*El estado del mundo*), varios años, *op. cit.*

[19] *Freie Demokratische Partei* (FDP), Partido Liberal Democrático. Ha sido un partido bisagra en alianza con la democracia cristiana y con la social democracia en diferentes momentos. En la actualidad ha disminuido mucho su influencia electoral.

[20] Maxime Mourin, *Histoire des grandes puissances* (3ª edición revisada y completada), Paris, Payot, 1958, pp. 209-210. En las notas al pie de la página 210 el autor ofrece datos sobre los resultados electorales que difieren un poco, por cuanto al número de asientos, de los datos proporcionados por Wolfram Nordsieck, *op. cit.*

la fecha Alemania ha sido gobernada por el centro derecha, salvo de 1969 a 1981, que gobernó el centro izquierda representado principalmente por la SPD, y de 1998 a la fecha. Con la unión de las dos Alemanias, el gobierno estuvo formado por Alianza para Alemania (*Allianz für Deutschland*), con la participación de dos partidos demócrata-cristianos y uno liberal conservador: la CDU ya mencionada, la *Deutsche Soziale Union* (DSU-Unión Social Alemana) y el *Demokratischer Aufbruch* (Apertura Democrática).

La democracia cristiana en Alemania tuvo su origen en organizaciones católicas y protestantes existentes desde antes de la SGM. Sin embargo, como tal, se fundó después de terminada la guerra, en el verano de 1945. Su primera participación electoral, siempre con la Unión Social Cristiana de Bavaria (CSU- *Christlich Soziale Union in Bayern*), fue en 1949. Con la excepción de los años 1972, 1998 y 2002, siempre ha tenido mayor votación en las elecciones legislativas (para el *Bundestag*) que el Partido Social Demócrata. Éste, por cierto, se ha visto precisado a hacer alianza con otros partidos para asegurar su triunfo sobre la CDU. De 58 años transcurridos desde el final de la SGM, este país sólo ha sido gobernado 21 años por la izquierda moderada y reformista.[21] El gobierno de Schroeder, en la actualidad, se formó en coalición electoral con el partido de Los Verdes (*Bündnis 90 / Die Grünen*).

La CDU siempre se ha considerado un partido popular de centro. Ha sido y es defensora de la sociedad capitalista, de la libertad de mercados y de la democracia en su sentido liberal, formalmente incluyente, y de la oportunidad para todos para crecer y desarrollarse. Es, por supuesto, contraria al socialismo. Sus valores se fundan en el cristianismo y en el liberalismo derivado de la Ilustración europea. Sus postulados ideológicos, a partir de Ludwig Erhard, desde que fue ministro de Economía (1949-1963) y luego canciller (hasta 1966), se basaron en la economía social de mercado. El llamado "milagro alemán" se explica por esta estrategia económica que postulaba la prosperidad para todos los alemanes en la lógica de un sistema de bienestar y de justicia social.[22]

[21] El Partido Social Demócrata Alemán (SPD) tuvo su primer triunfo después de renunciar al marxismo (Conferencia de Bad Godesberg), precisamente para hacerse más atractivo al electorado. En ese tiempo, 1969, el SPD hizo alianza con el Partido Democrático Liberal (*Freie Demokratische Partei*-FDP). Giles Radice y Lisanne Radice, *op. cit.*, pp. 16-17.

[22] Véase <http://www.cdu.de/>.

En el mismo año de 1945 se fundó también el Partido Demócrata Cristiano Austriaco, posteriormente llamado Partido Popular Austriaco (ÖVP-*Österreichische Volkspartei*). Se describe a sí mismo como un partido de centro progresista. Bajo la ocupación de la segunda posguerra, este partido y el Social Demócrata (SPÖ-*Sozialdemokratische Partei Österrichs*) establecieron una alianza que llevó a Karl Renner a la Cancillería (primer ministro) del gobierno provisional.

En 1955 Austria obtuvo su plena independencia. En 1966 el ÖVP llevó al gobierno a Klaus, por primera vez sin coalición. Pero en las elecciones generales de 1970 los demócrata-cristianos perdieron en favor de los socialdemócratas. Kreisky gobernó primero en coalición, pero luego el SPÖ se convertiría en mayoría hasta antes de las elecciones de 1983. En éstas el SPÖ estableció una coalición con el FPÖ (*Freiheitliche Partei Österreichs*-Partido de la Libertad), participando éste por primera vez en el gobierno. Esta coalición, un tanto extraña, pues se trataba de un partido de derecha, habría de cancelarse cuando el neonazi Joerg Haider fue nombrado dirigente del FPÖ en septiembre de 1986. Con esta ruptura el canciller socialdemócrata Vranitzky convocó a elecciones anticipadas. Se formó un gobierno de gran coalición, como el habido en la segunda posguerra, compartido por el SPÖ y el ÖVP. Sin embargo, mientras el Partido Popular disminuía sistemáticamente su votación, el Partido de la Libertad la aumentaba con enorme rapidez. El éxito del FPÖ no sólo fue en las elecciones generales (en las que llegó a alcanzar en 1999 el mismo porcentaje de votos que el ÖVP), sino que también ganó el gobierno de la provincia de Carintia, tradicionalmente en manos de los socialdemócratas. El gobierno federal, después de conversaciones frustradas con el SPÖ para formar nuevamente un gabinete de gran coalición, habría de reconstituirse mediante la alianza del ÖVP y el FPÖ en febrero de 2000, hasta la fecha.[23] Por primera vez desde 1970 los socialdemócratas no participarían en el gobierno.

Bélgica ha sido gobernada por izquierdas y derechas moderadas, predominando éstas a lo largo del tiempo transcurrido desde la SGM. La región del norte, Flandes (de habla holandesa), ha sido más derechista que la del sur, Valonia (de habla francesa). Los conflictos entre estas dos regiones tuvieron serias repercusiones políticas hasta 1993, año en que se reformó la constitución con la que se reconocieron tres autonomías: las dos mencionadas y Bruselas, la capital. En general el gobierno ha estado compuesto por coaliciones que

[23] Véase <http://www.cidob.org/bios/castellano/lideres/h-034.htm>.

han girado alrededor del centro, a veces con inclinaciones hacia la izquierda y otras hacia la derecha. En este país las alianzas entre los liberales y los socialdemócratas no han sido extrañas, como tampoco entre los democristianos y los mismos socialistas. El actual primer ministro, Guy Verhofstadt, se ha distinguido por su defensa de los derechos humanos, por su acercamiento a los socialdemócratas y por haber reprobado al gobierno austriaco por la incorporación del partido de Haider en su gabinete. De hecho, su gobierno está formado por su propio partido, el *Vlaamse Liberalen en Democraten* (VLD-Liberales y Demócratas Flamencos), el Partido Socialista, el *Socialistische Partij Anders* (SP.A-Partido Socialista otra vía o diferente), el Partido Reformador y el Spirit, calificado de progresista.

Holanda, políticamente, guarda ciertas semejanzas con Bélgica: desde el fin de la SGM ha sido gobernada por coaliciones en las que, en general, ha estado presente el Partido Laborista *Partij van de Arbeid* (PvdA) de orientación socialdemócrata. Estas coaliciones se han llevado a cabo entre el PvdA y los democristianos. También, ocasionalmente, con el derechista Partido Popular por la Libertad y la Democracia, como fue el caso en 1994 en que se dio la que por primera vez fue llamada la coalición de izquierdas y derechas.[24] En las recientes elecciones el gobierno se ha corrido hacia la derecha y el partido más combativo contra los inmigrantes, *Lijst Pim Fortuym* (Lista Pim Fortuyn), que había tenido un relativo éxito en las elecciones de 2002, vio reducida sensiblemente su votación en 2003.

En Dinamarca los tres principales partidos han sido el Socialdemócrata *Socialdemokratiet i Danmark*-S), el liberal conservador (*Venstre, Danmarks liberale parti*-V) y el Partido Popular Conservador (*Konservative Folkeparti*-KF), recientemente disminuido en favor del Partido Popular Danés *Dansk Folkparti* (DF) de ultraderecha. Desde finales de los años 60 del siglo pasado la derecha ha logrado ganarle a la izquierda mediante coaliciones. Empero, es pertinente advertir que incluso la izquierda socialdemócrata es moderada en Dinamarca.

De los otros países escandinavos, Noruega Finlandia y Suecia sólo este último ha tenido por más tiempo gobiernos de izquierda moderada. En Finlandia cuatro partidos han tenido el poder desde la SGM: SDP (Partido Socialdemócrata), KESK (Partido de Centro) KOK (Coalición Nacional), VAS (Alianza o Liga de Izquierda, que a partir de 1987 incluye a Alternativa Democrática).

[24] J. Denis Derbyshire y Ian Derbyshire, *op. cit.*, p. 507.

En Francia, el partido de derecha tradicional más importante, que recientemente ha visto disminuida su fuerza, ha sido el RPR (*Rassemblement pour la République*), fundado en 1976 por Chirac. Los antecedentes de este partido, de los cuales derivó, fueron, primero, la Unión para una Nueva República (UNR) fundado por De Gaulle en 1958, y en segundo lugar, la Unión de Demócratas para la República (UDR) fundada en 1968. Tradicionalmente estos tres partidos han sido denominados gaullistas, pero el RPR se ha caracterizado más bien por ser parte de las nuevas corrientes de la derecha partidaria del libre mercado y de la no intervención del Estado en la economía, a diferencia de sus antecesores, que fueron tanto nacionalistas como defensores del intervencionismo estatal. La principal oposición de derecha, que también formó gobierno, ha sido la UDF-Unión para la Democracia Francesa (*Union pour la Démocratie Française*), fundada por Giscard d'Estaing, Raymond Barre y otros.

Ante la amenaza, en las recientes elecciones de 2002, de que la extrema derecha pudiera ganar la presidencia, se formó una coalición denominada la Unión para la Mayoría Presidencial (UMP). En esta unión participaron, en primer lugar, Jacques Chirac, entonces del partido *Rassemblement pour la République* (RPR-Reunión para la República), además de *Démocratie Libérale* (DL-Democracia Liberal), y un sector importante de la Union pour la Démocratie Française (UDF-Unión para la Democracia Francesa), los tres partidos son de derecha, aunque el tercero se presenta como centrista democristiano. De esta alianza surgiría la Unión para un Movimiento Popular (UMP-*Union pour un Mouvement Populaire*), que se presenta a sí misma como "el primer gran partido de la derecha y del centro jamás creado en Francia".[25] Con este partido este país ha entrado en la lógica de los partidos populares de Europa, todos, a pesar del nombre, de derecha. La otra principal fuerza, que también ha tenido el gobierno, aunque por menos tiempo desde 1945, ha sido el Partido Socialista. En Francia ha sido tradicional que a las elecciones se presenten la derecha y la izquierda, como tales, frecuentemente en coaliciones de partidos de una y otra corriente, respectivamente.

En España, hasta la muerte de Franco en noviembre de 1975, sólo el Movimiento Nacional tenía expresión política legal. Con la muerte del caudillo y con la entronización de Juan Carlos como rey de España se inició la transición democrática en el país, primero

[25] <http://www.u-m-p.org/union/fondements/congres/congres.php>.

con los franquistas en el poder (Arias Navarro y luego Adolfo Suárez al frente del gobierno). Con Suárez se iniciaron ciertas medidas democráticas, tales como la liberación de prisioneros políticos, una importante reforma política que establecía un parlamento bicameral electo por sufragio universal, un referéndum sobre las nuevas reformas y una votación masiva a favor de éstas. A partir de esos momentos se pudieron formar sindicatos independientes y el derecho de huelga cobró nueva vigencia. Para principios de 1977 los partidos políticos fueron legalizados y a mediados de ese año se llevaron a cabo las primeras elecciones después de la República. En esos momentos los principales partidos fueron la Unión Centro Democrático (UCD, de Suárez) y el Partido Socialista Obrero Español (PSOE, con Felipe González al frente). Triunfó Suárez.[26] Es pertinente advertir que González fue un político centrista, modernizador y pragmático, contrario al marxismo, en ningún sentido anticapitalista, y que, gracias a sus planteamientos moderados, logró que su partido avanzara de 30.5 por ciento de votos en 1979 a 48.2 en 1982 (de 5.5 millones de sufragios a casi diez millones).[27]

Suárez promovió un pacto de recuperación económica, denominado de la Moncloa (por el nombre de la residencia del gobierno), en el que se aceptaron, incluso por parte de la "izquierda", reducciones al gasto público, topes salariales, aumentos de impuestos, restricciones al crédito y otras medidas cuyo fin era reactivar la economía, modernizarla y crear empleos —lo que ciertamente no se logró, como ya se ha visto anteriormente. El terrorismo vasco y la legalización del Partido Comunista de España, entre otras razones, predispusieron al ejército contra Suárez. En 1981 el jefe de gobierno renunció y el rey nombró a Calvo Sotelo, de centro-derecha. El intento de golpe de Estado del coronel Tejero, la discusión habida sobre la legalización del divorcio y la oposición a la participación de España en la OTAN, fueron factores que dividieron a la UCD entre moderados y ultras, debilitándola, y que llevaron al nuevo jefe de gobierno a convocar a elecciones al mismo tiempo que un anhelo legítimo de la población por la democratización de España y el reformismo del PSOE fortalecían a éste como alternativa. La UCD, en la elección de 1982 no alcanzó el

[26] Richard Gunther, "Democratization and Party Building: The Role of Party Elites in the Spanish Transition", en Robert P. Clark y Michael H. Hatzel (editors), *Spain in the 1980s*, Cambridge, Mass., Ballinger, 1987, pp. 35-66.
[27] Ver <http://www.parties-and-elections.de/spain2.html>.

7 por ciento de los votos, razón por la cual desapareció. Su lugar fue tomado por la antigua Alianza Popular, luego Partido Popular[28] —actualmente en el gobierno.

La política de González no fue precisamente en favor de las masas trabajadoras, mismas que se manifestaron en contra, especialmente en 1987 y 1988. Implantó una política de austeridad, so pretexto de aumentar la productividad y controlar la inflación.[29] Para no pocos observadores Felipe González no se diferenció particularmente de la nueva derecha europea, pues entre sus propuestas, que provocaron fuerte oposición, se incluía la reducción de la seguridad social y de las pensiones a los jubilados. Sin embargo, hubo medidas positivas, como por ejemplo la conversión de la educación (de privada y religiosa a pública y laica) y la del ejército, que fue obligado a abandonar su papel de garante de la seguridad interna.

El desempleo y la inconformidad siguieron en aumento. La votación del PSOE fue disminuyendo, al extremo de que, a partir de las elecciones de 1993, González gobernó en coalición con partidos nacionalistas moderados. En 1995 hubo una crisis de credibilidad por la existencia comprobada de fuerzas paramilitares anti ETA, espionaje telefónico y corrupción. El gobierno se vio obligado a convocar a elecciones legislativas anticipadas para 1996, y con éstas comenzaría el gobierno del derechista Partido Popular con José María Aznar como nuevo presidente del gobierno. Con Aznar la economía se reactivó, la inflación pudo ser frenada y las inversiones en el extranjero aumentaron, sobre todo en América Latina. Para 2001 el desempleo había disminuido considerablemente, pero las privatizaciones se aceleraron. El neoliberalismo, ahora sí, fue asumido plenamente por el nuevo gobernante, al igual que las restricciones a la inmigración ilegal. Ante la guerra de Estados Unidos contra Irak, el gobierno español adoptó una política verdaderamente sumisa y, frente al régimen cubano, una posición poco amistosa, para decirlo en términos suaves.

Después de que Italia devino república (1946), su gobierno estuvo dominado por la Democracia Cristiana (DC), sola o en coalición, hasta 1976. A partir del golpe de Estado en Chile (1973), y de las interpretaciones que de éste se hicieron en Europa por cuanto al futuro de los partidos electorales de izquierda, y tomando en cuenta

[28] J. Denis Derbyshire y Ian Derbyshire, *op. cit.*, p. 513.

[29] Josep Picó, *Los límites de la socialdemocracia europea*, Madrid, Siglo XXI de España, 1992, pp. 197-245.

la seria crisis económica y el fracaso del gobierno de centro-derecha de Andreotti, el poderoso Partido Comunista Italiano (PCI) estableció un "compromiso histórico" con católicos y socialistas. Sin embargo, tal compromiso no resultó, a pesar de que los comunistas alcanzaron la mayor votación de su historia: 34.4 por ciento, o quizá por esta razón.[30] Roto el "compromiso histórico" en 1978, los socialistas del PSI, los democristianos (DC) y los republicanos (PRI-Partido Republicano Italiano) mantuvieron su alianza y gobiernos de coalición encabezados por la DC. En 1983 Bettino Craxi, del PSI, se convirtió en el primer socialista (socialdemócrata) jefe de gobierno en la historia del país, en coalición con la DC y otras fuerzas de derecha. Al final de su gobierno se iniciaría una crisis política que llevaría a un nuevo espectro partidario a principios de los años 90. Varios políticos se vieron envueltos en escándalos de corrupción, incluso con la mafia y, como resultado, los viejos políticos se vieron desplazados por los tecnócratas, tipo Ciampi (ex gobernador del Banco Central).[31] Durante su gobierno (1993-1994) las fuerzas políticas sufrieron serias transformaciones. En las elecciones de 1994 figuraron nuevos partidos y nuevas alianzas. El PCI desaparecería (fue sustituido por el Partido Democrático de Izquierda, más centrista que su antecesor), la DC, muy disminuida, se convertiría en el Partido Popular Italiano. Y entre los nuevos partidos surgiría uno más que habría de ser importante: el personalista *Forza Italia* (de Berlusconi). El fascista Movimiento Social Italiano (MSI) daría lugar a Alianza Nacional (AN) a partir de una división interna. Muchos cambios, nuevas fachadas.

Dos grandes alianzas se disputarían el gobierno: *Casa delle Libertà*, una alianza de partidos de derecha y ultraderecha, entre los primeros el de Berlusconi, y *L'Ulivo* (El Olivo), que ha sido la alianza de los partidos de centro izquierda, incluidos los ex comunistas ahora socialdemócratas, los verdes, democristianos (*Margherita*) y otros.

Después del fracaso del primer gobierno de Berlusconi (acusado de corrupción), Lamberto Dini, ex ministro del Tesoro del anterior, inició el saneamiento de las finanzas, entre otras reformas, y contó con el apoyo de las izquierdas. Este apoyo llevó a Dini a alinearse con *L'Ulivo*, alianza de centro-izquierda que, a pesar de su votación (34.7% contra 52.6 de *Casa delle Libertà*) y gracias al

[30] Véase Anna Libera, *Italie: les fruits amers du compromis historique*, Paris, Editions La Brèche, 1978 y <http://www.parties-and-elections.de/italy3.html>.
[31] Giampiero Martinotti, "Italia", en *L'état du monde*, obra citada.

respaldo de Refundación Comunista, formó gobierno en 1996 con un católico socialista (Prodi) al frente. De 2001 a la fecha el centro-izquierda fue sustituido por la coalición encabezada por *Forza Italia* y sus aliados democristianos, ultranacionalistas y neofascistas.[32]

¿Por qué en buena parte de los países de Europa occidental, donde los partidos de izquierda han sido muy fuertes y los movimientos sociales muy organizados y beligerantes, la derecha ha gobernado la mayor parte del tiempo? Si seguimos el caso de Italia, que *mutatis mutandi*, puede compararse con otros países como España, Francia, Alemania, se puede apreciar que de casi 58 millones de habitantes, menos de diez millones son trabajadores organizados en las tres grandes centrales sindicales, una de izquierda y dos de centro, la CISL incluida (la poderosa *Confederazione Italiana dei Sindacati Lavoratori*, católica).[33] El 85 por ciento de la población es de 15 y más años (semejante a Alemania, España y Francia) y, de aproximadamente 24 millones de población activa, más del 70 por ciento trabaja en el área de servicios (64% en Alemania y en España, 71% en Francia), además del hecho de que el producto interno bruto por habitante es de más de 25 mil dólares estadunidenses al año (alrededor de 26 mil en Alemania y Francia, 20 mil en España).[34] Y no debe pasarse por alto que al término de la SGM en Italia (y en Alemania) había hambre; sólo una pequeña proporción de sus habitantes tenía dinero, tierras, industrias y comercios; la clase media había sido severamente golpeada por la inflación y la población rural, en particular la del sur, apenas podía sobrevivir. Y, guste o no, fue la democracia cristiana, como en Alemania, la que encauzó la economía italiana hasta convertirla en una de las más prósperas del mundo actual.[35] Algo muy semejante ha ocurrido en otros países de la Unión Europea, y quizá sirva como explicación de la orientación del voto.

[32] *Ídem* y <http://www.parties-and-elections.de/italy3.html>.

[33] En Francia las principales organizaciones son: la *Confédération Genérale du Travail*-CGT, la *Confédération Française Démocratique du Travail*-CFDT y la *Confédération Générale du Travail - Force Ouvriere*. Se estima que estas centrales de trabajadores son de menor afiliación que las de Italia.

[34] <http://www.cia.gov/cia/publications/factbook/geos/>, y *El estado del mundo, op. cit.*, 2003.

[35] Algunos datos relevantes sobre el desarrollo económico italiano, en Heiner Raulff, "Italia", en Wolfgang Benz y Hermann Graml (compiladores), *Europa después de la Segunda Guerra Mundial. 1945-1982*, tomo 2, (7ª ed.), México, Siglo XXI Editores/Siglo XXI de España, 2000, pp. 342 y ss.

Ideológicamente, tanto los partidos democristianos como los "populares", dos nombres para identificar lo mismo (recuérdese su organización Internacional de Partidos Demócrata-Cristianos y Populares), se basan en la filosofía del *propio esfuerzo* en un mundo donde supuestamente está garantizada *la igualdad de oportunidades* y la libertad. Libertad quiere decir que cada persona ("los individuos"), con fundamento en la iniciativa personal, tiene derecho a tomar sus propias decisiones. "Toda persona tiene que contar con la posibilidad de llegar tan lejos como sus *aptitudes y esfuerzo* le permitan. Un Estado más robusto que grande y más ágil que burocrático contribuye decididamente a ello."[36] Esto es, individualismo, esfuerzo y aptitudes, en un mundo de competencia en el que el Estado sólo habrá de intervenir cuando los particulares lo requieran para su plena realización (incluso empresarial). La sociedad es un conjunto de individuos (no clases sociales), y el Estado no debe ser interventor, no debe regular la economía, no debe poseer empresas (salvo aquellas de las que no puedan hacerse cargo los particulares). Es un nuevo liberalismo con ingredientes *asistenciales* y altruistas, mismos que se denominan *solidaridad*, es decir el apoyo "a los más desfavorecidos",[37] no con base en el reparto de la riqueza por medio de la regulación económica, sino por solidaridad de los ricos con los pobres mediante mecanismos privados selectivos y, obviamente, limitados. En suma, darwinismo social y económico en un mundo de libertades, incluida, prioritariamente, la de los mercados, pues se asume que la pobreza en el mundo no es "consecuencia de la economía de mercado, sino de la falta de valores democráticos sobre los que se articulen proyectos políticos".[38]

*

No pocos de los países de Europa oriental, que hasta hace unos años eran llamados socialistas o comunistas, según la orientación del análisis, incorporaron a su democratización política la liberalización económica. Son ahora capitalistas, en buena medida gobernados —en la actualidad— por ex comunistas devenidos socialdemócra-

[36] Ideario del Partido Popular de España, no muy diferente al de otros partidos de la misma Internacional. Véase http://www.pp.es/turcana/nacional/VerQuePretendemos.jsp?id=870 (las cursivas son mías).

[37] *Ídem.*

[38] *Ídem.*

tas, es decir no anticapitalistas. La excepción fue la República Democrática Alemana (RDA), pues dejó de existir como país al unirse a Alemania occidental.

Erich Honecker, jefe de Estado de la RDA, fue de los dirigentes "socialistas" más reacios al tipo de reformas emprendido por la URSS, Hungría y Polonia, a pesar de las manifestaciones de descontento de los jóvenes de Berlín oriental y de no pocos intelectuales marxistas y democráticos, entre estos Bahro, encarcelado y luego deportado por escribir *Die Alternative* (*La alternativa*).[39] El mismo año de la publicación del libro de Bahro (1977) apareció en la revista alemana occidental, *Der Spiegel*, un manifiesto, de enormes repercusiones políticas, publicado por la Liga de los comunistas democráticos de Alemania, constituida incluso por cuadros del partido comunista de Honecker. La censura y la intolerancia del gobierno no se hicieron esperar, y se extendió a las publicaciones de la Iglesia luterana, también crítica del régimen.

Debe señalarse, sin embargo, que el nivel de vida de los alemanes orientales era el más alto de los países del este europeo, no tanto por el valor del marco de la RDA y los ingresos en esta moneda (que eran elevados por comparación con otros países del área), sino por la gratuidad de muchos servicios y por los subsidios a productos básicos. El costo de vivienda no distraía más del cinco por ciento del ingreso de un trabajador promedio, los servicios de salud y educación eran gratuitos, el transporte estaba subsidiado, el vestido básico, especialmente el de trabajo, también.[40] Empero, amplios sectores deseaban otra cosa y, por supuesto, más democracia y libertades, sobre todo los jóvenes que anhelaban vivir, consumir y viajar como sus vecinos occidentales.

Los partidos existentes, al margen del oficial Partido Socialista Unitario de Alemania (SED por *Sozialistische Einheitspartei Deutschlands*), eran en realidad organizaciones subordinadas al partido comunista, el SED. Su función era congregar a los diferentes opositores o no simpatizantes del comunismo, con el objeto de neutralizarlos, lo que era inútil, pues la oposición al régimen existía incluso dentro del SED. El clima político en 1989 era inestable, la inconfor-

[39] Sobre el surgimiento de la oposición en la RDA, puede consultarse Jan Patula, *Europa del este: del stalinismo a la democracia*, México, Siglo XXI Editores/Universidad Autónoma Metropolitana, 1993, pp. 372 y ss.

[40] Véase Phillip J. Bryson, *The Consumer under Socialist Planning: The East German Case*, New York, Praeger Publishers, 1984.

midad interna crecía, al igual que las fugas a occidente vía Hungría o burlando la vigilancia de Berlín. "Una semana después de la celebración del 40 aniversario de la fundación del régimen este-alemán, el 17 de octubre de 1989 —escribía Valérie Lainé—, [Honecker] ha debido renunciar a su puesto de secretario general del partido y de presidente del Consejo de Estado."[41] En noviembre los alemanes tiraron el muro de Berlín, luego hubo elecciones libres y, finalmente, después de la unificación monetaria, se llevó a cabo la unificación política de las dos Alemanias (1990), perdiéndose una, la RDA, en favor de otra, la RFA. Es en este sentido que la RDA, de los países llamados socialistas de Europa central y oriental, fue una excepción.

En Europa oriental Moldavia, uno de los países más pobres del continente, tiene un gobierno comunista que triunfó en elecciones anticipadas (el 25 de febrero de 2001) y gracias a la división de la derecha. Con exagerada flexibilidad podría señalarse también a Rumania, a partir del triunfo de Iliescu (autoritario) y su partido en las pasadas elecciones del 10 de diciembre del 2000. Por cierto, en Rumania, como en Francia, la ultraderecha xenófoba antisemita y contraria a los húngaros y gitanos en ese país (el *Partidul România Mare*-Partido de la Gran Rumania),[42] obtuvo el segundo lugar en la primera vuelta de las elecciones mencionadas y el 19.5% de los votos definitivos para la Cámara de Diputados. En realidad, tanto Iliescu como su primer ministro Nastase, fueron electos por una coalición partidaria denominada Polo Democrático-Social de Rumania, formado por tres partidos de orientación socialdemócrata que aspiran a combatir la pobreza (50% de la población según sus propias estimaciones), a partir de un sistema que garantice la igualdad de oportunidades para todos los ciudadanos en un marco de valores de igualdad, responsabilidad, solidaridad y justicia social con libertad de empresa en una lógica, como la planteada por la democracia cristiana, de economía social de mercado.[43]

[41] Valérie Lainé, "République démocratique allemande. L'année politique : Erich Honecker joue et perd", en Thomas Schreiber y Françoise Barry (dir.), *L'URSS et l'Europe de l'Est*, Paris, La Documentation Française (Collection «Notes et études documentaires»), 1989 (número especial), p. 165.

[42] <http://www.electionworld.org/romania.htm>.

[43] Véase la página electrónica oficial, en rumano, inglés, francés y alemán, del Partido Social Demócrata: <http://www.psd.ro/engleza/index.html, que curiosamente es la misma tanto para el Partido Democrático Social de Iliescu como para el Partido Social Demócrata, su aliado. El Partido Humanista de Rumania, el tercero del Polo, se considera un partido social-liberal. Ver http://www.pur.ro/>.

En Polonia podría decirse que con el triunfo de los ex comunistas (ahora socialdemócratas),[44] tanto en el gobierno como en la Dieta, la izquierda tiene el poder, pero sería un engaño: en realidad el gobierno actúa como si fuera de derecha, sobre todo en materia social y de privatizaciones. Gobierna la coalición formada por la Alianza de Izquierda Democrática (AID) y la Unión de Trabajo. La AID (SLD por *Sojuszu Lewicy Demokratycznej*) es una expresión política derivada del antiguo Partido Obrero Unificado Polaco (partido comunista). Desde diciembre de 1990, cuando Wałesa asumió la presidencia, el país vivió sucesivas crisis de gabinete, fluctuando éste de la derecha a la izquierda y viceversa. Tanto los gobiernos de derecha como los de izquierda han llevado a Polonia a situaciones de pobreza y desempleo (éste llegó a 19 por ciento en 2001), particularmente en el campo. "El paro encubierto en la agricultura —señala Mink— se acerca al millón de personas", de alrededor de cinco millones en este sector.[45] El desprestigio de Solidaridad (*Koalicja Akcja Wyborcza Solidarno Prawicy*-Coalición Electoral Acción Solidaridad de la Derecha) ha permitido que la ultraderechista *Samoobrona Rzeczypospolitej Polskiej* (conocida como Samoobrona-Autodefensa de la República Polaca, organización campesina) pudiera obtener casi el doble de votos que la primera (10.2% contra 5.6%, respectivamente). Esta organización y la Liga de las Familias Polacas (LPR-*Liga Polskich Rodzin*), que en las pasadas elecciones obtuvo 7.9 por ciento de votos, son contrarias a la integración de Polonia en la Unión Europea, xenófobas, antialemanas y consideran que los gobiernos poscomunistas, en conjunto, han hecho muy mal su papel.[46]

En la República Checa el gobierno (primer ministro) es de orientación socialdemócrata y, sin embargo, ha tolerado la persecución de gitanos en su territorio. Después del largo gobierno del presidente de la república (jefe de Estado) Václav Havel, del *Obcanské Forum* (OF-Foro Cívico), que se dividió en tres organizaciones, ocupa su lugar Václav Klaus, del partido de derecha Obanské Demokratiká Strana (ODS-Partido Cívico Democrático),[47] y quien fuera primer ministro. Bajo la presidencia de Havel el gobierno estaba formado

[44] Véase la página electrónica oficial de la SLD (<http://www.sld.org.pl/>), lamentablemente sin traducción del polaco.

[45] Georges Mink, "Polonia" *El estado del mundo, op. cit.*, 2003, y datos calculados a partir de la información de <http://www.cia.gov/cia/publications/factbook/geos/pl.html#Econ>.

[46] Véase Mink, *ídem* y <http://www.electionworld.org/poland.htm>.

[47] El ODS fue una de las divisiones del OF; los otros dos partidos derivados también

por una alianza de la socialdemocracia, representada por el Ceska *Strana Sociálné Demokratická* (CSSD-Partido Social Demócrata Checo), y el derechista ODS mencionado, en tanto que ahora, con un presidente de este partido, la Socialdemocracia se ha aliado con los democristianos-populares y los conservadores de la llamada Coalición (*Koalice*) y ha dejado al ODS, así como al Partido Comunista, en la oposición.[48] Una diferencia importante de los dirigentes gubernamentales checos con los polacos, es que mientras éstos se aceleraron en las privatizaciones, ofreciendo las empresas al mejor postor, los primeros han sido mucho más cautelosos, con planes de largo plazo especialmente en empresas consideradas estratégicas para el país y para la población, según consta en el programa del partido mayoritario en la Cámara de representantes, el CSSD.[49] Aunque el producto interno bruto es mucho menor que el de Polonia, como también es menor su población, el PIB por habitante de la República Checa es mucho mayor que el de su país vecino, como mucho menor es el desempleo (también por comparación con Polonia): 8.1% contra 18.2% en 2001.[50] Vale decir que, como en otros países "ex comunistas" y en los de la Unión Europea, la socialdemocracia no se diferencia mucho en sus posiciones de la ya mencionada "filosofía del propio esfuerzo", igualdad de oportunidades y de solidaridad de quienes más tienen con quienes menos poseen, aunque se enfatiza el papel del Estado para proveer salud, pensiones y ayuda para el desempleo.[51]

En Hungría también la derecha ha sido desplazada por la izquierda moderada. El anterior primer ministro, Viktort Orbán, fue muy cercano a la extrema derecha, al *Magyar Igazság és Elet Pártja* (MIEP-Partido Húngaro de Justicia y Vida), de István Csurka, ultranacionalista y xenófobo.[52] Dos años antes del cambio de gobierno, el partido y los aliados de Orbán, según las encuestas, habían dejado

del OF fueron la Alianza Cívica Democrática y el Movimiento Cívico que, al parecer, ya no existe.

[48] Karel Bartošek, "República Checa", *El estado del mundo, op. cit.*, 2003,

[49] Véase el programa del ČSSD, en <http://www.cssd.cz/vismo/index.asp?tz=2&id_org=422010&id=34972>, versión en inglés.

[50] OIT, *Anuario de Estadísticas del Trabajo 2002,* Ginebra, Oficina Internacional del Trabajo, 61ª edición, 2002 pp. 476-484.

[51] Página del SSD en Internet, ya citada.

[52] Este partido tiene una página en Internet, lamentablemente sin traducción a idiomas menos difíciles que el húngaro: <http://www.miep.hu/>. Para mayor extensión Élisabeth Robert, "Hungría", *El estado del mundo, op. cit.*, 1999-2003.

de ser populares. Los ajustes económicos, tendentes a la aceptación de Hungría en la UE, no mejoraban la situación económica de la población a pesar de que había disminuido la inflación. Los salarios de la mayoría de los húngaros fluctuaban entre 200 y 300 dólares mensuales en 1999 (diez años antes, en el "socialismo", eran de alrededor de 6000 florines, un poco menos de 100 dólares americanos), siendo los gitanos los más pobres. Su actual primer ministro, Péter Medgyessy, es resultado de la coalición de los socialistas y los liberales.[53] Hungría había sido uno de los pocos países "socialistas" de Europa oriental que iniciara algunas privatizaciones antes de su transición formal al capitalismo. Las reformas de 1995 no sólo continuaron con las privatizaciones, sino que disminuyeron ciertas prestaciones sociales que antes estaban garantizadas. Aun así, no puede decirse que sea un país con grandes desigualdades: en 1998 el IG era de 0.24 (muy bajo, incluso en el contexto europeo) y el desempleo en 2001 era de 5.7 por ciento, el menor de los países ex "comunistas" de Europa.[54]

En Albania también gobierna la socialdemocracia, en realidad los ex comunistas en coalición con los liberales. En las recientes elecciones de 2002, el primer ministro, Fatos Nano (ex comunista), ganó con *Partia Socialiste e Shqipërisë* (PSSH-Partido Socialista de Albania), y en su gobierno participan otros partidos, incluso uno de ideología liberal (Alianza Democrática). El PSSH era antes el Partido del Trabajo de Albania (PTA-comunista), fundado por Enver Hoxha, el hombre fuerte que proclamara la República Popular de Albania en 1946 y aislara a su país en muchos sentidos. Este aislamiento, primero de la URSS y luego de China, se tradujo en una economía cerrada, una autarquía, aunque se mantuvieron algunos nexos con Europa occidental. Antes de su muerte, Hoxha le dejó el poder a Ramis Alia y, cuando el viejo dictador murió, en abril de 1985, Alia se convirtió en el jefe del Estado y del partido, del PTA. Con Alia, por primera vez no se conmemoró en el periódico oficial la muerte de Stalin, pero Gorbachov fue calificado, al igual que Jruschov antes, de revisionista.[55] Comenzó la apertura del país, y se iniciaron algunas reformas, sobre todo a partir de 1990, pero ya para entonces la

[53] Véase http://www.electionworld.org/hungary.htm. También Élisabeth Robert, *ídem*, 2003.

[54] <http://www.cia.gov/cia/publications/factbook/geos/hu.html#Econ> y OIT, *Anuario...*, *op. cit.*.

[55] Véronique Soulé, "Balkans. Albanie, Bulgarie, Roumanie, Yougoslavie", *L'etat du monde*, *op. cit.*, 1988-1989.

economía estaba en crisis: sólo la cuarta parte de su producción estaba funcionando.[56] A finales de 1990 la oposición al régimen daba señales de crecimiento, y en abril del año siguiente habría serios disturbios en las principales ciudades del país. Fue en esas fechas cuando se fundó el Partido Democrático (PDS-*Partida Demokratike Shqipërisë*), con Sali Berisha entre sus miembros más destacados. Para mediados de 1991 el gobierno llevó a cabo reformas sustanciales con orientación capitalista, pero al parecer ya era tarde: el país estaba sumido en la pobreza (Italia enviaba una ayuda diaria de 80 millones de dólares, entre otras razones para evitar mayores emigraciones a sus costas).[57] En marzo de 1992 hubo una elección general en la que el triunfo se lo llevó el PDS. La nueva Asamblea eligió a Berisha presidente de Albania. La crisis financiera de 1996-1997, provocada por la usura y el caos económico, produjo nuevas movilizaciones de la población, con centenas de muertos como saldo. Esta situación llevó a Berisha a la dimisión (julio de 1997). El Partido Socialista regresaría al poder, pero la conversión capitalista siguió su curso, hasta la fecha.

Bulgaria vive un doble poder ideológico, o lo que es lo mismo, dos orientaciones difíciles de conciliar. En 2001 los búlgaros votaron mayoritariamente por el partido personalista de Simeón de Sajonia-Coburgo-Gotha, quien ocupa la jefatura del gobierno (primer ministro). (Conviene recordar que Simeón era el rey forzado al exilio cuando la Unión Soviética impuso un régimen "comunista" en este país.) Pero el pueblo, al año siguiente (2002), votó para la presidencia del país a Georgi Parvanov, del Partido Socialista Búlgaro, socialdemócrata. A pesar de que las desigualdades no son muy grandes, es un país con serias dificultades económicas y un alto desempleo, sólo comparable al de Eslovaquia y al de Polonia.[58]

En todos estos países europeos mencionados se siguen políticas dictadas por el Fondo Monetario Internacional, particularmente referidas a las privatizaciones de las antiguas empresas estatales. Difícilmente se puede decir que en esta región europea, cuando era supuestamente socialista, se hayan generado movimientos impor-

[56] Edith Lhomel, "L'économie albanaise en 1990-1991: la véritable mesure d'un échec", *Le courrier des pays de l'Est*, Paris, núm. 362, septembre 1991, pp. 62-76.
[57] Edith Lhomel, "Albanie", *L'etat du monde*, *op. cit.*, 1993.
[58] Nadège Ragaru, "Bulgaria", *El estado del mundo*, *op. cit.*, 2003. Según la OIT (*Anuario…*, *op. cit.*) en 2001, Bulgaria tenía con 19.4% de desempleados, Eslovaquia 19.2% y Polonia 18.2%.

tantes de izquierda como se entendían en ese entonces en Europa occidental.[59]

En los años 70 y 80 del siglo XX, y en los países capitalistas, la izquierda en general, con diversos matices, luchaba o decía luchar por el socialismo. En los países llamados socialistas, donde se creía mayoritariamente que se vivía en el socialismo, hubiera parecido absurdo, aunque no lo fuera, luchar por el socialismo. La oposición al régimen demandaba libertades, democracia, participación y, en este sentido y *en ese contexto*, se podría haber pensado que se trataba de una oposición de izquierda. Pero no siempre fue así. El planteamiento de la mayor parte de esa oposición incluía también la vuelta al capitalismo, y esto permitiría caracterizarlos como de derecha.[60] Una vez que esos países, después de 1989, incorporaron el capitalismo como sistema dominante y generalizado, surgieron en ellos, sobre todo en la ex Alemania oriental (a partir de la reunificación), grupos de ultraderecha (los *skinheads*, por ejemplo) de entre los jóvenes desempleados —a menudo hijos de desempleados. En la actualidad la izquierda en estos países dice luchar por un socialismo con libertades, con democracia, con posibilidades de participación, en un marco general de capitalismo, de economía social de mercado como la han llamado los partidos demócrata-cristianos, concepto que ha asumido también la socialdemocracia.

En la frontera europea con oriente próximo se ubica Turquía, país que ha sido aceptado —desde diciembre de 1999 (Consejo Europeo de Helsinki)— como candidato a la Unión Europea. Turquía es formalmente una democracia limitada de tipo parlamentario, y antes de las elecciones de noviembre de 2002 gobernaba, como primer ministro, Bülent Ecevit, socialdemócrata, quien compartía el poder con la derecha e incluso con la extrema derecha (con el Partido Nacionalista del Movimiento, de fuerte influencia militar). En las elecciones del 3 de noviembre de 2002 obtuvo la mayoría el Partido de Justicia y Desarrollo (AKP- *Adalet ve Kalkinma Partisi*) islá-

[59] Sí hubo, por ejemplo en Polonia, organizaciones de izquierda, frecuentemente clandestinas, especialmente de orientación trotskista, pero eran realmente minoritarias. En la URSS había pequeños grupos, de derecha, ligados a rusos anticomunistas ("blancos") exiliados en Europa occidental, principalmente, o como parte del *sistema patrimonialista* que Gorbachov no pudo terminar. Al respecto puede consultarse Gerald M. Easter, *Reconstructing the State: Personal Networks and Elite Identity in Soviet Russia.* England, Cambridge University Press, 2000.

[60] Véase más adelante el desarrollo de este punto en el apartado referido a las derechas en los países "socialistas".

mico, conservador y que se considera democrático y plural, como lo ha definido el actual primer ministro Recep Tayyip Erdogan.[61] Erdogan sustituyó a Abdullah Gül, quien ganara las elecciones de 2002 y dimitiera el 11 de marzo de 2003. El nuevo primer ministro considera que su partido tiene como principal opositor al socialdemócrata Partido Popular Republicano (CHP-*Cumhuriyet Halk Partisi*).

Las libertades, independientemente de los discursos gubernamentales, han estado restringidas considerablemente, en especial la de prensa, y los derechos humanos han sido violados con frecuencia, contra los kurdos en primer lugar.[62] Esta situación, que el actual gobierno dice que quiere cambiar, ha retrasado el ingreso de este país a la Unión Europea, que exige la democracia para todas las naciones miembros. Vale decir que Turquía es uno de los pocos Estados en los que predomina el islamismo (99 por ciento de la población)[63] y, sin embargo, constitucionalmente el Estado es secular y sus leyes no están basadas en la religión islámica.[64] En estos momentos, aunque hay un alto porcentaje de la población que es partidaria del ingreso de su país a la Unión Europea, los grupos y partidos de derecha y nacionalistas (la constitución turca es enfáticamente nacionalista), que son minoritarios pero con poder, se oponen a la europeización de Turquía. Pero las medidas económicas y políticas de Erdogan, incluso las reformas constitucionales que ha prometido, apuntan a la aceptación de este país por la Unión Europea al ajustarse a las normas de ésta.[65] Aceptación que yo veo poco probable en corto plazo.

(Aunque no está en Europa, no pude soslayarse el avance de la derecha en Israel como país ligado a occidente más que a oriente u oriente próximo. El primer gobierno de Ariel Sharon fue resultado de una coalición de varios partidos, entre éstos el *Likud* (Consolidación, de derecha nacionalista) al que pertenece el primer ministro. Esta coalición etuvo formada por *Avoda* (Partido Laborista, dividido), *Shas* (ortodoxo sefaradita), *ha-Ikhud ha-Leumí* e *Yisrael Beitenu* (Bloque de Unión Nacional, ultranacionalista, en alianza con Nues-

[61] Véase la página de Internet del primer ministro de Turquía, traducción al inglés, <http://www.basbakanlik.gov.tr/english/59programme.htm>.

[62] Étienne Copeaux, "Turquía", en *El estado del mundo, op. cit.*, 2002.

[63] Véase *The Muslim World* en internet: <http://chasing.8m.com/>.

[64] *Cfr.* Artículo 2 de la Constitución de la República de Turquía, en <http://www.tbmm.gov.tr/anayasa/constitution.htm>.

[65] Programa de gobierno (18 de marzo de 2003), en página de Internet del primer ministro, ya citada.

tro Hogar Israel, una de las minorías rusas), *Yisrael ba-Alaiya* (Israel e Inmigración, otra de las minorías rusas), *Am Ekhad* (Una Nación, supuestamente socialista) y otras organizaciones menores.[66] A partir de las elecciones anticipadas de enero de 2003, el nuevo gobierno de Sharon se constituye con las siguientes alianzas: *Likud*, ya mencionado, con 38 escaños, *Shinui* (partido liberal), con 15 escaños, *Mafdal* (*Mifléguet Datí Leumí*, Partido Nacional Religioso) con seis escaños y el también mencionado Bloque de Unión Nacional con siete asientos. La característica principal de este gobierno, además de su alianza con partidos ultraderechistas-nacionalistas, ha sido la explícita intención de "lanzar al ejército contra las regiones autónomas palestinas para aniquilar por completo a la Autoridad y con ella a su presidente, Yasser Arafat."[67] La tolerancia, que parecía ser necesaria en una región de muy débil equilibrio, ha sido sustituida por su contrario, lo cual acerca al régimen israelí a la ultraderecha, más que a la derecha tradicional de los países "occidentales".)

En resumen, y muy esquemáticamente, los partidos políticos que han alternado en el poder en los últimos años (en Europa occidental después de la SGM, y en Europa oriental a partir de que rompieron con el bloque soviético y con el llamado socialismo), han asumido la economía de mercado (capitalismo) como la única opción, igual se trate de partidos socialdemócratas (en Europa oriental varios de ellos ex "comunistas") que de partidos democristianos o "populares". Las diferencias entre ambas corrientes son, si acaso, de matiz. En el caso de los países anteriormente "socialistas" y que se ubican en Europa (central, oriental, balcánica), todos, sin excepción, quieren ser admitidos en la Unión Europea, incluida Turquía, y por lo mismo han ajustado sus economías y formas de gobierno a las normas determinadas por los países miembros de la UE y por el Fondo Monetario Internacional. Para todos estos países la ecuación *democracia igual a libertad de mercados* es, más que un implícito, un imperativo, incluso para quienes fueron dirigentes de los partidos comunistas y que ahora están en el gobierno o aspiran a conquistarlo en próximas elecciones. ¿Dónde quedó la izquierda en los países que antes eran "socialistas"?

[66] Véase <http://www.electionworld.org/israel.htm>.

[67] Ammon Kapeliouk, "Israel", en *El estado del mundo,* 2002 y 2003, *op. cit.* La actualización a enero de 2003 se la debo a Juan Felipe Pozo Block.

Hasta aquí me he referido, para mis reflexiones, principalmente a Europa, con menciones aisladas a países de otros continentes. En Europa, sobre todo en el lado occidental, se han sucedido toda suerte de gobiernos —regímenes en varios casos— y, al mismo tiempo, es donde más han proliferado las corrientes de izquierda en sus varios matices desde mediados del siglo XIX. Hoy es el continente donde la ultraderecha ha logrado mayor crecimiento.

En América Latina, si bien ha habido corrientes socialistas desde finales del siglo antepasado, no podría decirse, salvo en contadas ocasiones, que haya gobernado la izquierda. En los últimos 60 años, más que antes, la política de la región ha estado *determinada*, en buena medida, por Estados Unidos, lo que no ha ocurrido en la misma magnitud, en general, en Europa o en otras regiones.

En muy poco tiempo después de la segunda guerra mundial los capitales estadunidenses buscaron la valorización de sus excedentes económicos en el exterior. Para cierto tipo de industria, algunos países latinoamericanos (Brasil, México, Argentina, Colombia, Venezuela y Chile) presentaban condiciones adecuadas de inversión (los demás fueron pensados principalmente como fuentes de materias primas). Paradójicamente, como advirtiera André Gunder Frank en varios de sus textos, la industrialización en América Latina aumentó su dependencia de la economía de Estados Unidos. Esta dependencia estructural, nos recordaba el economista venezolano Malavé Mata,[68] no fue obra exclusiva de la expansión imperialista ni de la maduración excesiva del capital y sus requerimientos para colocar lucrativamente sus excedentes; para establecer esta relación fue necesario que las inversiones extranjeras exigieran y lograran el control directo o indirecto del país receptor de esos capitales; esto es, el despojo "a los países latinoamericanos de su propia identidad", lo cual tenía que pasar por el Estado de esas naciones.

Para garantizar estas condiciones y sus intereses estratégicos Estados Unidos llevó a cabo una política múltiple que permitió controlar a los gobiernos latinoamericanos, como lo demostró la ratificación de la proposición anticomunista contra Guatemala en 1954 (Conferencia de Caracas contra Jacobo Arbenz), o la expulsión de Cuba de la Organización de Estados Americanos en 1962,

[68] Héctor Malavé Mata, *Dialéctica de la inflación*, Venezuela, Universidad Central de Venezuela, 1976, pp. 21 a 60.

o el silencio general ante las invasiones de República Dominicana en 1965 y de Granada en 1983 (en los cuatro casos por considerar a sus gobiernos con orientación socialista). Paralelamente, y como parte complementaria de esa política "diplomática", la Agencia Central de Inteligencia (CIA, por sus siglas en inglés) llevó a cabo una serie de incursiones desestabilizadoras contra gobiernos que no se alineaban con Washington y, desde luego, contra los sindicatos de tendencia socialista y antiestadunidenses desde el Río Bravo hasta Argentina y Chile, con la complicidad de los gobiernos nacionales. Se trataba de crear un clima favorable para las inversiones, y se logró, tanto derrocando a gobiernos de ultraderecha apoyados por oligarquías locales y que hacían de sus países sus negocios particulares, como a gobiernos liberales o de tendencia socialista que permitían la expresión creciente de fuerzas sociales de izquierda o reformas que afectaban los intereses imperialistas. El nacionalismo de cualquier tipo, por capitalista que fuera, sería interpretado como una afrenta a la potencia imperial.

Más adelante, después del golpe de Estado a Goulart en Brasil (1964), Estados Unidos intentó dominar a todos los gobiernos que no mostraran inclinación a sus intereses. Se llevó a cabo una ola de golpes de Estado y de dictaduras militares.[69] Con esas dictaduras se descabezaron los grupos subversivos en varios países (en 17 de éstos hubo movimientos guerrilleros) y se derrotó a los gobiernos considerados de izquierda por Estados Unidos. Si en 1962 la mayor parte de los gobiernos de América Latina era considerada democrática con la excepción de Paraguay y en cierto modo Perú y Argentina, para 1967 gobernaban juntas militares en Honduras, Brasil, Argentina y Bolivia (el gobierno de Méndez Montenegro en Guatemala —1966-1970— fue civil pero sin autoridad ante el ejército, encargado de la seguridad interna, ni ante organizaciones paramilitares como la Mano Blanca). Cinco años más tarde este tipo de gobiernos se extendió a Ecuador y Panamá. Y en 1973 se sumaron Chile y Uruguay, éste con un presidente, Bordaberry, rehén de los militares y luego, en 1976, derrocado por éstos.[70] Para 1992 sólo Haití sería

[69] Hay una buena cantidad de libros sobre los golpes de Estado y las dictaduras en América Latina. Sartori contabilizó, entre 1951 y 1973, 26 golpes de Estado con éxito. Véase Giovanni Sartori, *Partidos y sistemas de partidos. Marco para un análisis*, Madrid, Alianza Editorial, vol. I, 1980.

[70] Para los países gobernados por juntas militares, Véase Matthew White, <http: //users.erols.com/mwhite28/>, diferentes años, que da una idea general pese a algunas imprecisiones.

gobernado por una junta militar después del derrocamiento de Aristide (sacerdote de izquierda en aquellos momentos).[71] El resto del continente, con la excepción de Cuba, estaría formado por países con sistemas pluripartidistas y gobiernos considerados, por lo mismo, democráticos. Sin excepción, todos estos gobiernos eran de derecha en diferentes grados y matices.[72]

Si la intención del gobierno de Estados Unidos fue imponer en América Latina y el Caribe las tres fases estratégicas aquí delineadas, ha tenido éxito. No es sino a partir de la asunción de Hugo Chávez como presidente constitucional de Venezuela (1999), luego el triunfo de Gutiérrez en Ecuador (que no resultó ser lo que se esperaba) y hasta ahora el de Lula en Brasil y el de Kirchner en Argentina, que la correlación de fuerzas o, si se prefiere, la orientación de los gobiernos respecto de Estados Unidos, ha comenzado a cambiar. Sin embargo, los partidos de derecha y centro-derecha dominan en la esfera de poder del mapa latinoamericano, y el gobierno de Duarte Frutos de Paraguay no sería una excepción a pesar de haberse manifestado en contra del Área de Libre Comercio de las Américas (ALCA), lo que equivaldría a oponerse a Estados Unidos.

Sólo los gobiernos mencionados de Brasil, Argentina y Venezuela (además de Cuba), han hecho explícito su interés prioritario por disminuir las desigualdades y la pobreza en sus países mediante reformas y aumentos al gasto social, además de oponerse al ALCA, con mayor énfasis Chávez.[73] Si lo logran, podrán ser considerados de izquierda, centro-izquierda en realidad. Incluso en Venezuela, a cuatro años de gobierno, la situación es difusa y, desde luego, como también lo fue en Argentina hace unos meses, inestable, impredecible.

La ampliación de la democracia en la región latinoamericana no ha disminuido la pobreza ni la desigualdad. Todo lo contrario.

[71] Apenas con ocho meses de gobierno, Jean-Bertrand Aristide, fue derrocado el 30 de septiembre de 1991 por un golpe de Estado dirigido por el general Raoul Cédras. Más adelante volvió a ser presidente de su país.

[72] Los periodos de gobierno socialdemócrata en Venezuela y en Costa Rica no tuvieron significación alguna. De hecho, el segundo gobierno de Carlos Andrés Pérez (Partido Acción Democrática afiliado a la Internacional Socialista) fue destituido en 1993 por dos razones fundamentales: por haber emprendido políticas neoliberales basadas en el plan de ajuste del FMI y por corrupción. El gobierno de Monge en el país centroamericano era pro estadunidense, pese a que su partido era miembro de la Internacional Socialista.

[73] Gutiérrez en Ecuador ha cambiado considerablemente su discurso de campaña, una vez en el gobierno. Ahora es un presidente de derecha más. Lula, por otra parte, parece estar siguiendo los pasos del ecuatoriano.

Es la región, *en conjunto*, más desigual del planeta. El Banco Mundial (BM) ha establecido que la relación entre el quintil más rico de la población y el quintil más pobre es, en promedio en los países de ingreso alto, del orden de 6:1. Y en los países subdesarrollados, llamados por el BM países en desarrollo, "la desigualdad, medida de la misma manera, varía según la región: es de 4:1 en Asia meridional; 6:1 en Asia oriental y Oriente Medio y Norte de África; 10:1 en África al sur del Sahara, y 12:1 en América Latina."[74] Una vez más, lo reitero, la democracia formal, entendida como pluralidad de partidos y alternancia en el poder, no es sinónimo de tendencias al igualitarismo.

Aunque no soy partidario de las definiciones, quizá tenía razón Francisco Villagrán Kramer al definir a la derecha en América Latina como "el sector político caracterizado por sostener un sistema de economía y mercado libres, basado en la propiedad y la iniciativa privadas, dentro de la estabilidad política, y en asociación ya sea con el clero, el militarismo o el imperialismo." [75] Pienso que, como caracterización general, resume muy bien a la derecha de esta región. Faltaría caracterizar a la ultraderecha, pues la definición que intentó Campbell para su estudio del caso mexicano, no me parece satisfactoria, ni como definición ni como caracterización en el conjunto de la región latinoamericana.[76]

América Latina, como demostrara hace más de 40 años Ezequiel Martínez Estrada,[77] no es una región homogénea, y menos después de su independencia de las metrópolis española y portuguesa al intentarse la formación de naciones independientes y soberanas. Si esto es cierto, también lo es internamente para la mayor parte de los países de la región. En cada una de las naciones emergentes du-

[74] http://www.worldbank.org/depweb/beyond/beyondsp/chapter5.html (las cursivas son mías). El Banco Mundial aseguró que el número de latinoamericanos en pobreza extrema, con un ingreso menor a un dólar por día, creció de 48 a 56 millones entre 1990 y 2000 y también señaló "que el ingreso per cápita de la región aumentará sólo 0.3 por ciento anual entre 2001 y 2005, lo que representa el peor desempeño de todas las regiones del mundo en desarrollo, incluido el bloque de países de África al sur del Sahara". *La Jornada*, México, 21 de septiembre de 2003.

[75] Francisco Villagrán Kramer y Mario Monteforte Toledo, *Izquierdas y derechas en Latinoamérica. Sus conflictos internos*, Buenos Aires, Editorial Pleamar, 1968, p. 74.

[76] Hugh G. Campbell, *La derecha radical en México (1929-1945)*, México, SepSetentas, 1976, Introducción. En este texto el autor define a la que el llama derecha radical mexicana como "ultranacionalista, antiparlamentaria y antimarxista", p. 8.

[77] Ezequiel Martínez Estrada, *Diferencias y semejanzas entre los países de la América Latina*, México, Escuela Nacional de Ciencias Políticas y Sociales (UNAM), 1962.

rante el siglo XIX se ha presentado, hasta la fecha, un gran contraste entre las elites y el resto de la población. Pese a los grandes movimientos sociales que han marcado la historia del subcontinente, al final el perfil de las naciones como tales ha sido el impuesto por quienes han concentrado el poder económico, político y cultural, en asociación con otras fuerzas igualmente elitistas o con los intereses directos o indirectos de Estados Unidos, y en este sentido sí se pueden encontrar similitudes entre los países latinoamericanos.

Por muchas razones que ya han sido estudiadas por gran cantidad de autores, pero que no son objeto de esta investigación, las elites latinoamericanas definieron el destino de América Latina desde finales del siglo XIX y principios del siguiente al aceptar un determinado lugar en la división internacional del trabajo, un lugar subordinado, dependiente y complementario que, con gran acierto, se ha denominado subdesarrollo. Subdesarrollo, dicho sea de paso, no es atraso ni falta de desarrollo, como han querido verlo algunos autores o la misma Organización de Naciones Unidas o el Banco Mundial ("en vías de desarrollo"), sino un complemento del desarrollo, una necesidad de éste y, para el caso, una necesidad de Estados Unidos y la reedición de su Doctrina Monroe (América para los americanos) sobre todo después de la segunda guerra mundial.

Antes de ésta hubo movimientos y gobiernos considerados de izquierda en algunos países de América Latina. En el caso de los gobiernos se trató más bien de aquellos con orientación populista que, como señalara Cockcroft, fueron antiimperialistas.[78] El populismo latinoamericano, conviene recordar, se distinguió de otros populismos. Carlos M. Vilas ha hecho esta distinción y señalaba que el de América Latina fue una "específica *estrategia de acumulación de capital*: una estrategia que hace de la ampliación del consumo personal —y *eventualmente* de cierta distribución de ingresos— un componente esencial."[79] Este populismo, esta estrategia, siguió el patrón del desarrollo nacional, con todo lo que esto implicaba para el respectivo fortalecimiento del capital nacional y, además y no menos importante, en la relación con las burguesías de los países desarrollados e imperialistas.

[78] James D. Cockcroft, *América Latina y Estados Unidos (Historia y política país por país)*, México, Siglo XXI Editores, 2001, p. 530.

[79] Carlos M. Vilas, "El populismo como estrategia de acumulación: América Latina", en *Críticas de la Economía Política (edición latinoamericana)*, México, Ediciones El Caballito, número 20/21, julio-diciembre de 1981, p. 98.

La derecha latinoamericana ha sido, entonces, de dos principales tipos: *a*] la alineada con los intereses empresariales y estratégicos de Estados Unidos, y *b*] la independiente de estos intereses (nacionalista y a veces también populista), pero no por ello menos capitalista.[80] Otra cosa es si ambos tipos de derechas han sido o no democráticos en términos formales. En general no lo fueron.

Los gobiernos nacionalistas-populistas más relevantes han sido el de Lázaro Cárdenas en México (1934-1940), el de Getulio Vargas en Brasil durante su segundo gobierno (1950-1954),[81] y el de Juan Domingo Perón en Argentina, particularmente en su primer gobierno (1946-1952).[82] Más adelante, también en Brasil, el gobierno de João Goulart (1961-1964).[83] Por contraste con los demás gobiernos y a pesar de que el varguismo y el peronismo han sido considerados como populistas de derecha, los mencionados han parecido, en el contexto, de izquierda, no sólo por sus políticas en relación con los niveles de vida de los trabajadores sino también por su autonomía respecto de las grandes potencias capitalistas-imperialistas. Estados Unidos ha tenido la virtud de que casi cualquier gobierno en su contra sea considerado de izquierda, lo cual no necesariamente es cierto para todos los casos.

Hacer mención de los gobiernos proestadunidenses o leales a los intereses de Washington parecería un catálogo de gobiernos a lo largo del siglo XX y de lo que va del XXI. El matiz más importante que se podría hacer es que unos han sido más y otros menos depen-

[80] Alberto J. Pla menciona tres grandes etapas del nacionalismo latinoamericano: el primero, a finales del siglo XIX, de contenido proteccionista; el segundo, a partir de la crisis de 1930, con contenido antiimperialista; y el tercero, a partir de la revolución cubana, que se le llamó nacionalismo revolucionario, no sólo antiimperialista sino también de estatizaciones. Alberto J. Pla, *América Latina siglo XX. Economía, sociedad, revolución*, Caracas, Universidad Central de Venezuela, 1980, p. 327.

[81] Vargas se suicidó en 1954 y en su testamento político acusa de su muerte a la oligarquía nacional y al imperialismo estadunidense. Véase *Tres continentes*, La Habana, Prensa Latina, 1966, p. 634.

[82] La Constitución peronista de 1949 consagró los derechos de los trabajadores, pero eliminó el derecho de huelga. Fue un gobierno autoritario, en el que se inhibieron muchas libertades, entre éstas la de formar oposición y la de prensa, pero al mismo tiempo logró una mayor distribución de la riqueza entre la población trabajadora. Véase Ricardo Nudelman, *Diccionario de política latinoamericana del siglo XX*, México, Océano, 2001, p. 262.

[83] Sobre el populismo de Goulart y el golpe de Estado que lo derrocó, René Armand Dreifuss, *1964: a conquista do estado*, Petrópolis, Editora Vozes Ltda., (3ª ed.), 1981, p. 130 y ss principalmente.

dientes de esos intereses, lo cual es irrelevante para los fines de este libro. De los detalles se han encargado muchos autores, de manera destacada James D. Cockcroft en su amplio estudio precisamente sobre las múltiples intervenciones de todo tipo de Estados Unidos en América Latina.[84]

La historia de América Latina ha sido, para los pueblos (por lo general nacionalistas), la lucha por la independencia, por la tierra, por sus condiciones de vida, por su derecho a organizarse con autonomía del poder, por la democracia. Por la justicia social más que otra cosa. Las izquierdas de diferentes tipos (partidarias, guerrilleras o sociales no partidarias), han estado cerca o al frente de todas esas luchas. Las derechas y las ultraderechas han estado del otro lado, es decir del lado de la represión, de la cooptación, de la negociación diversionista, de la defensa de los privilegios que han combatido esos pueblos y esas izquierdas. A lo más, la derecha ha buscado relaciones negociadas con las potencias económicas que les garanticen el mantenimiento de sus capitales o los que representan desde los gobiernos nacionales, sean civiles o militares. Y en los últimos años, en los años de la globalización neoliberal, ni siquiera esto; como que dan por hecho una suerte de destino ligado a la economía y a los intereses de Estados Unidos (muy pocos gobiernos, como ya fue señalado, se oponen al proyecto del ALCA, impulsado por Washington). En México, por ejemplo, se ha aceptado como algo natural que el 80 por ciento de su comercio exterior dependa del vecino país del norte, igual en 1908 que en 2003.

A diferencia de Europa, donde derechas y ultraderechas tienen puntos de vista antagónicos, por ejemplo respecto del nacionalismo, en América Latina la ultraderecha y la derecha sólo tienen diferencias de matiz o, si se prefiere, de discurso —salvo en temas asociados a los intereses de la Iglesia católica, como el aborto y la enseñanza religiosa en las escuelas públicas, y no en todos los países de la región. En otras palabras, derechas y ultraderechas en América Latina, y más en los últimos tiempos, con frecuencia se confunden y sus diferencias son más bien de grado que proyectos antagónicos, razón por la cual son incluidas en este capítulo y no en la tercera parte de esta obra.

Las ultraderechas en la región han sido menos estudiadas, al menos como tales. En principio se podrían ubicar tres tipos de ultraderechas: 1] las promovidas directa o indirectamente por la

[84] James D. Cockcroft, *op. cit.*

Iglesia católica y asociaciones civiles ligadas a ésta, 2] las promovidas por el gobierno y los intereses empresariales de Estados Unidos, y 3] las representadas por las oligarquías tradicionales de cada país. Ninguna de estas clasificaciones excluye necesariamente a las otras; pueden (y con frecuencia así ocurre) estar asociadas al menos coyunturalmente. Para el caso, la *mayor parte* de las expresiones de ultraderecha se han dado mediante gobiernos dictatoriales, con apoyo de militares o con éstos en el gobierno. Dije "la mayor parte" porque se han dado y existen gobiernos democráticos y de derecha en los que la ultraderecha está presente, como es el caso del gobierno de Vicente Fox en México, en el que una parte significativa de su gabinete y de la dirección de su partido (Acción Nacional-PAN) pertenece o ha pertenecido a la Organización Nacional del Yunque, o donde la misma esposa del presidente está asociada a los Legionarios de Cristo.[85]

En pocos países de la región hay partidos políticos de ultraderecha, que no sean clandestinos. El carácter clandestino de muchas de las organizaciones de ultraderecha hace difícil ya no digamos su detección, sino su estudio. Un ejemplo, a mi manera de ver, muy ilustrativo y del que ahora conocemos suficiente, es el de la ultraderecha religiosa, antisemita y anticomunista en México. Pienso que en otros países de América Latina existen o han existido expresiones semejantes, quizá algunas de éstas también estudiadas pero para mí desconocidas.

Un texto reciente, basado en principio en archivos de la policía política mexicana, ahora accesibles en el Archivo General de la Nación, es el del periodista Álvaro Delgado sobre la *Organización Nacional del Yunque* (en adelante El Yunque), fundada en 1955, y que hasta hace poco era clandestina con diversas fachadas públicas.[86] Las principales organizaciones-fachada fueron el Frente Universitario Anticomunista (FUA), fundado el mismo año que El Yunque. Años después, a partir de 1961, el Movimiento Universitario de Renovadora Orientación (MURO), en 1971 la Guardia Unificadora Ibero Americana (GUIA) y luego Desarrollo Humano Integral y Ac-

[85] Véase al respecto a Alfonso Torres Robles, *La prodigiosa aventura de los Legionarios de Cristo*, Madrid, Foca Ediciones, 2001, especialmente p. 244 y ss., donde se hacen las principales referencias a la militancia religiosa-política de Martha Sahagún de Fox.

[86] Álvaro Delgado, *El Yunque. La ultraderecha en el poder*, México, Plaza y Janés, 2003. Un libro también revelador, compuesto por artículos periodísticos, es el de Manuel Buendía, *La ultraderecha en México*, México, Océano/ Fundación Manuel Buendía, 1984.

ción Ciudadana (DHIAC), Asociación Cívica Femenina (Ancifem) y Comité Nacional Provida (militantes contra el aborto), también formados en los años 70. La lista de colaboradores del presidente Fox y de altos funcionarios del PAN, incluyendo a su presidente actual, que han pertenecido a El Yunque, se puede extraer de la investigación de Delgado.

La estrategia de El Yunque se ha basado en la *penetración*, similar al *entrismo* de no pocas organizaciones de izquierda en partidos políticos y en sindicatos de trabajadores o en movimientos sociales. Los *yunquistas*, además de haber formado organizaciones públicas (no clandestinas ni secretas), han entrado en sindicatos empresariales muy poderosos como la Confederación Patronal de la República Mexicana (Coparmex) o la Confederación Nacional de Cámaras de Comercio (Concanaco), en el mismo Partido Acción Nacional, en posiciones de gobierno municipal, estatal y federal. También han ganado puestos parlamentarios, y tienen influencia en universidades, tanto públicas como privadas (de hecho han fundado universidades como la Popular Autónoma del Estado de Puebla). Han sido financiados por conspicuos empresarios, sobre todo de los estados del centro del país y apoyados por obispos y arzobispos de la Iglesia católica mexicana. Ahora, menos que nunca, no puede subestimarse su influencia político-ideológica tanto en el medio empresarial como en la esfera del poder institucional.

La historia de la ultraderecha en México en el siglo XX se remonta a la fundación del Partido Católico en 1911, organización política de corta vida, y al movimiento cristero, que se tradujo en una guerra civil que duró tres años (1926-1929), y detrás del cual estuvo tanto la Iglesia católica como las empresas petroleras extranjeras.[87] De ese movimiento surgieron tres organizaciones: Acción Católica Mexicana, La Legión y La Base, ésta última en sustitución de la segunda a partir de 1934, y ambas secretas. En La Base había dos corrientes principales, la electoralista (moderada) que años después daría origen al Partido Acción Nacional (1939), y la más beligerante que se traduciría en la Unión Nacional Sinarquista. La UNS fue fundada en 1937,[88] su lema era "Patria, justicia y libertad",

[87] Véase Jean Meyer, *La cristiada*, 3 tomos, México, Siglo XXI Editores, 1977.

[88] Véase Comité Nacional de la UNS, *Historia Gráfica del Sinarquismo*, t. 1 (1937-1947), México, s.p.i. Véase también Mario Gill, *Sinarquismo, su origen, su esencia, su misión*, México, Editorial Olin, (3ª edición corregida y aumentada), 1962. Otro estudio, que rebate a Gill en varios aspectos, es el de Hugh G. Campbell, *op. cit.*.

fue anticomunista, antiliberal a la vez que antiestatista, ultranacionalista y profundamente religiosa (fundamentalista) con fuerte influencia en los estados de la región central de México conocida como El Bajío y en Jalisco y Michoacán. Usaban un brazalete con un círculo blanco con un mapa de México. Se ha dicho que saludaban al estilo nazi, pero las fotografías de su historia gráfica muestran que cruzaban el brazo derecho hacia el hombro izquierdo con la mano extendida hacia arriba. Según los diversos estudios sobre la UNS ésta tuvo una fuerte influencia de los nazis. No pocos de sus líderes, incluyendo a Salvador Abascal (padre del actual secretario del Trabajo en la administración de Fox[89]), fueron admiradores de Hitler e intransigentes enemigos de Estados Unidos.[90] En su primera época fue una organización fascista. La UNS, concebida como movimiento, organizó tres brazos electorales: Partido Fuerza Popular (1946-1949), Partido Nacionalista de México (1951-1964) y por último Partido Demócrata Mexicano (1975-1997).[91] En la actualidad el sinarquismo está muy disminuido. Entre los sinarquistas y los yunquistas no he encontrado una relación directa, que no sea mediante personas o familias. Pero no cabe duda de que ambas organizaciones tienen vínculos ideológicos y que corresponden a la ultraderecha mexicana, ahora con influencia determinante en el poder institucional.[92] Sin embargo, no debe soslayarse que esa

[89] Carlos Abascal, Secretario del Trabajo del gobierno de Fox, era director general de la Editorial Tradición que publicaba los libros de Salvador Borrego, ideólogo nazi y antisemita en México y autor, entre varias de sus obras, de *Derrota Mundial*, y libros de Luis Pazos ex diputado del PAN y ahora colaborador directo de Fox. Esa editorial publicaba también el periódico fascista *La Hoja de Combate* dirigido por Celerino Salmerón, fundado en 1967 y existente por más de diez años en México, cuyo principal articulista era el mismo Borrego. Celerino Salmerón era el líder de las Falanges Tradicionalistas de México. Luis Pazos es también director del Centro de Investigaciones sobre la Libre Empresa (CISLE), fundado en 1984 y ligado a la ultraderecha y a miembros del ejército de Estados Unidos especializados en liderazgo. Véase <http://www.cisle.org.mx/cislillo.htm>.

[90] Hugh G. Campbell, *op. cit.*. pp. 161 y ss., donde se hace referencia a la ruptura de Abascal con la UNS.

[91] Las fechas señaladas corresponden a los años en que tuvieron registro oficial. Véase Octavio Rodríguez Araujo, *Régimen político y partidos en México*, México, Instituto Electoral del Estado de México, 2002, capítulo 3.

[92] Otra organización de ultraderecha, importante porque domina la Universidad Autónoma de Guadalajara (privada), es la conocida como Tecos (Tarea Educativa y Cultural hacia el Orden y la Síntesis). Entre sus requisitos de ingreso es no ser familiar de comunistas, de judíos y de masones, ser hijo de católicos y estar convencido de la defensa de la UAG.

ultraderecha ha sufrido cambios ideológicos importantes: ahora no es ultranacionalista (lo cual la diferencia de la ultraderecha de Estados Unidos y de Europa), no es antiliberal pero sí antiestatista, y simpatiza con el gobierno de Estados Unidos y con la globalización neoliberal (otra diferencia con las ultraderechas europeas y con algunas de América Latina).

Las ultraderechas modernas latinoamericanas, y no sólo en México, así como las derechas, no son contrarias en general a Estados Unidos, ni a la globalización neoliberal ni a los valores religiosos —principalmente de la Iglesia católica, de mayor influencia que en el pasado cuando la separación entre Iglesia y Estado era visible en algunos países latinoamericanos.

En Brasil existe el *Partido de Reedificação da Ordem Nacional* (PRONA) registrado oficialmente en 1990.[93] El dirigente nacional de este partido es Enéas Ferreira, y en su ideario propone el fortalecimiento de la nación rompiendo definitivamente con el sistema financiero internacional que incluye "al FMI, el Banco Mundial, la OMC y similares". Es un partido populista nacionalista de inserción en pequeñas poblaciones de Brasil y, por lo que se puede conocer de sus propuestas y acciones, muy poco imaginativo.[94] PRONA no parece ser una organización anticomunista y fascista beligerante como lo fue la Sociedad Brasileña de Defensa de la Tradición, Familia y Propiedad (TFP) de Plinio Correa de Oliveira, que tenía nexos con FUA-MURO-GUIA de México a mediados de los 70 del siglo pasado.[95] Por lo demás, todos los gobiernos después de la dictadura y antes del actual, han sido de derecha. Se interpreta que el gobierno de Lula sería de centro-izquierda, aunque en su campaña y por sus antecedentes en el *Partido dos Trabalhadores*, se le caracterizó de izquierda.

La ultraderecha en Argentina, como bien es sabido, ha estado en las fuerzas armadas y, por supuesto, en la dictadura militar de 1976 a 1983, pero antes, durante el gobierno de María Estela (*Isabel*) Martínez de Perón y su siniestro colaborador López Rega, la ultraderecha, apoyada por éste, fue la Alianza Anticomunista Argentina (AAA), compuesta por asesinos profesionales y fascistas, organizada por las fuerzas armadas y de seguridad, que actuó con absoluta

[93] Véase <http://www.tre-sp.gov.br/partidos/prona.htm>.
[94] Véase <http://www.prona-rj.com.br/index.htm>.
[95] Juventudes Nacionalistas de México, *Deslices de la TFP y contubernio FUA-MURO-GUIA*, México, 1975.

impunidad hasta 1975.[96] Después de la dictadura, la derecha ha estado en manos de los gobiernos civiles: Raúl Alfonsín de la Unión Cívica Radical, Carlos Saúl Menem del Partido Justicialista (PJ), de los llamados renovadores, Fernando de la Rúa radical también, Rodríguez Saá (PJ) y Eduardo Duhalde también de los renovadores del PJ. Néstor Kirchner proviene de la izquierda peronista y como miembro del PJ se considera a sí mismo tanto contrario al neoliberalismo de Menem como a la burocracia sindical del justicialismo. Si cumple lo que ha ofrecido, será el primer presidente de centro-izquierda de este país en muchos años. Sin embargo, como bien señala Guillermo Almeyra, Kirchner se encuentra rodeado por ultraderechistas, incluso ex golpistas, que todavía tienen fuerza y votos.[97]

En Chile, como partidos de ultraderecha, existen la Unión Democrática Independiente (UDI) y Renovación Nacional (RN). La primera, fundada por Jaime Guzmán y otros jóvenes, quienes colaboraron con entusiasmo con la dictadura militar de Pinochet, al extremo de considerarla como el factor principal de la liberación del país.[98] RN es un partido fundado durante la dictadura (en 1987) con el concurso de Unión Nacional, el Frente Nacional de los Trabajadores y la UDI. La UDI se separó de RN en 1988, al ser expulsado de ésta Jaime Guzmán. El 11 de septiembre, mientras en todo el mundo se conmemora el asesinato del presidente Salvador Allende, RN celebra el golpe de estado de esa fecha en 1973. Para este partido la organización de la sociedad debe ajustarse al orden moral de la civilización cristiana occidental, y de aquí se deriva el resto de sus principios.[99] Ambas organizaciones constituyen la Alianza por Chile, que aspira a formar gobierno en 2006. En Ecuador podría considerarse en la ultraderecha a Fuerza Ecuador, organización fundada en 1995 y partidaria de la libre empresa en oposición a los monopolios tanto estatales como privados.[100] En Guatemala, con pocas excep-

[96] Ricardo Nudelman, *op. cit.*, pp. 23 y 181. Antes del regreso de Perón e *Isabelita* Argentina estuvo gobernado por juntas militares (Onganía, Levingston, Lanusse). La AAA, según notas periodísticas, no desapareció en 1975. En el otoño de 1976 participó en la reunión de la Internacional Fascista en Friburgo, Alemania, junto con el Grupo de Acción Boliviana, y el Grupo de Acción Chilena. Véase *Cambio 16*, Madrid, febrero de 1977, p. 11.

[97] Guillermo Almeyra, "Argentina: las bases de la nueva derecha", *La Jornada*, México, 21 de septiembre de 2003.

[98] Véase la historia de la UDI y sus posiciones en <http://www.udi.cl/>.

[99] La Declaración de Principios de RN puede consultarse en <http://www.rn.cl/>.

[100] Para mayor amplitud puede consultarse su página oficial de Internet <http://www.fuerzaecuador.org/>.

ciones ha gobernado la ultraderecha, a veces en manos directas de militares, otras en manos de civiles. En la actualidad, su presidente, Alfonso Portillo Cabrera, no es independiente del general de ultraderecha Efraín Ríos Montt, miembro destacado de la "Iglesia de la Verdadera Palabra de Estados Unidos, una secta fundamentalista".[101] Ríos Montt fue un militar golpista en 1982, y desde el poder persiguió por igual a grupos ultraderechistas que a guerrilleros. Fue culpable de la desaparición de casi 500 aldeas indígenas en su país. Cuál no sería la situación de terror creada por este militar, que fue derrocado en 1983 por una facción del mismo ejército al que pertenece. Formó el Frente Republicano Guatemalteco (registrado en 1990), actualmente en el gobierno. Ríos Montt estaba impedido constitucionalmente a ser candidato a la presidencia por haber participado en un golpe de Estado. Empero, violentando las leyes de su país, con el aval de la Suprema Corte, ha logrado ser el próximo candidato presidencial para noviembre de 2003.[102]

En Colombia gobierna Álvaro Uribe, quien ha sido asociado tanto al Cártel de Medellín (narcotráfico) como a grupos paramilitares de ultraderecha desde que fue alcalde de Medellín y como director de Aeronáutica. Si Uribe puede ser considerado de derecha extrema, hay en Colombia grupos todavía más a su derecha, uno de ellos en proceso de desmovilización por iniciativa tanto del gobierno colombiano como del gobierno estadunidense.[103] Es el caso de Autodefensas Unidas de Colombia (AUC), una organización paramilitar fundada hace dos décadas y que ha tenido el mayor crecimiento entre las de su tipo.[104] Otra organización paramilitar de ultraderecha, creada por Uribe cuando era gobernador de Antioquia, es Asociaciones de Seguridad Privada *Convivir*.[105] Ambas organizaciones apoyaron a Uribe para la presidencia de Colombia.

[101] Ricardo Nudelman, *op. cit.*, p. 280.

[102] *La Jornada*, México, 31 de julio de 2003. La breve historia del FRG puede verse en el sitio oficial <http://www.frg.org.gt/historia-frg.htm>.

[103] A los grupos de ultraderecha y paramilitares, el gobierno de Uribe ha planteado inmunidad en sus negociaciones con ellos, lo cual ha sido muy controvertido, tanto dentro como fuera de Colombia. Véase *La Jornada*, México, 1 de octubre de 2003.

[104] Véase el sitio de las AUC <http://www.colombialibre.org/#>. Y también, del Ministerio de Defensa de Colombia, *Los grupos ilegales de autodefensa en Colombia*, en <http://www.mindefensa. gov.co/ publicaciones/ ministerio/ espanol/doc-autodefensas. doc>.

[105] Sobre el origen, tipo de armamento y papel de las *Convivir*, véase <http://www.derechos.org/nizkor/colombia/doc/convivir.html>. Véase también BBC mundo. com del 8 de agosto de 2002, en <http://news.bbc.co.uk/hi/spanish/latin_america/newsid_2181000/2181939.stm>.

El actual gobernante de El Salvador, Francisco Guillermo Flores Pérez,[106] debe su triunfo a Alianza Republicana Nacionalista (ARENA), partido fundado en 1981 por el mayor Roberto D'Abuisson, y que se ha caracterizado desde sus inicios por su anticomunismo extremo, de base religiosa e individualista. Su divisa, contemplada en sus principios, es "Dios, patria y libertad". Entre sus objetivos destacan su defensa de la "civilización occidental" y el apoyo a la Fuerza Armada en sus deberes constitucionales. Muy pocos partidos en el mundo han hecho explícito este último objetivo.[107] Flores Pérez no sólo ha sido colaborador de los dos anteriores gobernantes (también de ARENA), Cristiani y Calderón, sino que se le considera de la línea dura de su partido, es decir de la ultraderecha de éste. El derechista Partido Demócrata Cristiano de El Salvador considera a ARENA un partido derechista, razón por la cual este último partido, sobre todo a raíz de haber hecho a Flores Pérez su candidato, y dada la fuerza que ha adquirido el Frente Farabundo Martí de Liberación Nacional,[108] ha moderado sus posiciones ideológicas (más pragmáticas) para ganar el voto de los democristianos. Sobraría decir que Flores Pérez es partidario de una mayor dependencia de su país respecto de Estados Unidos, como lo evidencia su impulso a la sustitución del colón por el dólar estadunidense como moneda oficial.[109]

Haití no conoció gobiernos democráticos entre 1804, cuando se independizó de Francia, y diciembre de 1990, cuando el partido *Lavalas* llevó a la presidencia a Jean-Bertrand Aristide, en esos momentos sacerdote salesiano partidario de la teología de la liberación. La larga dictadura de los Duvalier (François y luego su hijo Jean-Claude, ambos apoyados por los *tontons macoutes*) había sido derrotada en 1986, pero sustituida por otros militares igualmente duvalieristas. Aristide, como ya se mencionó antes, fue derrocado por un golpe de Estado dirigido por Cédras. Éste y su presidente provisional Jonassaint tuvieron que dejar el poder (y el país) por la intervención de las fuerzas armadas multinacionales, mayoritariamente estadunidenses, que hicieron posible que Aristide regre-

[106] Su biografía puede consultarse en <http://www.cidob.org/bios/castellano/lideres/f-028.htm>.

[107] Véase <http://www.asamblea.gob.sv/diputados/arena.htm>.

[108] El FMLN alcanzó el 29 por ciento en la elección presidencial de 1999 y el primer lugar —34 por ciento— en las elecciones legislativas de marzo de 2003. Datos de <http://www.electionworld.org/elsalvador.htm>.

[109] Véase Noëlle Demyk, "El Salvador", en *El Estado del mundo*, 2003, *op. cit.*, p. 372.

sara a la presidencia. Por primera vez en la historia del continente americano soldados de Estados Unidos, entre otros, invadieron un país para quitar a un dictador y poner en su lugar a un hombre calificado de izquierda (Aristide); esto ocurrió en octubre de 1994. Aristide fue sucedido por su antiguo primer ministro René Preval (1996), que terminaría por subordinarse al Fondo Monetario Internacional y al Banco Mundial, provocando extensas inconformidades en su país. A finales de 2000 Aristide fue electo otra vez para la presidencia de Haití, en medio de una gran anarquía interior, del desconocimiento de la oposición al nuevo gobierno, y de una pobreza y desempleo sin paralelo en el continente. La estabilidad no se consiguió con su reelección, y el partido gobernante, ahora llamado *Fanmi Lavalas*, es considerado simplemente personalista. En Haití no se piensa que Aristide, el reelecto presidente, sea de izquierda aunque lo haya sido anteriormente.[110] ¿El precio por la "ayuda" estadunidense, o simple cambio de ideología?

Cuando los sandinistas en el poder convocaron a elecciones quizá no suponían que la derecha, aliada con la ultraderecha somocista, ganaría el gobierno de Nicaragua. Violeta Barrios de Chamorro formaba parte del partido fundado por su esposo, la Unión Democrática de Liberación (UDEL), y como tal participó en la primera Junta de Gobierno de Reconstrucción Nacional, constituida en julio de 1979, y en la que participaba también el empresario Robelo del Movimiento Democrático Nicaragüense. Meses después, en abril de 1980, la señora Chamorro renunció, y un poco más adelante también Robelo. Chamorro formó una organización amplia de oposición, la UNO (Unión Nacional Opositora) en 1986, que incluía a organizaciones de ultraderecha y también de izquierda, aunque parezca extraño. La principal organización de ultraderecha, años después poderosa, fue el Partido Liberal Constitucionalista (PLC), el cual, junto con el Partido Neoliberal (PALI), se escindiría de UNO para conformar la Alianza Liberal (1994). Chamorro, quien no contara con ayuda extranjera, siquiera semejante a la que había invertido Estados Unidos para financiar a la *contra*, llegó al final de su mandato con una Nicaragua empobrecida y asediada por las fuerzas más reaccionarias del país y por los llamados *recontras* (ex *contras*). La sucedió en el gobierno José Arnoldo Alemán Lacayo (1996-2001).

Alemán era hijo de uno de los colaboradores del dictador Somoza Debayle y un activo contrarrevolucionario durante el

[110] Aristide ya no es sacerdote ni partidario de la teología de la liberación.

gobierno sandinista. Fue también dirigente del ultraderechista ya mencionado PLC. Formó y presidió la Alianza Liberal, aglutinando a otros partidos políticos, algunos de ellos, como el antiguo Liberal Nacionalista, instrumentos de los Somoza (padre e hijo) en su larga dictadura. Su gobierno fue corrupto, y aunque logró ciertos avances macroeconómicos, colocó a su país en el segundo lugar más pobre del continente, sólo superado por Haití. Aun así, logró que su partido volviera a ganar las elecciones en noviembre de 2001 con otro ultraderechista como candidato, el actual presidente de Nicaragua y antiguo empresario Enrique Bolaños.[111] Este personaje había sido jefe de campaña de Alemán y luego su vicepresidente. Es un continuador de las políticas de su antecesor.[112]

Después de los sucesivos gobiernos ultraderechistas y autoritarios de Fujimori, destituido durante su tercer mandato por el Congreso (por estar "moralmente incapacitado" para continuar con el cargo), y luego del interinato de Paniagua (de Acción Popular), la presidencia de Perú sería ganada por Alejandro Toledo, economista de tendencia claramente neoliberal, y su partido personalista Perú Posible (PP). En diciembre de 2002 el secretario general del PP, Jesús Alvarado, aceptaba que su partido no tenía todavía una posición ideológica definida, pero que podría inscribirse, a reserva de meditar un poco más al respecto, en el "socialcristianismo". El secretario de ideología del PP, Hugo Garavito, añadiría que se trataba de un partido "posibilista".[113] En realidad se trata de un partido cuya ideología la marcan los discursos de Toledo, discursos que no tienen consistencia pero que, en general, se inscriben en el pragmatismo de derecha típico de no pocos gobernantes de la región. Toledo gobierna con las fuerzas armadas, como quedó claramente demostrado con la represión de los movimientos sociales, principalmente de estudiantes, maestros y campesinos, de mayo de 2003. Los partidos que participan en su gobierno son también de derecha, me refiero al Frente Independiente Moralizador (FIM) y a Acción Popular (AP), partido fundado por Belaunde Terry y cuya ideología es, así

[111] Las biografías de Chamorro, Alemán y Bolaños, con datos sobre los partidos nicaragüenses de derecha y ultraderecha, en <http://www.cidob.org/bios/castellano/lideres/>. Sobre las últimas elecciones, <http://www.electionworld.org/nicaragua.htm>.

[112] Véanse los capítulos "Nicaragua", *El estado del mundo*, *op. cit.*, diferentes años desde 1989.

[113] Véase <http://www.agenciaperu.com/investigacion/2002/dic/posibilismo.htm> del 15 de diciembre de 2002.

dicha, Perú y su historia, el Perú imperial y no las ideologías extranjeras que le son ajenas.[114] Un partido que también participa en el gobierno de Toledo es Unión por el Perú (UPP) que se define por su oposición tanto al populismo como al neoliberalismo, es nacionalista y contrario al centralismo. Podría considerarse de centro-derecha.[115]

El presidente de Paraguay, como ya fue mencionado, se ha manifestado en contra del ALCA y en favor de una política de desarrollo económico que disminuya la pobreza en su país. Sin embargo, no puede pasarse por alto que se trata del undécimo presidente consecutivo del Partido Colorado (Asociación Nacional Republicana-Partido Colorado) creado a finales del siglo XIX. La ANR-PC, no debe olvidarse, fue el partido que apoyó la dictadura de Stroessner (1954-1989), aunque también debe señalarse que este partido tenía varias corrientes internas, algunas con grandes diferencias, además de escisiones. El actual presidente Duarte perteneció a la corriente estatista populista de la ANR (el Movimiento de Reconciliación Colorada) de Argaña, contraria al ex presidente Wasmosy (1993-1998), partidario del neoliberalismo.[116] El gobierno de Nicanor Duarte es, sin lugar a dudas, de derecha, que ha ofrecido "mano dura" para llevar a cabo su programa, pero se le considera más conservador (en el sentido de estatista) que liberal.

Otro Partido Colorado, y más antiguo que el de Paraguay, gobierna a Uruguay, con Jorge Luis Batlle Ibáñez en la presidencia. El Partido Colorado (PC), a diferencia de su homónimo paraguayo, surgió desde mediados del siglo XIX como una organización liberal y antiestatista de intenciones centristas. Batlle fue opositor de Bordaberry (1973-1976) y del poder militar que le acompañó y luego lo sustituyó hasta 1984. Pero su oposición a la brutal dictadura militar no debe interpretarse como apoyo a los Tupamaros. Es un continuador de la política de Sanguinetti y defensor del modelo "sugerido" por el Fondo Monetario Internacional para su país. A su derecha están los militares que, desde luego, no están de acuerdo con la Comisión para la Paz, presidida por el arzobispo Cotugno y que aspira a investigar los crímenes de la dictadura. Es uno de los principales

[114] La "ideología" de Belaunde y de AP puede verse ampliamente desarrollada en <http://www.accionpopular.org.pe/htm/ideologia/perdoct04.htm>.

[115] Los objetivos y el programa de UPP pueden consultarse en <http://www.peru.com/ivota/planes/p_sanroman.asp>.

[116] Véase <http://www.cidob.org/bios/castellano/lideres/d-002.htm>.

promotores del ALCA. Su mayor contrapeso es el Frente Amplio, formado por diversos partidos de izquierda y centro-izquierda.

Finalmente, Venezuela, donde la ultraderecha es una realidad activa y poderosa, es gobernada por Hugo Chávez. El ahora presidente se dio a conocer en un intento de golpe de Estado el 3 de febrero de 1992, contra Carlos Andrés Pérez. Venezuela vivía, a pesar de momentos de gran inestabilidad e incluso de un importante movimiento guerrillero (las Fuerzas Armadas de Liberación Nacional[117]), en una dinámica más o menos democrática, al menos por comparación con la dictadura de Marcos Pérez Jiménez y asociados (1948-1958), de aquí que resultara sorprendente que un golpista (Chávez) lograra amplias simpatías entre la población. Con Chávez en prisión, hubo otro intento de golpe militar el mismo año (noviembre), esta vez con apoyos de izquierda. Cuatro meses después Carlos Andrés Pérez sería suspendido y luego destituido. Con el democristiano Rafael Caldera otra vez en la presidencia,[118] pero ya no con el apoyo de su partido, Chávez fue amnistiado y licenciado de las fuerzas armadas.[119] Surgió entonces el Movimiento V República (MVR) con un discurso populista no estatista, pero sí contrario al neoliberalismo. En las elecciones legislativas (1998) el MVR logró el segundo lugar. En las elecciones presidenciales de diciembre de 1998 Chávez triunfó apoyado por el Polo Patriótico conformado por el MVR, el Partido Comunista de Venezuela, el Movimiento al Socialismo, Patria para Todos y otros partidos de izquierda. Su contrincante, Enrique Salas, no pudo ganar a pesar de que lo apoyaban Miss Universo (Irene Sáez), el COPEI y Acción Democrática, los dos partidos que habían dominado la política desde 1958. Chávez fue ratificado, con una nueva Constitución Política, en 2000, por un periodo de seis años.

Lo que interesa para nuestros propósitos no es el extraño y ambiguo ideario de Chávez, sino la oposición de derecha y ultraderecha que provocó. Por un lado, Chávez retó a Estados Unidos con el manejo de la diplomacia petrolera (en la OPEP) como fórmula de presión y ratificación de autonomía, al mismo tiempo que hacía ostensible su buena relación con Fidel Castro. Por otro lado, inició una serie de

[117] Para mayor extensión véase a James D. Cockcroft, *op. cit.*, p. 453.

[118] Rafael Caldera fue fundador del Comité de Organización Política Electoral Independiente (COPEI), más conocido como Partido Social Cristiano, y presidente de Venezuela de 1969 a 1974. Véase Ricardo Nudelman, *op. cit.*, p. 62.

[119] James D. Cockcroft, *op. cit.*, pp. 463-464.

medidas en contra de la burguesía terrateniente (expropiaciones), de las empresas petroleras extranjeras y de altos funcionarios de Petróleos de Venezuela. La reacción no se hizo esperar. Los empresarios agrupados en la Fedecámaras, los sindicatos de trabajadores afines a Acción Democrática y amplios sectores de la clase media urbana comenzaron una ofensiva patrocinada por la poderosa televisión privada y por algunos militares descontentos. Nunca se ha descartado la muy posible intervención del gobierno de Washington en esos sucesos ni en el golpe de Estado (fracasado) de abril de 2002 (debe recordarse que Venezuela es el tercer proveedor de petróleo a Estados Unidos). El presidente de Fedecámaras, Pedro Carmona, y una junta cívico-militar se hicieron del gobierno, un gobierno provisional. Pero los militares rectificaron sus posiciones y lealtades al conocer los cambios legales que estaba impulsando Carmona. El contragolpe se hizo presente con gran apoyo de masas, y Chávez, ahora más mesurado, reasumió la presidencia.[120] Las derechas, sin embargo, no han roto sus lanzas. Todavía puede haber sorpresas.

La historia de las derechas en América Latina es muy extensa, como la de golpes de Estado y gobiernos militares. Mi intención no ha sido hacer una historia, obviamente, ni reconstruirla, sino sólo destacar a las fuerzas de derecha y ultraderecha más cercanas al presente, entre otras cosas para enfatizar que en el subcontinente las derechas y las ultraderechas no necesariamente son antagónicas y sí, con frecuencia, copartícipes de un mismo proyecto bien visto, cuando no auspiciado, por Estados Unidos. Muy pocas de las ultraderechas latinoamericanas son nacionalistas, y las existentes no están ni participan en el poder. La mayor parte, por no decir todas, defiende valores religiosos (principalmente de la Iglesia católica), como ocurre también en Europa y en los países musulmanes.

EN LOS PAÍSES "NO OCCIDENTALES"

Hay quienes piensan que no es pertinente usar los mismos parámetros "occidentales" para caracterizar a izquierdas y derechas en el vasto mundo "no occidental". Algo hay de cierto en esto, pero no

[120] Véase Claude Pereira, "Venezuela", *El estado del mundo*, *op. cit.*, 2002, y Fréderique Langue, "Venezuela", *ídem*, 2003. También <http://www.cidob.org/bios/castellano/lideres/c-063.htm> y <http://www.electionworld.org/venezuela.htm>.

se debe generalizar. La extensión del colonialismo en África y en la mayor parte de Asia fue diferente, en muchos sentidos, a la que existió en América y en los dos grandes países de Oceanía (Australia y Nueva Zelanda). Pero que haya sido diferente en ciertos aspectos no significa que en muchos países, muy distantes entres sí, no se hayan guardado ciertos denominadores comunes o semejanzas.

En gran medida y en general el colonialismo creó países rompiendo comunidades étnicas, culturales o religiosas, o acentuó las diferencias entre razas, etnias o comunidades, como ocurrió, sobre todo, en buena parte de África al sur del Sahara. Sin embargo, en muchos casos las identidades étnicas, culturales o religiosas de los pueblos colonizados permanecieron; en otros se perdieron para ser asumidas como propias las divisiones colonialistas, es decir los nuevos países formados por las metrópolis, creándose otras identidades: las identidades nacionales (a veces sin resolver las contradicciones étnicas o religiosas). Una tercera situación fue la persistencia de naciones ya estructuradas antes del colonialismo, a veces con fronteras en disputa, que al término del control metropolitano siguieron siendo más o menos las mismas naciones. Aun así, el colonialismo produjo, en diferentes momentos, movimientos nacionalistas, de independencia nacional, de búsqueda de autodeterminación, que se convirtieron en una nueva ideología, en algunos casos considerada de izquierda en los años 60 del siglo pasado. Ese nacionalismo (y quizá también el actual, que todavía existe), intentaba sacudirse el dominio de amos que no se escogieron para, entre otras cosas, realizarse como una nueva identidad en un marco de modernización o recuperar la antigua al menos en lo fundamental por cuanto a tradiciones, lenguas y costumbres.

Esos movimientos nacionalistas no significaban, necesariamente, tendencias al igualitarismo interno (aunque a veces se usara en el discurso de los dirigentes y en el imaginario colectivo influido por estos), pero sí la identidad de quienes se asumían como nación, antigua o nueva, con frecuencia manteniendo las formas políticas y las desigualdades impuestas por el colonialismo. Este fenómeno, por cierto, también se ha presentado en Europa cuando los viejos países han luchado contra las monarquías imperiales por su autodeterminación o por temor a la influencia de la revolución rusa y la Internacional Comunista (Tercera Internacional) que, en sus primeros años, planteaba la revolución mundial y el internacionalismo proletario.

Aunque en casi todos los casos de movimientos de liberación nacional participó o se hizo sentir el grueso de la población, siempre hubo sectores sociales, grupos o dirigentes que en nombre de todos o de las mayorías terminaron por dominar al resto, en ocasiones con más brutalidad que las fuerzas colonialistas. En otras palabras, el nacionalismo no promovió necesariamente políticas de tendencia igualitaria ni necesariamente democráticas en el sentido occidental del término. A lo más, con algunas excepciones, se abrieron posibilidades para que, en teoría, toda la población tuviera la oportunidad de determinar su destino y no continuar sometida a un destino determinado por el dominio extranjero. En general, se cambió una dominación metropolitana y extranjera, por otra nacional, con frecuencia igualmente irrespetuosa de las identidades étnicas, lingüísticas o religiosas, además de autoritaria o, en otro sentido, se agudizaron las diferencias entre identidades por la hegemonía de unas sobre otras y en función del papel que han querido jugar en la lógica capitalista en que han estado insertas.

El común denominador de los movimientos nacionalistas fue, sobre todo en la segunda mitad del siglo XX, la lucha contra la dominación europea. ¿Fue esta lucha de derecha o de izquierda? Difícil decirlo como generalización, pues en algunos casos los combates contra esta dominación giraron en torno del conflicto entre el llamado modernismo y la defensa de las tradiciones, en otros se trató de mayor democracia y mejores condiciones de vida bajo el colonialismo, como fue el caso del sur y el occidente de África, o de la liberación nacional sobre todo después de la segunda guerra mundial. Esta lucha de liberación nacional fue la más extendida en el continente africano, y en ella jugaron papeles sobresalientes varios partidos nacionalistas (algunos incluso socialistas) dirigidos en general por miembros de las elites formados en universidades de países desarrollados. Sin embargo, como bien escribió Ziégler, la mayoría de los regímenes africanos evolucionaron hacia la tiranía del clan "cuyas etapas sucesivas [fueron]: estado de emergencia, supresión de las libertades fundamentales, partido único, dictadura presidencial y, finalmente, tiranía de un hombre o de un grupo de lucha por su supervivencia política y física, contra un pueblo cada vez más descontento."[121] Lamentablemente así fue en muchos casos y, en términos sociales, las grandes desigualdades entre la población

[121] Jean Ziégler, *Sociología de la nueva África*, México, Ediciones Era, 1964, p. 11. Véase también Immanuel Wallerstein, "The decline of the party in single-party African states", en Joseph LaPalombara y Myron Weiner (editors), *Political Parties and Political Development*, Princeton, Princeton University Press, 1966, pp. 203 y ss.

general y los grupos con privilegios, no cambiaron gran cosa salvo en unos pocos países.

En algunos países africanos y asiáticos hubo luchas de liberación nacional con orientación socialista tanto de partidos o dirigentes como en discursos, pero en la realidad esas luchas concluyeron siendo nacionalistas y modernizadoras, y en muy pocos países se mantuvo la que he denominado *orientación socialista* de los nuevos regímenes. En 1964 la Universidad de Stanford (Estados Unidos) publicó un libro titulado *African Socialism,*[122] en el que sus compiladores señalaron que "no todos los líderes de África se consideran a sí mismos 'socialistas'. Aunque el Socialismo Africano es ahora popular entre la mayor parte de los políticos, muchos de ellos detestan y evitan esa palabra. Así como Nkrumah, Senghor, Touré y Nyerere son socialistas africanos por convicción, Houphouët-Boigny, de la Costa de Marfil, Tumban, de Liberia, y M'ba, del Gabón, ignoran ese concepto.[123] Análogamente, mientras Su Majestad Imperial el Emperador Haile Selassie, de Etiopía, no es lo que podría llamarse un socialista activo, es interesante señalar que su país estuvo representado en el coloquio de Dakar sobre Socialismo Africano".[124] ¿Y qué es, entonces, el socialismo para los africanos? Morse escribía que el socialismo en África estaba más dirigido a la promoción del desarrollo económico y al nacionalismo que a ir sentando bases para un socialismo propiamente dicho. "Ideológicamente, los países socialistas africanos aquí estudiados (es decir, Ghana, Guinea, Senegal y Tangañica[125]) han elegido un camino intermedio, que está entre los que ellos consideran los extremos de la organización capitalista, representada principalmente por los Estados Unidos, y la organización comunista, representada principalmente por la

[122] Este libro fue traducido al español: W. H. Friedland y C. G. Rosberg (compiladores), *África Socialista,* México, Fondo de Cultura Económica, 1967.

[123] Y vaya que lo ignoraron. Si bien Houphouët-Boigny y su partido Unión Democrática Africana fueron de los primeros en la lucha anticolonialista de ese continente, el hecho fue que el líder de Costa de Marfil se quedó 33 años en el poder y ejerció éste de manera autoritaria y represiva. León M'ba, una vez presidente (1961) de Gabón, se convirtió en un dictador y sus opositores fueron encarcelados. En 1964 fue depuesto, y con apoyo de las grandes empresas francesas y del gobierno de De Gaulle, regresó al poder para morir poco después. Para mayor extensión, véase *Tres continentes, op. cit.*

[124] W. H. Friedland y C. G. Rosberg (compiladores), *op. cit.*, p. 16.

[125] También escrito Tanganyika y Tanganika. La mayor parte de su territorio es ahora Tanzania, República Unida de Tanzania, que incluye a Zanzíbar.

URSS."[126] Nkrumah, el líder de Ghana, decía en su autobiografía que "sólo bajo el pleno autogobierno [un gobierno nacional e independiente] estaríamos en posición para desarrollar al país y que nuestro pueblo pudiera gozar de las comodidades y placeres de la civilización moderna."[127] Es decir, nacionalismo, gobierno propio, modernización, que no son ni eran metas características del socialismo.

Pero esta era la izquierda africana entonces, contraria a la derecha que, obviamente, se oponía al proyecto defendido por Nkrumah y que, finalmente, auspiciada por el gobierno de Washington, llevó a cabo un golpe de Estado en 1966 suspendiendo garantías y declarando ilegales a los partidos políticos, comenzando con el Partido Popular de la Convención (CPP) del presidente depuesto. Los ultraizquierdistas del presente, habrían cuestionado al líder ghanés, lo habrían llamado reformista, de la misma manera que lo hicieron en el Foro Social Mundial de Porto Alegre (2003) al calificar al nuevo presidente de Brasil (Luiz Inácio *Lula* da Silva) y a los dirigentes del Partido de los Trabajadores de este país. Empero, en los países africanos, como en otros, los líderes que se decían socialistas reprimieron —a veces con brutalidad— a sus opositores y terminaron por hacer de sus gobiernos, por la vía de partidos únicos, aparatos de nuevas camarillas no precisamente democráticos aunque promovieron y lograron avances muy importantes en materia de salud, educación, empleo y vivienda, más en una lógica de "modernización occidental" que de igualitarismo.[128]

El esquema de interpretación, como he querido demostrar, no es ni puede ser el mismo que en Europa, América y los dos grandes países de Oceanía. Con muy pocas excepciones, los gobiernos de África, Medio Oriente y Asia en su conjunto, son o han sido en años recientes autoritarios en diversos grados y muy poco inclinados a combatir las desigualdades sociales y económicas, entre otras

[126] Chandler Morse, "Economía del socialismo africano", en W. H. Friedland y C. G. Rosberg (compiladores), *op. cit.*, p. 64.

[127] Véase K. Nkrumah, *Kwame Nkrumah: un líder y un pueblo,* [autobiografía], México, Fondo de Cultura Económica, (2ª edición), 1962, p. 126.

[128] Sobre la situación social y económica de los países del Tercer Mundo en los años 50 y 60 del siglo XX, véase *Tres continentes*, *op. cit.*. Contra lo que a menudo se ha querido hacer creer, los regímenes con partido único, incluso en África, no necesariamente han sido sinónimos de dictaduras o de totalitarismos. Un régimen autoritario de partido único puede derivar en una dictadura o en pluralismo, como lo han señalado Joseph LaPalombara y Myron Weiner, "The origin and development of Political Parties" en Joseph LaPalombara y Myron Weiner (editors), *op. cit.*, pp. 37-41.

razones porque las relaciones capitalistas, impuestas o asumidas, persisten, aunque con ciertos elementos peculiares que hacen la diferencia. Y entre estos elementos peculiares ha destacado la utilización, con frecuencia metamorfoseada, de las estructuras sociales preexistentes convertidas en "instrumentos ideológicos" por las clases dominantes y sus gobiernos. Se ha transformado su carácter básico, señala Chandra, y se conservan sus formas, pero sólo y en la medida en que los grupos capitalistas se han apropiado de ellas; es decir, despojándolas de su realidad intrínseca y correspondiente a los sectores étnicos, lingüísticos o religiosos tradicionales.[129] Pero estos elementos distintivos no existen, ni metamorfoseados, en los países occidentales, aun en aquellos donde en los últimos años ha habido levantamientos indígenas por su derecho a ser tomados en cuenta como tales (México y Ecuador, señaladamente).

Antes de la ola de movimientos de liberación nacional triunfantes e inmediatamente después de la segunda guerra mundial, algunos países africanos y asiáticos devinieron o ratificaron monarquías de tipo tradicional que, además de no haber sido democráticas, nada hicieron por mejorar las condiciones del pueblo. Este fue el caso de Libia, Egipto (cuya monarquía era anterior a la guerra) y Etiopía en África, y de Jordania, Arabia Saudita, el antiguo territorio de Yemen,[130] Irak, Irán, Afganistán, Nepal y Bhután en Medio Oriente y Asia. A finales de los años 40 y a principios de la década siguiente, surgieron cerca de 15 naciones más o menos independientes en esta enorme área. Con la excepción de Mongolia, China y Corea del Norte, no puede decirse que los partidos de *tendencias* igualitarias (sólo formalmente hablando) hubieran ganado gobiernos en ese entonces. Hubo, desde luego, nuevos países independientes gobernados democráticamente por partidos nacionalistas y otros igualmente nacionalistas pero no democráticos, pero sólo por comparación podría decirse que algunos de ellos pudieran identificarse como de izquierda, pese a que Nasser en Egipto, más nacionalista y modernizador que socialista, hizo considerables reformas en favor de la población.[131] En estos casos es frecuente que tanto las derechas

[129] Para mayor extensión, véase Pratyush Chandra, "Linguistic-communal politics and class conflict in India", en Leo Panitch y Colin Leys, *op. cit.*, especialmente la p. 115.

[130] A partir de 1967 Yemen absorbió a Aden y, desde 1990, con diferentes regímenes en el periodo y dos guerras entre el Yemen del norte y el del sur, es el Yemen de ahora.

[131] El gobierno de Nasser tuvo un periodo con influencia relativa de marxismo, más retórico que real. Véase a Leonrad Binder, "Political Recruitment and Participation in Egypt", en LaPalombara y Weiner, *op. cit.*, especialmente p. 229.

como las izquierdas sólo se diferencien en que las primeras aceptan la dominación, venga de donde venga, mientras que las izquierdas busquen la que más convenga a sus intereses, sin cuestionar, ambas, la existencia de la dominación, como ocurre en el mundo occidental entre los partidos de centro izquierda y de centro derecha de la llamada posmodernidad.

A principios de los años 70 del siglo pasado, con alrededor de cinco países todavía coloniales en África y Asia (Península de Indochina), las nuevas naciones independientes estaban gobernadas por dictadores, monarquías absolutas y tradicionales, juntas militares o regímenes autoritarios con libertades muy limitadas para el pueblo. Algunos gobernantes fueron progresistas, es decir que rompieron con las tradiciones e intentaron modernizar a sus países, y otros fueron tradicionalistas o, si se quiere usar el término, conservadores. Pero en estos casos no puede establecerse correlación indiscutible entre conservadurismo y derecha o progresismo e izquierda. El sha de Irán, por ejemplo, fue un modernizador de derecha, y entre sus opositores, que habrían de unirse en torno al ayatolá Jomeini, había izquierdistas (incluso comunistas) que, ante el nuevo régimen teocrático, pasaron a la oposición y luego fueron reprimidos. La derecha modernizadora fue sustituida por la derecha conservadora (y quizá reaccionaria), aunque en algún momento alguien pensó (quizá por usar esquemas interpretativos occidentales), que se trataba de una izquierda islámica. ¿Habrá izquierdas islámicas? Sí las hay, de acuerdo a nuestras categorías occidentales. Por lo menos existen en países islámicos abiertos a posiciones no fundamentalistas a pesar de no ser democráticos. Irak sería un ejemplo. Es un país donde el 97 por ciento de su población es de religión musulmana. Si bien de 1974 a 1982, aproximadamente, el gobierno llevó cabo políticas de distribución de la renta petrolera y encaminadas a disminuir la pobreza y la desigualdad, con el tiempo, ya con Saddam Hussein en el gobierno, con el Baath como partido único y, sobre todo después de los estragos de la guerra contra Irán entre 1980 y1988 (con el apoyo de Estados Unidos, Gran Bretaña, Francia, URSS, Arabia Saudita y Egipto[132]), la inversión en hospitales, escuelas y otros servicios públicos fue disminuida. Hussein optó por aliarse a los sectores más tradicionales y por la imposición de un régimen muy cercano al despotismo y de privilegios para sus allegados. El gobierno perdió

[132] Esa guerra, como es sabido, fue con la intención de derrotar al régimen de Jomeini para evitar que la revolución religiosa se generalizara en el mundo islámico.

base social y apoyos, y se desarrolló una oposición interna que, al mismo tiempo que estaba en contra de la invasión de Estados Unidos y sus aliados, pugnaba por la conversión del régimen en uno democrático. La lucha por la democracia y opuesta a la dominación de potencias extranjeras como Estados Unidos y Gran Bretaña, era la izquierda antes del 20 de marzo de 2003. Y esta izquierda, en opinión de Raid Fahmi, de la revista opositora Iraquí *Al Thakafa Al Jadida* (*La nueva cultura*), era nacionalista progresista, socializante e incluso marxista.[133]

Como ya lo dije antes, y en mi perspectiva occidental, si un grupo, partido o gobierno defiende o promueve el mantenimiento o la ampliación de las desigualdades y la pobreza, es, en principio, de derecha; si, además, es contrario al multiculturalismo, no respeta la coexistencia de varias religiones, razas y etnias,[134] ni el derecho a abrazar ideologías distintas a la dominante, se trata entonces de un grupo, un partido o un gobierno de ultraderecha, por añadidura totalitario.

En el mundo de hoy, particularmente a partir de la revolución de 1979 en Irán, el fundamentalismo islámico ha cobrado mayor importancia. Y esta importancia obedece al hecho de que es la única de las grandes religiones que ha tratado de unir (cada vez menos, por cierto) a la autoridad política con la religiosa, subordinado la primera a la segunda. "El fundamentalismo islámico —señala Choueiri— es una ideología que busca reestablecer la religión del Islam como un sistema político en el mundo moderno."[135]

Una de las características del fundamentalismo religioso, y no sólo islámico, es el rechazo a la modernización. No se trata sólo de misoneísmo (que es conservadurismo), sino por lo común de regresar a condiciones previas tanto en lo económico como en lo político y cultural, que es una característica de los reaccionarios (en lenguaje occidental, una forma de ultraderechismo). Lo importante,

[133] "La oposición de izquierdas a Saddam Hussein", entrevista a Raid Fahmi, en *Rebelión Internacional* (internet), 5/02/03. Existían otras fuerzas opositoras de izquierda, como el Partido Comunista Iraquí, que expresamente se oponían al gobierno de Husein y a su régimen de "agresión y de terror" al mismo tiempo que a las potencias imperialistas que quieren dominar a su país.

[134] Hay, por supuesto, diferencia entre razas y etnias: las primeras son consideradas extranjeras, las segundas nativas, sobre todo en el continente africano.

[135] Youssef Choueiri, "Islam and Fundamentalism", en Roger Eatwell y Anthony Wright (editors), *Contemporary political ideologies*, London/New York, Continuum, (2a. ed.) 2001, p. 255.

para nuestra reflexión, no es la defensa de costumbres y tradiciones de siglos o milenios, sino la intolerancia a otras costumbres, tradiciones y religiones. Esta intolerancia, que en los tiempos actuales se ha reavivado incluso en los países más desarrollados, es la que hace del fundamentalismo de cualquier religión una posición, más que de derecha, de ultraderecha. Esta intolerancia, basada en una religión que es también política (el islamismo), puede conducir a regímenes intolerantes, es decir totalitarios. Y el totalitarismo no permite la existencia de izquierdas ni derechas, es, a lo más, de una orientación o de otra.[136]

Otras religiones, también intolerantes en diversos grados y aspectos, suelen estar menos ligadas a lo político, entre otras cosas porque han querido modernizarse, actualizarse, adecuarse, para lo cual se han visto precisadas a separar la política de la esfera religiosa, convirtiendo ambas en complementarias y paralelas; es decir, separadas aunque una influya en la otra. El islamismo, por cierto, también se ha modernizado, sobre todo el *sunnita* (menos extremista que el *chiíta*) y hoy en día hay países predominantemente musulmanes que han separado al reino de Dios del reino de César y donde sus guías religiosos se han vuelto más flexibles, menos ortodoxos, más liberales o, para el caso, menos influyentes. De aquí que pueda decirse que también en las religiones hay izquierdas y derechas, no necesariamente relacionadas con el modernismo aunque sí influidas por éste y sobre todo por grupos y personas radicalizados y marxistas, como sería, para citar un ejemplo muy conocido en occidente, la teología de la liberación frente a las interpretaciones conservadoras de la jerarquía católica ligada a los intereses —em-

[136] Señalaba Revelli, citado por Bobbio, que "...un sujeto que ocupara todo el espacio político cancelaría toda distinción entre derecha e izquierda: lo que en realidad ocurre en un régimen totalitario, en cuyo interior no es posible ninguna división. Puede ser, como mucho, considerado de derecha o de izquierda cuando se lo compare con otro régimen totalitario." Bobbio, *Derecha e izquierda, op. cit.*, p. 128. En términos menos generales se debe entender que no hay totalitarismos puros y que, aun clandestinamente, se generan oposiciones, como ha ocurrido en regímenes totalitarios de orientación socialista. Para Hannah Arendt el hecho de que hubiera, por ejemplo, literatura, aunque fuera clandestina, refiere a un régimen que ya no puede ser denominado totalitario "en el sentido estricto del término". Ella aludía a la Unión Soviética en tiempos de Jruschov, por comparación al régimen en tiempos de Stalin. No estoy de acuerdo: si la disidencia o la oposición *tiene* que manifestarse clandestinamente, estamos hablando de un régimen totalitario, que puede ser menos que otro pero que finalmente es. Véase Hannah Arendt, *Los orígenes del totalitarismo,* 3 tomos, Madrid, Alianza Editorial, 1999, t. 3, *Totalitarismo,* p. 473.

presariales y financieros— del Vaticano.[137] Y, de la misma manera, también se podría hablar de derechas y de ultraderechas, incluso en el islamismo: no son iguales las prácticas religiosas en Arabia Saudita, conservadoras, que el régimen de los Talibán en Afganistán antes de ser bombardeado por el gobierno de Washington. El segundo se caracterizaba por su intolerancia absoluta. El ejemplo de la mujer en ambos países es elocuente: en Afganistán no tenía derecho a la educación ni a trabajar, en Arabia Saudita, aunque segregada de los hombres, puede estudiar y trabajar. Hay otros países islámicos en los que esta segregación no existe, como es el caso de Marruecos o de los Emiratos Árabes.

Como ha podido verse, los criterios de oposición entre derechas e izquierdas en el llamado mundo occidental, no son fácilmente utilizables en muchos de los países africanos y asiáticos y de Oriente Medio. Pero sí es posible percibir sus diferencias, particularmente en estudios de casos. En el mundo no occidental, y desde el pensamiento occidental, las dimensiones son otras y contradictorias en muchos sentidos. Piénsese en el caso de Afganistán. Mientras fue invadido y dominado por la Unión Soviética (1979-1989), se gestó, desde el interior y el exterior, un movimiento contrario a los invasores formado por guerrilleros llamados *mujaidines* (varios de los cuales se transformaron en *talibán* posteriormente). Los mujaidines fueron apoyados por Estados Unidos y por Pakistán. En este último país los apoyó el general Pervez Musharraf y fueron llamados combatientes por la libertad. Pasado un tiempo, en 1999, el general paquistaní se convirtió en dictador en su país y, después del famoso *11/09/01*, en facilitador de su territorio para que las tropas de Estados Unidos y Gran Bretaña asesinaran a miles de afganos civiles y derrotaran a los talibán que, de antiguos aliados de Washington y combatientes por la libertad, se convirtieron en enemigos irreconciliables, protectores de terroristas (Al Qaeda) y fundamentalistas religiosos defensores de las interpretaciones del Corán más reaccionarias, rígidas e inhumanas. ¿Quiénes eran de izquierda y quiénes de derecha en este proceso? Decir que todos eran de derecha podría ser una respuesta aceptable, pero quizá también una simplificación.

[137] Sobre el origen y las influencias que determinaron la teología de la liberación, véase Michael Löwy, *El cristianismo de los pobres. Marxismo y teología de la liberación*, México, Colegio Nacional de Ciencias Políticas y Administración Pública, 1988. Del mismo autor, en un texto más amplio, *The War of Gods. Religion and Politics in Latina America*, London/New York, Verso, 1996.

Más propio sería decir que eran de derecha y de ultraderecha según el momento. La izquierda no tuvo nada que ver en esta historia.

Hay, sobre todo en Oriente próximo y en algunos países del Magreb, una suerte de modernización y, si se quiere, de occidentalización a partir de la emergencia y significación económica y política de empresarios y hombres de negocios. Alain Chenal, especialista en el estudio del mundo musulmán, ha señalado que estos indicios de un nuevo sistema no deben interpretarse en el sentido de que esta modernización y apertura al mundo occidental signifique una tendencia a la igualdad social y económica o a la justicia social ni, necesariamente, a una mayor democratización pese a que existen ya ciertos antecedentes.[138]

En la India, por otro lado, donde los partidos son tan antiguos como en Europa occidental,[139] los esquemas de interpretación del capitalismo actual tienen que incluir las identidades tradicionales, sus conflictos y la hegemonía de unas sobre otras, como parte de su sistema político y económico. "La casta, la raza y la religión de años pasados se han vuelto realidades ideológicas, esenciales para reproducir y legitimar el proceso fundamental a través del cual ocurre la acumulación",[140] pero lo dominante es el juego de intereses económicos y la política social y económica del gobierno. De aquí que la derecha en la India, representada por el primer ministro Atal Bihari Vajpayee, no sea muy diferente de la que se ha generalizado en Europa de unos años al presente. En la India la derecha también ha adquirido fuerza, Vajpayee es apoyado, entre otros, por el partido regional fascista Shiv Sena, y su política social se corresponde con la que siguen gobiernos neoliberales en otras partes del mundo.[141]

Es interesante hacer notar que en varios de los países de Asia (incluso en la India bajo el gobierno de Nehru) y del sureste asiático se reprodujeron las formas del dominio colonial después de

[138] Alain Chenal, "La démocratie dans le monde arabe: un horizon lointain?", en *Relations internationales et stratégiques*, Paris, trimestral, verano, número 14, 1994, pp. 78-87.

[139] El Partido del Congreso se fundó en 1885.

[140] Pratyush Chandra, *op. cit.*, p. 116

[141] *Ídem*, pp. 127-129. De hecho el Partido del Congreso tuvo la intención, desde hace mucho tiempo, de construir un país nuevo, moderno y "deshinduizado" (*de-Hinduized*, en inglés), es decir restarle peso a la religión hindú al mismo tiempo que se aspiraba, en la época del dominio inglés, a *indianizar* los servicios del gobierno. Véase Lucian W. Pye, "Party Systems and National Development in Asia", en LaPalombara y Weiner, *op. cit.*, p. 384.

su independencia, por cuanto al reforzamiento de las tendencias políticas monopolistas y la estructura de clases sociales.[142] Estas tendencias, en algunos casos, se transformaron en francas y brutales dictaduras, como en Birmania (ahora Myanmar) bajo los gobiernos de Ne Win, Saw Maung y de Than Shwe, y en otros países de la antigua Indochina a pesar de sus diferencias en formas de Estado y de orientación socioeconómica. Indonesia, bajo los gobiernos de Sukarno, Suharto y de la hija del primero (Megawati Sukarnoputri) en la actualidad, tampoco ha sido una excepción. Podría decirse que en los países ex coloniales de esta región, los intereses capitalistas desarrollados durante el dominio europeo simplemente pasaron de manos: a grupos nacionalistas que nada hicieron por disminuir las desigualdades en sus respectivas naciones. En estos países la izquierda está ausente incluso en donde se presenta como tal, como es el caso de Camboya donde el primer ministro, supuestamente de izquierda, es nombrado por el monarca. Con la excepción relativa de los países supuestamente de orientación socialista en esta extensa región (regímenes totalitarios), la derecha gobierna y domina, en algunos casos con partidos permitidos o tolerados (sin posibilidad de alternancia en el poder), en otros donde sólo puede existir un partido, y en otros más donde los partidos no existen, como el ya mencionado Myanmar, además del Reino de Bhután.

Varios líderes de estos países, señalaba Pye, estaban y están convencidos de que sus países no pueden darse el lujo de la democracia hasta que ellos hayan desarrollado sus economías.[143] Malaysia, Singapur y Corea del Sur (e incluso China en la actualidad) serían buenos ejemplos de lo que decía Pye. El gran crecimiento de Corea, por ejemplo, se dio precisamente durante el periodo dictatorial, principalmente bajo el gobierno del general Park Chung Hee, a costa de la sobreexplotación de los trabajadores y del ejercicio de las libertades por parte de la población. La democratización se inició muy lenta y relativamente en 1980 (después del asesinato de Park), pero se consolidaría en 1993 con Kim Yong Sam y su programa "Nueva Economía".[144] Para entonces Corea del Sur ya sería un

[142] Véase al respecto a Hamza Alavi, "The State in Post-Colonial Societies: Pakistan and Bangladesh", en *New Left Review*, London, número 74, julio-agosto 1972, p. 59 y ss. Este autor discute el uso de categorías marxistas para los países poscoloniales, en especial la formación del Estado y el dominio de las oligarquías burocrático-militares.

[143] Lucian W. Pye, *op. cit.*, p. 390.

[144] Véanse Isabelle Cordonnier, "La democratization en Corée du Sud", en *Relations*

país industrial en pleno desarrollo, que seguiría en crecimiento y transformación.[145] En China, como veremos más adelante, no hay indicios de algún tipo de transición a la democracia, pese a que se han adoptado formas de liberalismo económico, especialmente a raíz del ingreso de este país en la Organización Mundial del Comercio (OMC). Esto es, sin democracia, se está intentado el desarrollo del país, un poco en la lógica de Corea del Sur, pero sin llamarle abiertamente capitalismo al sistema económico prevaleciente.

La derecha, independientemente de la óptica de análisis, ha dominado y domina en la mayor parte de los países no occidentales del planeta, pues a pesar de su peculiaridades a veces étnicas y otras religiosas y culturales, son países inmersos en una lógica capitalista en la que los grupos o clases gobernantes no han demostrado ningún interés por disminuir la pobreza y las desigualdades sociales. La democracia, que no es precisamente el común denominador de estos países, tampoco ha servido para mejorar las condiciones de vida de sus pueblos, tanto si han seguido patrones conservadores (y en algunos casos reaccionarios), como en los que han intentado (y en ocasiones logrado) ciertos grados de modernización, que en el contexto ha significado occidentalización y adopción del liberalismo y, más recientemente, del neoliberalismo.

EN LOS PAÍSES "SOCIALISTAS"

En Europa central y oriental, así como en la que fue Unión Soviética, la caracterización de las derechas en relación con las izquierdas es más compleja, más antes de 1989-1991 que después. El problema

internationales et stratégiques, op. cit., p. 145-149 y T. W. Kang, *¿Será Corea el próximo Japón?*, Bogotá, Editorial Norma, 1989.

[145] De haber sido un país agrícola en los años 50 del siglo pasado, en la actualidad sólo el 10% de la población activa trabaja en ese sector. Su PIB per cápita es superior a 19 mil dólares y para 1993 el índice de Gini fue calculado en 0.32, inferior al de China e incluso al de Taiwán (es decir con menos desigualdades sociales que en estos dos países). Véanse los datos de los países mencionados en <http://www.cia.gov/cia/publications/factbook/geos/>. No se está diciendo que este crecimiento de Corea no haya generado serios problemas, como el de la contaminación: "En Seúl, el 67% de las lluvias tienen el nivel de dióxido sulfúrico más alto del mundo", señala François Houtart, "Los NICs: 'modelos' para (des)armar", Revista *Temas (cultura, ideología, sociedad)*, Cuba, núm. 29, abril-junio de 2002.

viene de muy atrás y tiene que ver con la tergiversación (a veces deliberada y otras de buena fe) de la realidad de estos países, realidad que también se ocultaba mediante una sola "verdad", la verdad oficial que invariablemente se manejaba contra sus críticos para acusarlos de contrarrevolucionarios, enemigos del proletariado, agentes del imperialismo o del fascismo, anticomunistas y demás calificativos, independientemente de si lo eran o no.

No deja de ser sorprendente el hecho de que el debate en los países de orientación socialista no haya tenido cabida, sin riesgos, y que cuando se ha planteado en el exterior, incluso en ámbitos académicos y científicos, casi siempre ha dado lugar, hasta la fecha, a polémicas con fuerte carga ideológica e incluso a descalificaciones fáciles. Aún así, me arriesgaré, pues son tiempos —pienso— en que los dogmas y el pensamiento maniqueo deben ser superados, se están superando.[146]

Lo que a mí me interesa, en la lógica de esta investigación y concretamente en este apartado, es esclarecer, en la medida de mis posibilidades y en los límites que me he propuesto, si el régimen político de los países llamados socialistas era de izquierda o no, y por cuánto tiempo; si estas caracterizaciones se pueden hacer con las mismas categorías usadas para los países capitalistas; y si su conversión o tendencia al capitalismo implicaba la existencia de derechas, ultraderechas e izquierdas en el gobierno o en oposición a éste.

He querido establecer que la izquierda es un concepto relativo a la derecha; que tanto izquierda como derecha, además de no designar contenidos fijos, son conceptos determinados por circunstancias y momentos específicos; que la identificación de la derecha con el conservadurismo y de la izquierda con el progresismo, no nos explica nada, salvo en algunas circunstancias concretas y específicas. Asimismo, he considerado que una característica de la izquierda es su tendencia al igualitarismo (no a la igualdad de todos, como ya se ha aclarado) y, por lo mismo, contraria a la dominación de una clase o grupo social sobre otras clases o grupos sociales, en tanto que la derecha tiende a reforzar las diferencias y a mantener los sistemas de dominación que le son propios y necesarios. Aunque he mencionado que la democracia no es definitoria de izquierdas o derechas, ha habido y hay corrientes significativas de la izquierda

[146] El historiador Juan Brom, *op. cit.*, p. 123, señala, con justa razón, que el problema es difícil "y la discusión seguramente continuará durante mucho tiempo" y, añadiría yo, cada vez con menos prejuicios.

(la socialdemocracia, por ejemplo) que defienden la democracia incluso liberal contra las formas autoritarias de cualquier grado, con el ánimo de ampliar, desde el poder, este tipo de democracia a los ámbitos social y económico, aunque no siempre lo hayan hecho y a veces ni siquiera intentado.

Por lo tanto, analizaré a grandes rasgos si en los países del llamado socialismo (particularmente en la URSS) ha habido tendencias al igualitarismo, si ha habido dominación y por lo mismo jerarquías y desigualdades y, aunque no sea una categoría definitoria, si ha habido democracia o no, que en este caso ha sido motivo importante de oposición en estos países.[147] Como se supuso que no había clases sociales, y la verdad oficial así lo decía, recuperaré también una parte significativa del debate sobre la naturaleza de la burocracia en los países "socialistas", puesto que tiene que ver tanto con las tendencias igualitarias como con la dominación. A partir de este análisis quizá sea más fácil entender la conversión de un supuesto socialismo en capitalismo y la existencia de las derechas y las izquierdas antes y en la actualidad y en qué consisten o cómo se manifiestan.

Donde hay izquierda hay derecha y donde no existe una de estas dos categorías es porque no se permite su existencia; y a un régimen que no permite la oposición se le denomina totalitarismo. En el caso de la URSS, hubo por lo menos dos momentos en que claramente había izquierda: *a*] en el periodo revolucionario, y *b*] en la que debió ser, en el esquema marxista asumido por los dirigentes, la formación de la dictadura del proletariado.

En el periodo revolucionario era obvia y necesaria la lucha de una corriente que quería implantar el socialismo (tendencia al igualitarismo): los bolcheviques, contra los defensores del régimen anterior y de quienes aceptaban el gobierno provisional de Kerensky y mantener la esencia del Estado y parte del viejo aparato de dominación en una lógica capitalista. El segundo momento se caracterizó por la pugna en torno de la concepción de dictadura del proletariado como periodo transitorio entre el capitalismo y el socialismo. En ese segundo momento había izquierda, así autodenominada; ergo, había, por lo menos para esa izquierda, una derecha, en ese

[147] Un interesante y documentado artículo sobre las desigualdades sociales en el "socialismo" a partir de las determinaciones de clase, de la estructura de puestos de trabajo, de diferencias entre campo y ciudad y de las posiciones de poder, es el de Boris Vuškovi , "Social Inequality in Yugoslavia", en *New Left Review*, London, número 95, enero-febrero 1976, pp. 26-44.

momento representada en el gobierno. Y luego hubo una llamada derecha, representada al final de los años 20 por Bujarin y sus posiciones gradualistas semejantes a las de la socialdemocracia de la época, también opuesta al gobierno y a su política de colectivización de la tierra e industrialización a toda costa. Posteriormente, dejó de haber oposición por decisión del poder. Se trataría, entonces, de un régimen totalitario que supuestamente conduciría al país hacia el socialismo.

Poco tiempo después del triunfo de la revolución rusa y de la muerte de Lenin en 1924, surgió, contra la *troika* Stalin, Zinoviev, Kamenev, la Oposición de Izquierda, también conocida como la fracción bolchevique leninista. Esta fracción combatía por tres cuestiones principales: la política de la dirección en la Unión Soviética, el Comité anglo-ruso (1926) y la segunda revolución china (1925-1927).[148] La primera cuestión, que es la que interesa directamente en este apartado, estuvo referida a la burocratización del Estado y del partido, problema ya contemplado por Lenin en sus dos últimas cartas al Comité Central conocidas como su *testamento* y en el que sugería quitar a Stalin de la dirección del PC. Estas cartas fueron ocultadas por Stalin y dadas a conocer después del XX Congreso del PCUS.[149] En este caso la burocratización o no del Estado no significaba por sí misma un argumento para calificar de izquierda o de derecha al nuevo régimen, sino por sus implicaciones sociales en la lógica del proyecto revolucionario hacia su objetivo más importante: la construcción del socialismo, es decir la *tendencia* al igualitarismo en ese país, bajo el supuesto de que los trabajadores tendrían el poder. Al no ser ésta la situación y al descansar el poder de decisión sobre el futuro de la URSS en una persona, era lógico que hubiera críticas, pero no que éstas fueran silenciadas por métodos más propios de una dictadura que, si bien transformó sustancialmente al país heredado del zarismo, se fincó en la dominación de una elite sobre el resto de la sociedad en la que no debía haber oposición. Vale recordar que Stalin acusaba en 1939 a Trotski, a Bujarin y a otros opositores de ser "espías de los servicios extranjeros",[150] y que con esos argumentos llevó a cabo las grandes "purgas" y los "procesos de Moscú" que significaron cientos de miles de muertos y muchos más

[148] Véase Pierre Frank, *La quatrième internationale*, Paris, Maspero, 1969, p. 13,

[149] Para mayor extensión, véase Octavio Rodríguez Araujo, *Izquierdas e izquierdismo*, *op. cit.*, pp. 117 y ss.

[150] J. Stalin, *Cuestiones del leninismo*, México, Ediciones Sociales, 1941, p. 710.

prisioneros en campos de trabajos forzados.[151] Era el totalitarismo y, por cierto, las prisiones en campos de trabajo, aunque disminuyeron en número después de la muerte de Stalin, continuaron existiendo después por varios lustros más.[152]

Ahora que se conocen muchos de los crímenes de Stalin y de cómo liquidó a sus opositores, es probable que se acepte que Trotski y sus compañeros representaban a la izquierda y, por contraparte, que el primero mencionado representaba a la derecha pese a haber desarrollado considerablemente a su país. Me anticipo a decir que esta diferenciación no tiene bases maniqueas, pues modernizar un país, hacerlo progresar, por ejemplo en términos de industrialización, no ha sido ni es un atributo de la izquierda: Bismarck convirtió a Alemania, agrícola y todavía con características feudales, en un poderoso país industrial en muy pocos años y esto no significó que su gobierno fuera de izquierda. Hitler levantó también a Alemania de una crisis sin precedentes hasta convertirla otra vez en una potencia, por añadidura imperialista, y tampoco era de izquierda. Aún así, muchos pensaron (y quizá todavía piensan) que, por esas razones, el llamado régimen soviético bajo Stalin fue de izquierda y socialista.

Se suponía que en ese entonces la Unión Soviética transitaba del capitalismo al socialismo mediante la dictadura del proletariado, aunque Stalin ya hablaba de socialismo. Todos los estudios serios sobre la URSS demuestran que el proletariado no tenía el poder, sino el Partido Comunista. En realidad el poder lo tenía la burocracia del partido que era también la burocracia del Estado y, obviamente, no era esa la idea de la dictadura del proletariado. Como he indicado antes, siguiendo a Marx y Engels, la dictadura del proletariado debía ser el poder social de una clase mayoritaria sobre una minoritaria que antes ejercía el poder o, en términos de Miliband en su interpretación de Marx al respecto, la dictadura del proletariado "debe entenderse como todo menos un gobierno sin la mediación popular."[153] En los países de Europa central y oriental la

[151] Stalin justificaba sus acciones de la siguiente manera: "La parte más influyente y calificada de los antiguos intelectuales, ya en los primeros días de la Revolución de Octubre, se separó de la masa restante de la intelectualidad, *declaró la guerra al Poder Soviético* y abrazó el camino del sabotaje. *Sufrió por ello el castigo merecido, fue deshecha y dispersa por los órganos del Poder Soviético.*" *Ídem*, p. 717. (Las cursivas son mías.)

[152] Véase Tamara Deutscher, "Soviet Oppositions", *New Left Review*, London, número 60, marzo-abril 1970, pp. 52-58.

[153] Ralph Miliband, "Reflexiones sobre la crisis de los regímenes comunistas", en

situación era todavía más acentuada, pues incluso la burocracia dominante estaba sujeta, en muchos sentidos, a la de la URSS —sobre todo después de la condena de ésta a Tito en Yugoslavia (1948) y a quienes quisieron emularlo en el resto de las llamadas "democracias populares".[154]

Ya dije antes, en el capítulo "Dominción, desigualdad y democracia", que me interesa, más que el problema de los diversos planteamientos sobre la caracterización de las clases sociales y sobre la lucha de clases, el enfoque en términos de *interés de clase y dominación*, pues me parece que es el más apropiado para discutir el caso de los países de orientación socialista y el ejercicio del poder en estos.

Engels, en una carta a Konrad Schmidt,[155] señalaba que "la sociedad da origen a ciertas funciones comunes de las cuales no puede prescindir. Las personas elegidas para realizar estas funciones constituyen una nueva rama de la división del trabajo *dentro de la sociedad*. De esta manera adquieren intereses particulares, distintos también de los intereses de quienes los emplearon; se independizan de estos últimos, y he aquí el Estado." Para mi es muy elocuente el párrafo anterior ya que, obviamente, se refiere a los representantes de la sociedad en la esfera estatal y a la burocracia que de ellos resulta para llevar a cabo sus funciones. La expresión "adquieren intereses particulares" distintos a los de la sociedad que los eligió ("emplearon", decía Engels), quiere decir, en mi interpretación, que se crea una nueva capa social, con intereses comunes y a la vez contradictorios derivados de la posición que ocupa. ¿Pero esta burocracia y estos representantes de la sociedad en el Estado forman una clase social? Para autores no marxistas sobre las clases sociales, como Halbwachs, la burocracia, incluso los "funcionarios modestos" al servicio del Estado, forman si no una clase social sí parte de la que él llamaba clase media.[156] Pero siguiendo a Engels, quien no

Robin Blackburn (compilador), *Después de la caída (el fracaso del comunismo y el futuro del socialismo)*, México, Editorial Cambio XXI/Colegio Nacional de Ciencias Políticas y Administración Pública/Facultad de Ciencias Políticas y Sociales (UNAM), 1994, p. 33.

[154] Véase al respecto el análisis de Chris Harman, *Bureaucracy and Revolution in Eastern Europe*, London, Pluto Press, 1974, en especial los tres primeros capítulos.

[155] Londres, 27 de octubre de 1890, en C. Marx y F. Engels, *Correspondencia*, Buenos Aires, Editorial Cartago, 1973, p. 383. (Las cursivas en el original).

[156] Véase Maurice Halbwachs, *Las clases sociales*, México, Fondo de Cultura Económica (Colección Breviarios número 32), (2ª ed.), 1954, particularmente el capítulo v sobre la clase media.

precisara ni sugiriera que se tratara de una nueva clase social, resalta el hecho de que adquieren intereses particulares que, de suyo, serán diferentes a los de la sociedad que los eligió. En esta lógica, si a partir de sus cargos y puestos en la esfera estatal se hacen de medios de producción (fenómeno que en los países capitalistas es común que ocurra), tendrán un doble papel y al final dominará, al menos en su actitud, uno de estos dos papeles. Si por tratarse de un Estado no capitalista no pueden adquirir para sí medios de producción, sí podrán gozar, en cambio, de privilegios, atesorar ganancias (normalmente en el extranjero) y, eventualmente, hacer negocios fuera de su país, pero no podrán ser considerados como una clase en el sentido marxista del término; si acaso, una clase localizada *fuera de la relación principal de explotación* en el sistema, para usar la idea de Wright[157] que me parece muy sugerente, y que discutiré más adelante al analizar las consecuencias de las decisiones de la burocracia en la sociedad de los países supuestamente socialistas. Otro enfoque también sugerente, y a mi juicio no contrapuesto al anterior, es el de Therborn,[158] que me permito adaptar a mi interpretación, exculpando al autor de toda responsabilidad. Cuando los revolucionarios en Rusia destruyeron el aparato de Estado burgués, no fueron los trabajadores los que se hicieron de él, como tampoco la burguesía nacional ni la pequeña burguesía. Fue un sector más capacitado que el común de los obreros, en teoría su vanguardia y los especialistas, los que por razones técnicas y culturales, explicaría Lenin,[159] tenían que hacerse cargo del aparato de Estado supuestamente proletario. De aquí surgió la burocracia en el poder, como una capa social que no era proletaria en sentido estricto, ni burguesa. Esta capa terminó por ser dominante y por reproducirse a sí misma en función de sus propios intereses, intereses que se explicarán más adelante. Erik Olin Wright, en otro de sus libros,[160] intervino en este debate y mencionaba las condiciones que hicieron posible la reproducción y el fortalecimiento de la burocracia al mismo tiempo que se socavó "la capacidad política de la clase obrera." Y en su análisis comparativo de Weber con Lenin, en este mismo libro, llevó a cabo una notable

[157] Erik Olin Wright, *op. cit.*, pp. 89-90.
[158] Göran Therborn, *op. cit.*, p. 181, principalmente.
[159] Véase "Informe sobre el programa del partido" presentado por Lenin al VIII Congreso del PC (b) de Rusia, marzo de 1919, en V. I. Lenin, *Obras escogidas en tres tomos*, Moscú, Editorial Progreso, 1966, t. 3, particularmente pp. 181 y ss.
[160] Erik Olin Wright, *Clase, crisis y Estado*, Madrid, Siglo XXI de España, 1983, pp. 214 y ss.

síntesis de ambos autores sobre el tema: "*el poder burocrático se nutre de la incapacidad política de los no burócratas y la refuerza*". Para Weber "la categoría central de los no burócratas era la elite parlamentaria, y, por consiguiente, le preocupaba el problema de cómo desarrollar su capacidad política. En la teoría marxista, la categoría central de los no burócratas es la clase obrera."[161]

Se ha escrito, sí, sobre las clases sociales en estos países, incluso sobre clases sociales en la dictadura del proletariado cuando apenas era sólo una propuesta, es decir mucho antes de que existiera la Unión Soviética. Bakunin, por ejemplo, objetaba la dictadura del proletariado planteada por Marx en la Primera Internacional, sugiriendo que en aquélla habría gobernantes y gobernados, explotadores y explotados y una clase social formada por los dirigentes.[162]

Después del triunfo de la revolución y ya en la supuesta dictadura del proletariado, Lenin mismo aceptaba que en ésta "*han quedado* y *quedarán*" las clases, aunque cada una de ellas y las relaciones entre ellas se modificarían. "La lucha de clases —añadía Lenin— no desaparece bajo la dictadura del proletariado, lo que hace es adoptar *nuevas formas*". Vale decir que en esa época (1919), Lenin pensaba que el proletariado, "al derrocar a la burguesía y conquistar el poder político, se ha convertido en la clase *dominante*: tiene en sus manos el poder del Estado, dispone de los medios de producción ya socializados, dirige a los elementos y las clases vacilantes, intermedios, aplasta la resistencia de los explotadores, que se manifiesta con energía creciente".[163] ¿Qué nuevas formas adoptaría la lucha de clases en la dictadura del proletariado? Si bien el proletariado derrocó a la burguesía, ¿se convirtió en la clase dominante? ¿Tuvo realmente en sus manos el poder del Estado? ¿Dispuso en verdad de los medios de producción socializados? ¿Los medios de producción fueron socializados o estatizados?[164] Estas son las preguntas que debieron ha-

[161] *Ídem*, p. 219. (Las cursivas son mías).

[162] Véase M. Bakunin, "Socialismo sin Estado: anarquismo", en *Anarchist Archives; Marxists Internet Archive* (MIA), 1999. En español, MIA, 2001.

[163] V. I. Lenin, "Economía y política en la época de la dictadura del proletariado", en V. I. Lenin, *Obras escogidas en doce tomos*, Moscú, Editorial Progreso, 1977, t. X (junio de 1919-abril de 1920), p. 185. (Las cursivas en el original.)

[164] El artículo 5 de la Constitución de la Unión Soviética, 40 años después del triunfo de la revolución, establecía que "la propiedad socialista reviste en la URSS ya la forma de *propiedad del Estado* [...], ya la forma de propiedad cooperativo-koljosiana [en referencia al campo]. Ver *Constitución de la URSS*, Moscú, Ediciones en Lenguas Extranjeras, 1960.

cerse muchos observadores y analistas críticos de lo que ocurría en la Unión Soviética, pues era claro que fue más bien la burocracia la que tuvo en sus manos el aparato del Estado (y también el poder del Estado) y que la propiedad de los medios de producción terminó siendo, como propiedad estatal, administrada por esa burocracia partidaria y estatal (siempre en nombre, por supuesto, del proletariado).[165] Quizá, sin proponérselo, pues no tuvo vida suficiente para ver lo que ocurriría después en la URSS, Lenin tuvo razón al decir que la lucha de clases adoptaría *nuevas formas.*

Más adelante habría críticas, incluso debates sobre el papel de la burocracia en la Unión Soviética y si la burocracia era o no una clase social. Este debate, sólo en apariencia ajeno al tema que estoy desarrollando, ha sido muy importante y servirá para interpretar el fracaso del proyecto de construcción del socialismo que terminaría por conducir, de "regreso", al capitalismo. La responsabilidad de este proceso la tuvo la dirección del Estado soviético, es decir el poder, y no puede adjudicársele al resto de la sociedad, ni mucho menos a los trabajadores —que fueron expropiados políticamente al suplantarse la "dictadura del proletariado" por la dictadura del partido, o más bien por la dictadura de la burocracia. Este fenómeno no fue exclusivo de la Unión Soviética. El checoslovaco Jiři Pelikan decía que en toda Europa del este y no sólo en su país el partido se hizo cargo del Estado, del parlamento y de los sindicatos, en tanto que los trabajadores no tenían nada que hacer salvo seguir las instrucciones del partido.[166] Y añadió algo que a mi juicio es muy importante para el tema: "Yo pienso que esta fue la fuente de la crisis que apareció después. La clase obrera, que había sido muy activa antes de la guerra, durante la guerra y después de la guerra, fue sistemáticamente despolitizada por los dirigentes del partido. Los *slogans* del partido decían que desde que la clase trabajadora tenía el poder, el papel de los trabajadores era trabajar para incrementar la productividad [...] y que ésta sería la mejor contribución que podían hacer para la construcción del socialismo."[167] La idea de los

[165] El mismo Lenin, en su "Informe sobre el programa del partido", *op. cit.*, señalaba que "hasta hoy no hemos podido lograr que las masas trabajadoras puedan participar en la administración". Y las masas trabajadoras no lo lograron, entre otras razones porque la burocracia adoptó una propia dinámica en función de sus intereses.

[166] Este mismo diagnóstico lo hizo Boris Vuškovi, *op. cit.*, para el caso de Yugoslavia.

[167] Jii Pelikan, "The Struggle for Socialism in Czechoslovakia" (Interview by Quintin Hoare & Robin Blackburn), en *New Lwft Review*, London, número 71, Enero-Febrero 1972, p. 11.

soviets (consejos) de obreros y campesinos quedaron en el olvido; el poder de los trabajadores fue una ficción.

Interesa indagar si los dirigentes y gobernantes en los países llamados socialistas eran de izquierda o de derecha, esto es, si de verdad impulsaban políticas tendentes al igualitarismo social, económico y político en sus respectivos países al tiempo que hablaban de socialismo e incluso de "sociedad socialista desarrollada" y de "la primera fase de la formación comunista".[168] Sabemos que había dirigentes y dirigidos, gobernantes y gobernados, y que unos tenían privilegios y otros no. Pero ¿había clases sociales? ¿La burocracia del *Estado soviético* y de los demás países del centro y este europeo era una clase social? ¿El Estado era en realidad *soviético* (es decir compuesto por consejos de trabajadores) o simplemente se aceptó el nombre como también, para poner otro ejemplo, el de la República Democrática Alemana que nunca fue democrática?

La burocracia en estos países, no era, obviamente, la propietaria de los medios de producción, pero sí la *poseedora del control exclusivo de esos medios*, que debieron ser de la sociedad bajo el dominio de la dictadura del proletariado si ésta se hubiera materializado y no hubiera sido tergiversada por esa burocracia que sustituyó a los trabajadores, dominándolos. Por otro lado, los grupos dirigentes en los países llamados socialistas tampoco eran homogéneos en los últimos años, es decir en los años anteriores a la conversión de esos países en capitalistas y después de que Stalin impuso por la fuerza la uniformidad, que no igualdad.[169] Y esa heterogeneidad llevaría, sobre todo en el periodo llamado reformista, no sólo a divisiones dentro de la burocracia dirigente sino al surgimiento de una nueva capa social o, si se prefiere, a un nuevo grupo elitista competitivo, formado por expertos, tecnócratas, intelectuales que en varios de los países de Europa oriental, como hemos visto en el capítulo "En

[168] Al respecto puede verse el libro de E. Chejarin, *El sistema político soviético en la etapa del socialismo desarrollado*, Moscú, Editorial Progreso, 1975, cuyo título mismo, alrededor de nueve años antes de la *perestroika* de Gorbachov, nos revela qué tan lejos estaban los publicistas soviéticos de su propia realidad.

[169] Sobre estos grupos y sus diferencias, puede consultarse a Georg Brunner y Hannes Kaschkat, "Party, State and Groups in Eastern Europe", en Jack Hayward y R. N. Berki (Editors), *State and Society in Contemporary Europe*, England, Martin Robertson, 1979, especialmente pp. 108 y ss. Véase también, sobre la liquidación de la oposición en los países del este europeo —por instrucciones de Stalin—, a Chris Harman, *op. cit.* Y sobre la uniformidad impuesta por la URSS, véase la cita de Kural Kaplan en *Nova Mysl* (1968) que hace Harman en la p. 60.

Europa", formarían parte de la disidencia y luego del nuevo poder a partir de 1989, constituyendo "la primera politocracia poscomunista", para usar el término de Eyal, Szelényi y Townsley.[170] En la URSS, este proceso sería diferente: habría un traslape de grupos elitistas, no sin serios conflictos, que terminaría por definirse por los sectores más inclinados al capitalismo, es decir por la derecha de la derecha, que en este caso y por comparación entre las corrientes internas sería la ultraderecha (quiero recordar que estamos refiriéndonos a conceptos relativos).

Con conclusiones semejantes, Wright[171] nos ofrece otro enfoque: "Alvin Gouldner y otros —escribía— han argumentado que los beneficiarios de las revoluciones sociales en la historia no han sido las clases oprimidas del anterior modo de producción, sino 'terceras clases'. Muy notablemente, no fue el campesinado el que devino clase dirigente (*ruling class*) con la desaparición del feudalismo, sino la burguesía, una clase que estaba localizada fuera de la relación principal de explotación del feudalismo. Un argumento similar puede extenderse a los directivos-burócratas (*manager-bureaucrats*) con respecto al capitalismo y a los expertos con respecto al socialismo burocrático de Estado (*state bureaucratic socialism*): en cada caso estos constituyen rivales potenciales a la clase dirigente existente." Estas "terceras clases", originalmente *fuera de la relación principal de explotación* en el sistema, fueron las que después de las reformas desestalinizadoras, se fueron conformando no sólo en la URSS sino en otros países "socialistas", y son las que le dieron ese carácter de heterogeneidad a las burocracias dirigentes y a las oposiciones que surgieron, que se desarrollaron y que disputaron el poder en los últimos años antes de la caída del llamado comunismo.

No cabe duda que la lucha de clases, como decía Lenin, adoptaría nuevas formas.

*

Todo mundo ha aceptado, desde Lenin hasta Gorbachov, que los logros y fracasos de la Unión Soviética se han debido al papel del Estado, pero el Estado es una abstracción (real, añadiría Pierre Sala-

[170] Gil Eyal, Iván Szelényi y Eleanor Townsley, "La teoría del gerencialismo poscomunista", *New Left Review* (en español), Madrid, Akal, número 9, julio-agosto de 2001, p. 53.

[171] Erik Olin Wright, *Classes*, *op. cit.*, pp. 89-90.

ma[172]) cuya materialización última se dio con la burocracia dirigente, en el gobierno y en el partido. El debate sobre la caracterización de esa burocracia ha sido también importante por los argumentos esgrimidos, por las apreciaciones que se han tenido sobre la Unión Soviética y sobre el papel de los dirigentes en relación con los dirigidos.

En la "nota editorial" de los ensayos y cartas de Trotski recogidos bajo el título *En defensa del marxismo*[173] se menciona que Boris Souvarine, en 1925, llamó a la burocracia clase explotadora,[174] que el obrero francés Yvon, en 1937 escribió: "hay clases en la URSS: clases privilegiadas y clases explotadas, clases dominantes y clases dominadas",[175] que en 1938 se publicó la obra del yugoslavo Anton Ciliga, quien dijera que en la URSS, donde vivió varios años, había una nueva clase dominante y explotadora, formada por el funcionariado, los técnicos y los militares.[176] En este mismo libro de Trotski, en los anexos, hay dos artículos críticos a Craipeau y a las posiciones de James Burnham y Joseph Carter, quienes, como Yvon, consideraban a la burocracia soviética como una clase social. El artículo de Burnham y Carter fue publicado aproximadamente en 1937, al parecer con el título "The Managerial Class", que no he podido localizar salvo por menciones indirectas en Internet. El artículo de Craipeau también fue publicado en 1937. Más adelante, en 1939, apareció el libro *La bureaucratisation du monde* de Bruno Rizzi,[177] a quien le dedicó Trotski el mayor de los ensayos recogidos en su libro mencionado. Diez años después de Rizzi, George Orwell escribió su libro de ficción *1984*, en el que hablaba de tres capas sociales: el partido interior, es decir el aparato del partido que ha devenido la clase dominante; el partido exterior, es decir los intelectuales subordinados al partido interior (que tiene semejanza con la clase externa de Wright); y, en fin, los trabajadores, la clase más baja de la sociedad. Esta descripción sobre las capas sociales, obviamente en alusión a la URSS, ha sido demostrada por otros autores muy alejados de la

[172] Véase el desarrollo de este concepto en Gilberto Mathias y Pierre Salama, *El Estado sobredesarrollado*, México, Ediciones Era, 1986.

[173] León Trotsky, *En defensa del marxismo*, Barcelona, Editorial Fontamara, 1977.

[174] *Ídem*, p. 14.

[175] *Ídem*, p. 15.

[176] Algunas de las observaciones más importantes de Ciliga sobre la URSS y el surgimiento de la burocracia como poder, en Claude Lefort, *¿Qué es la burocracia?*, Francia, Ruedo Ibérico, 1970, capítulo v "El testimonio de Anton Ciliga", pp. 90-97.

[177] Traducido al español como Bruno Rizzi, *La burocratización del mundo*, Badalona, Ediciones Península, 1980.

ficción, como el filósofo alemán, Boris Meissner, especialista en el tema, quien dividiera a la sociedad soviética en cinco capas sociales, de las cuales la clase superior estaba constituida por los burócratas de alto nivel y por las elites muy especializadas.

En 1956, sorprendentemente, apareció un estudio de Nemchinov, académico soviético, intitulado "Cambios en la estructura clasista de la población de la Unión Soviética" que citó y criticó Ralf Dahrendorf en su famoso estudio sobre las clases sociales en la sociedad industrial.[178] Para Nemchinov, en la URSS no podía hablarse de clases sociales pues "la propiedad socializada hace imposible que los ingresos privados se conviertan en fuente de poder" (a lo cual podría agregarse que, sin embargo, no fue imposible que a partir del poder la burocracia pudiera tener ingresos privados). Y si bien aceptaba que "los criterios objetivos para la determinación de las clases sociales lo constituyen la situación de miembro de la sociedad por razón de profesión y tipo de ingresos", añadía que su determinación principal estaría dada por "la forma de propiedad dominante y el tipo de las relaciones de producción, en la que se hallan unos miembros individuales, respecto de otros miembros en un sistema determinado de trabajo dentro de la sociedad". Por lo mismo, a diferencia de otros autores, para Nemchinov la *intelligentsia*, los altos empleados técnicos y administrativos, los ministros, los funcionarios del partido y los directores de las empresas de producción, formaban un grupo social intermedio, y no una clase social.[179] Y Dahrendorf, en su crítica al autor soviético, decía: "si [...] los titulares de los puestos burocráticos superiores constituyen una clase en las sociedades occidentales, no se explica por qué en la Unión Soviética sólo constituyen un mero 'sector', una especie de representación de la clase obrera."[180]

En 1959 otro yugoslavo, Milovan Djilas, publicó *La nueva clase*, libro que ha servido de reflexión a otros autores.[181] En 1960 apareció en polaco un libro de Stawar, publicado en español 17 años después, titulado *Libres ensayos marxistas*.[182] En su capítulo sobre la

[178] Ralf Dahrendorf, *Las clases sociales y su conflicto en la sociedad industrial*, Madrid, Ediciones RIALP, 1962 (originalmente publicado en alemán en 1957).
[179] *Ídem*, pp. 116 a 119.
[180] *Ídem*.
[181] Milovan Djilas, *La nueva clase*, Buenos Aires, Editorial Sudamericana, 1961. En este libro Djilas se refería al nacimiento de "una clase nueva hasta entonces desconocida en la historia", identificada con la burocracia política, pp. 44-45.
[182] Andrezej Stawar, *Libres ensayos marxistas*, México, Editorial Era, 1977.

burocracia soviética el autor escribía que "el aparato del Estado defiende [...] sus intereses contra esa masa y ocupa el lugar de las antiguas clases explotadoras." Y añadía que "las oposiciones sociales se reproducen sobre una nueva base: los mandarines que reciben ventajas económicas suplementarias, gracias a su ejercicio del poder y de la vigilancia, se oponen a la masa de la población que está subordinada a ellos".[183]

Voslensky citaba al checoslovaco Ota Šik, antiguo ministro de economía con Dubček, quien decía que el análisis de Djilas era justo, y concluía que "la burocracia del partido ha devenido la única clase social dominante en los países donde reina el monopolio de Estado". También citados por Voslensky, Andrei Amalrik[184] mencionaba la existencia de una clase privilegiada de burócratas, al igual que el filósofo ruso, ahora emigrado, Nicolai Berdiaiev. Para Jacoby, en su libro de igual título que el de Rizzi, *La burocratización del mundo* (publicado originalmente en alemán en 1969), la burocracia estatal dominaba a toda la sociedad soviética, y el partido "se convirtió en aparato esencial del dominio burocrático. El poder político —añadió— se concentró en manos del secretario general del Partido."[185] Para Jacoby la burocracia soviética era una clase social.[186]

Unos años después, en 1977, Rudolf Bahro, de Alemania oriental, publicó en Alemania Occidental, *La Alternativa* (libro editado en español en 1979). En este libro, y a diferencia de la opinión de Jacoby, explicaba el dominio de la burocracia tanto en el Estado como en el partido, especialmente en éste, cuya burocracia logró sobreponerse a la del Estado.[187] Esta burocracia, nos explicaba Bahro, hablaba en nombre de la clase obrera no sólo sin representarla sino evitando que ésta tuviera representación ("los sindicatos no son ya *sus* asociaciones [de los trabajadores], sino asociaciones *para ellos*", y lo mismo podría decirse del partido y del Estado). El

[183] *Ídem*, p. 51.

[184] Disidente soviético que previó la caída de la URSS para 1984 en un libro precisamente titulado *Will the USSR Survive Until 1984?*, citado por Tamara Deutscher, *op. cit.*, p. 55.

[185] Henry Jacoby, *La burocratización del mundo*, México, Siglo XXI Editores, 1972, p. 199.

[186] *Ídem*, p. 202.

[187] Rudolf Bahro, *La alternativa*, Barcelona, Materiales, 1979, p. 280. Castoriadis observaba que en la URSS el partido debía "existir para la burocracia y no la burocracia para el partido." Cornelius Castoriadis, *La societé bureaucratique*, T. 2 *(la révolution contre la bureaucratie)*, Paris, Union Générale d'Éditions 10/18, 1973, p. 170.

burocratismo, escribía Bahro, "hace tiempo que ha dejado de ser una mera forma externa, sobrepuesta. Se ha convertido en la forma de existencia política en alguna medida natural de un gran grupo de personas con intereses particulares muy determinados y que ha cristalizado en torno a las raíces, el tronco y las ramas del aparato de poder. [...] Este grupo social comprende en lo esencial la ocupación de las *instancias oficiales principales* en toda la pirámide política, estatal y 'social' de dirección, incluyendo las ramas militares, policial e ideológica, o sea, precisamente el extenso funcionariado del partido, el Estado y la economía en el sentido más amplio".[188]

Voslensky, tres años después del libro de Bahro, denominaría a ese funcionariado, a esa "politburocracia", *nomenclatura.* Tituló su libro *La nomenclatura. Los privilegiados en la URSS,*[189] y explicaba que "en la lengua burocrática soviética corriente, 'nomenclatura' significa: 1] Lista de puestos de dirección de la jurisdicción de las autoridades superiores. 2] Lista de personas que ocupan esos puestos o que están en reserva para esos puestos.[190] Para Voslensky la nomenclatura era una clase.[191] "El grupo de los 'dirigentes' —escribía— constituye en la URSS una clase, una clase de la sociedad soviética que se disimula. En la medida en que el lugar de esta clase en el sistema de producción social es *preponderante,* en que ella *dispone* de los medios de producción, en que su papel en la organización social del trabajo es *director,* se trata de la *clase dominante* de la sociedad soviética, cosa que se le oculta al mundo."[192] Jean Elleinstein, en su prólogo al libro de Voslensky, decía que "la nomenclatura no es una clase banal. Ella dispone de un poder sin precedente en la historia, puesto que ella es el Estado mismo".[193]

Djilas decía, refiriéndose a los países llamados comunistas, que "es la burocracia la que usa, administra y controla oficialmente tanto la propiedad nacionalizada y socializada como la vida entera de la sociedad. El papel de la burocracia en la sociedad, es decir la administración monopolista y el control de la renta y los bienes nacionales, le da una posición especial privilegiada. Las relaciones sociales

[188] *Ídem,* p. 277 (las cursivas son del original).
[189] Michael Voslensky, *La nomenklatura. Les privilégiés en U.R.S.S.,* Paris, Pierre Belfond, 1980.
[190] *Ídem,* p. 76.
[191] Se calcula que para 1980 la nomenclatura estaba formada por un cuarto de millón de personas.
[192] *Ídem,* p. 40 (las cursivas en el original).
[193] *Ídem,* p. 24.

se parecen a las del capitalismo de Estado, tanto más por cuanto la industrialización se realiza no con la ayuda de capitalistas, sino con la ayuda de la maquinaria estatal. En realidad esa clase privilegiada realiza esa función utilizando la maquinaria del Estado como una cubierta y un instrumento".[194] Rizzi, en esta misma lógica, decía que, "para nosotros, de la Revolución de Octubre y de su reflujo, ha salido una nueva clase dirigente: la burocracia [...] Poseer el Estado le da a la burocracia la propiedad de los medios de producción, que es colectiva y no ya privada, que pertenece *in toto* a la clase dirigente".[195] Y más adelante escribía: "¿Quién dirige la economía? ¿Quién prepara los planes quinquenales? ¿Quién señala los precios de venta? ¿Quién decreta las obras públicas, las construcciones industriales, etc., sino la burocracia soviética? Y si la propiedad no estuviera a disposición de ésta, ¿a disposición de quién iba a estar? ¿Quién está encargado de la distribución de la plusvalía? ¿Acaso la burguesía zarista, muerta y enterrada? ¿El imperialismo mundial? ¿El proletariado ruso?"[196] Y se contestaría afirmando: la burocracia, "no ya como clase capitalista, sino como clase burocrática". "En la sociedad soviética —escribía Elleinstein— los explotadores no se apropian el plusvalor directamente como lo hace el capitalista cuando se embolsa los dividendos de su empresa. Ellos lo hacen indirectamente por medio del Estado que ingresa el monto global del plusvalor nacional y lo distribuye entre sus funcionarios."[197] Pero aun así, diría Trotski, esa burocracia no era propietaria del Estado ni de los medios de producción, supuestamente de la sociedad, pero realmente estatales. Lo que él decía en *La revolución traicionada* era que "todos los medios de producción pertenecen al Estado y el Estado, *en cierta medida, a la burocracia*", y para Trotski la clave de su expresión era "en cierta medida". En su crítica a Craipeau, Trotski advertía de una diferencia importante entre la burocracia nazi en Alemania y la burocracia en la Unión Soviética. Y añadía: "Podemos decir, por la vía de la argumentación lógica: si la burocracia fascista consiguiera imponer cada vez más al capitalismo su disciplina y las restricciones que de ella se desprenden sin encontrar resistencia real, se transformaría gradualmente en una nueva 'clase' dominan-

[194] Milovan Djilas, *op. cit.*, p. 42. La noción de capitalismo de Estado, como ya se señaló antes la utilizó también Charles Bettelheim, *op. cit.*
[195] Bruno Rizzi, *op. cit.*, p. 55.
[196] *Ídem*, p. 79.
[197] Jean Elleinstein, "Prólogo" a Voslensky, *op. cit.*, p. 20.

te, absolutamente análoga a la burocracia soviética. Pero el Estado fascista no pertenece a la burocracia más que 'en cierta medida'... Si Hitler intenta convertirse en propietario del Estado y, con ello, convertirse en propietario de la propiedad privada, completamente y no ya sólo 'en cierta medida', se topará con la oposición violenta de los capitalistas...".[198] Pero en la URSS no había capitalistas, por lo que tampoco podía darse una "oposición violenta" de estos si la burocracia intentara, cosa que logró, convertirse en propietaria del Estado, "*en cierta medida*" —concedamos.

En síntesis, del análisis anterior pareciera que no ha habido acuerdo sobre si la burocracia soviética era una clase social o no; sin embargo, con éste u otro nombre se insinuaba su caracterización como clase, al aceptarse que esa burocracia se apropiaba una parte de la renta nacional, que sería un poco la concepción weberiana de clase social definida, no por los modos de posesión (*Besitzklassen*, en alemán), sino por los modos de adquisición (*Ewerbsklassen*).[199] Atrás del debate sobre la caracterización de la burocracia dirigente estaba el punto esencial: no se estaba construyendo el socialismo, es decir las condiciones para un cierto igualitarismo o, para decirlo en términos marxistas ortodoxos, la desaparición de las clases sociales.

Mi conclusión, a partir de Löwy, pero reinterpretándolo, es que sí había clases sociales en los países llamados socialistas; *nuevas clases*, pues se ubicaban tanto en el proceso de producción, puesto que lo dirigían y se beneficiaban de él, como en relación con instancias extraeconómicas de la estructura social, es decir en lo político.[200]

*

Elleinstein señalaba algo que a mi juicio era muy importante, particularmente por el momento en que escribía su prólogo al libro de Voslensky: "Se puede afirmar que la existencia de esta clase dominante y explotadora constituye un obstáculo, un freno al desarro-

[198] León Trotsky, *En defensa...*, *op. cit.*, p. 234.

[199] Véase al respecto a Georges Gurvitch, *Teoría de las clases sociales*, Madrid, Editorial Cuadernos para el diálogo, 1971, p. 141.

[200] Löwy decía, en relación con los intelectuales, que éstos "no son una clase sino una *categoría social*; no se definen por su lugar en el proceso de producción sino por su relación con instancias extraeconómicas de la estructura social; igual que los burócratas y los militares se definen por su relación con lo político, así los intelectuales se sitúan por su relación con la superestructura ideológica." Véase Michael Löwy, *Para una sociología de los intelectuales revolucionarios*, México, Siglo XXI Editores, 1978, p. 17.

llo de las fuerzas productivas."[201] Si es correcta esta afirmación de Elleinstein, entonces no podemos decir que la burocracia soviética fuera precisamente de izquierda, pues en una economía no capitalista, supuestamente socialista, no debería existir la explotación del trabajo ni freno al desarrollo de las fuerzas productivas, freno que, junto con la explotación del trabajo, atentó contra el bienestar de la sociedad y añadió serios cuestionamientos a la supuesta tendencia hacia el igualitarismo social del régimen.[202]

(Según el historiador Mourin[203] las promesas de mejoramiento de la condición material del pueblo, expresadas desde la cúpula del poder en 1929, no fueron cumplidas y el resultado fue un mayor endurecimiento de las políticas gubernamentales, como por ejemplo la prohibición a los obreros para desplazarse de una región a otra o la prisión a los trabajadores del transporte que se indisciplinaran (y pena de muerte si la indisciplina era premeditada). En 1931, continuaba Mourin, se instituyó el carnet de trabajo, el establecimiento fijo y por oficio de la residencia de los trabajadores, el retiro del carnet de compra en las cooperativas por un día de ausencia no justificada en el trabajo y, a partir de 1932, la exigencia de un pasaporte interior que establecía una visa para cualquier ausencia del lugar de residencia por más de 24 horas. El Estado policíaco, confirmado con la Constitución de 1936,[204] habría de ser la constante, así como las depuraciones incluso en el Partido Comunista, situación que se endurecería todavía más a partir del asesinato de Kirov, lugarteniente de Stalin en Leningrado, en 1934, y particularmente en 1937 y

[201] En Voslensky, *op. cit.*, p. 22.

[202] La situación descrita por Elleinstein tiene antecedentes en los años finales de los 20. Con el Primer Plan Quinquenal (1928-1932) se llevó a cabo la colectivización de la agricultura; sin embargo, la producción no aumentó de acuerdo con las metas del Plan. Ciertamente la industria pesada rebasó las previsiones, pero a costa de la industria ligera, de otros sectores económicos y del consumo de la población. Esta situación se mantuvo hasta la muerte de Stalin e incluso después, salvo en el periodo de la guerra durante el cual el énfasis se puso en la producción de armamentos, que era lo lógico.

[203] Maxime Mourin, *op. cit.*, pp. 382 y ss.

[204] Constitución que, si bien establecía formalmente las libertades de conciencia, de palabra, de prensa, de reunión y de manifestación, declaraba como enemigo del pueblo a cualquiera que atacara la propiedad socialista o fuera negligente en su vigilancia. Véase, además de Mourin, p. 387, Comisión del Comité Central del P. C. (b) de la URSS, *Historia del Partido Comunista (bolshevique) de la U. R. S. S. (compendio)*, Moscú, Ediciones en Lenguas Extranjeras, 1939, p. 405. ("bolshevique" en el original).

1938.[205] En la economía, por otro lado, la situación no mejoró: la industrialización a toda costa, exitosa en muchos sentidos, llevó no sólo a la desincentivación de la producción en el campo, sino al hambre generalizada, sobre todo entre la población rural.)

Los señalamientos de Elleinstein habrían de dar pie, aunque no se lo propusiera, a uno de los puntos centrales de las reformas de Gorbachov. Abel G. Aganbeguian, el primero de los consejeros económicos de Gorbachov, señalaba que "en este momento [1987] el sistema administrativo de dirección y de gestión de la economía [en manos de la vieja burocracia] se ha transformado plenamente en un mecanismo de freno de nuestro desarrollo" y "el nivel de vida ha dejado de aumentar".[206]

De lo mencionado anteriormente se puede llegar a una conclusión irrefutable: independientemente de si la burocracia era una clase *sui generis* o una "categoría social", como la llamó Löwy, lo cierto es que había una burocracia política que, desde el aparato del Estado y del partido, no sólo dirigía a la sociedad entera (y el proceso de producción) sino que la dominaba, sin permitir o sin importarle cubrir las necesidades crecientes de la población —para no hablar del socialismo. Esa burocracia, sobre todo en el largo periodo de Brézhnev, habría de convertirse en la nueva derecha de la Unión Soviética y también de los otros países llamados socialistas de Europa dominados por aquélla. Fue una burocracia que ciertamente, como decía Nemchinov, no obtuvo su poder de los ingresos privados de una economía socializada (que más bien fue estatizada), pero que sí obtuvo beneficios y privilegios al ejercer el poder. Fue una burocracia que, impedida para vender las empresas estatales, usufructuaba los beneficios de éstas y de su administración y gestión que, muy probablemente, dado el ambiente de corrupción existente e innegable, capitalizaba para su provecho personal (cuando se confiere a un burócrata el poder de repartir, decía en alguna parte Trotski, nunca se olvida de sí mismo). Las mafias rusas, por ejemplo, y que ahora son famosas por su fuerza económica, no surgieron ni podían surgir por generación espontánea a los pocos meses del

[205] Además de Mourin, véase Elizabeth Wiskemann, *La Europa de los dictadores, 1919-1945* (5ª edición), México, Siglo XXI Editores [1966 en inglés], 1983, pp. 148 y ss., donde la historiadora dice: "La muerte de Kirov convirtió a Stalin en el monstruo de las grandes purgas."

[206] Abel G. Aganbeguian, *Perestroïka, le double defi sovietique*, Paris, Economica, 1987, p. 31.

vuelco al capitalismo de la URSS. De alguna manera tenían que haberse gestado anteriormente, en el mercado negro, en los circuitos cerrados de bienes de consumo, en el control de la prostitución y la droga, etcétera. Putin (quien por su paso por la KGB, y posteriormente como director del Servicio Federal de Seguridad —durante el gobierno de Yeltsin— debió saber mucho de lo que ocurría en las altas esferas de la Unión Soviética y de Rusia después), declaró en alguna ocasión, en ese estilo coloquial que a veces lo caracteriza: "¿Acaso creían que la población rusa era indiferente al comportamiento de esos oligarcas que, *tras repartirse los bienes del Estado*, dirigían sus avionetas cargadas de "fulanas" (*blyad)* hacia la Costa Azul?"[207]

Aganbeguian explicaba los cambios propuestos por la llamada *refundación* o *reestructuración* de Gorbachov, conocida como *perestroika.* Estos cambios, es decir la *perestroika*, debían ser acompañados por otras dos políticas muy importantes: la *ouskorenie* (aceleración) y la *glasnost* (transparencia y apertura, pero no libertad absoluta de expresión). En su libro, este autor hace un balance de la economía, de la industrialización, de la producción en el campo, de los niveles de vida del pueblo soviético. En todos estos rubros se detectó una fuerte caída en los anteriores 15 años o más, un gran desperdicio de recursos, irracionalidad administrativa y una dirección altamente centralizada que dictaba medidas económicas y políticas sin conexión con la realidad de cada empresa, koljós, sovjós[208] o con la población semi rural o urbana. Indirectamente Aganbeguian situó la responsabilidad del fracaso económico, de la baja productividad, de los altos costos para el país y de la disminución de la calidad de vida del pueblo, en la burocracia de más alto rango y en el hecho de que esta burocracia llevaba a cabo una gestión meramente administrativa sin tomar en cuenta a la economía. Asimismo, criticaba que las decisiones se tomaran de manera centralizada y que fueran impuestas. "Los métodos administrativos de gestión —decía—, se han fundado sobre las directivas del plan de Estado que, cada año, es impuesto a la base desde lo alto. Este ha sido el fundamento del

[207] Citado por Pilar Bonet, "Putin, el nuevo amigo de occidente", *El País Semanal*, Madrid, 9 de diciembre de 2001. (Las cursivas son mías.) Puede consultarse en <http://www.iespana.es/rusiaonline/Nivel2/4Lecturas/Lecturas_archivos/amigo_Occidente.htm>. La biografía de Putin puede consultarse en <http://www.cidob.org/bios/castellano/lideres/p-017.htm>.

[208] Koljós, propiedad agrícola colectiva. Sovjós, gran explotación agrícola administrada por el Estado. Para mayor extensión, Maxime Mourin, *op. cit.*, pp. 380-382.

sistema de dirección económica por mandato y órdenes. Se tiene la intención de desembarazarse de este sistema y de renunciar a las directivas de un plan impuesto imperativamente."[209] La *perestroika* sugería cambiar las cosas, y sustituir la gestión administrativa por la económica, bajo criterios de desconcentración y descentralización. Se hacía énfasis en el desarrollo de la democracia económica, la planificación y el centralismo realmente democrático, con transparencia, con libertad de prensa y de expresión, con sindicatos libres, etcétera. ¿En qué consistía la *reforma radical de gestión*? Aganbeguian contestaba de la siguiente manera: "Ella no consiste en renunciar a tal o cual conquista del socialismo. [...] Se trata, ante todo, de respetar principios tales como la supremacía de la propiedad socialista del pueblo entero, el desarrollo planificado y proporcional, la división del trabajo, el principio del centralismo democrático en la organización de la gestión, la intensificación de la producción mercantil y de las relaciones de negocios y monetarias, etcétera."[210] En otras palabras, modernización científica, tecnológica, de gestión, y democracia y autogestión como condiciones indispensables para la *refundación*.[211]

Al margen de los eufemismos propios de quien fuera un funcionario importante en el Estado soviético, queda claro que las reformas de Gorbachov afectarían enormes intereses de la alta burocracia de ese país. Quienes se sintieron amenazados, sobre todo por la *perestroika* y por la *glasnost*, habrían de conformar la principal oposición al gobierno.[212] Ésta y otras oposiciones habrían de manifestarse gracias a la *demokratizatsiya* (una suerte de democratización) que abría las posibilidades de elegir, entre varios candidatos, a quienes debieran ocupar cargos locales en el partido, en el gobierno y en las legislaturas también locales. Estas reformas no permitían, al principio, la formación de partidos, pero poco a poco se fueron conformando grupos políticos tolerados que se irían convirtiendo, algunos de ellos, en nuevos partidos políticos, particularmente a partir de 1988. Los reformistas tendrían mayores oportunidades de expresión, y entre éstos los liberales pero también la oposición en

[209] Abel G. Aganbeguian, *op. cit.*, p. 124.
[210] *Ídem*, p. 123.
[211] *Ídem*, p. 68.
[212] Al descentralizar las decisiones económicas y al racionalizar la administración de la economía y concretamente de la producción, Gorbachov afectó intereses de la burocracia central y de las principales empresas.

las repúblicas de la URSS. Para 1987 hubo movimientos independentistas en las repúblicas del Báltico: Estonia, Lituania, Letonia, no sin respuestas enérgicas del gobierno central. Lo mismo ocurrió en el sur, en las repúblicas transcaucásicas.

Las reformas de Gorbachov, al menos formalmente, tenían varias intenciones, unas implícitas y otras explícitas: marginar o neutralizar a la vieja burocracia (lo cual significaba quitarle privilegios)[213] y darle el poder a los tecnócratas (más jóvenes en general), reimpulsar las fuerzas productivas y racionalizar la economía,[214] incentivar la participación de los trabajadores en las decisiones económicas y transparentar, en un ambiente democrático hasta entonces inexistente, la gestión pública. En los hechos, la *perestroika* conducía a la privatización de la propiedad, a estimular el espíritu empresarial y, desde luego, a terminar con el monopolio estatal de la economía, como explícitamente declarara el mismo Gorbachov a los soldados de Odessa el 18 de agosto de 1990.[215]

Blackburn, desde mediados de 1991 (meses antes de la desaparición de la URSS), hacía referencia a las reformas económicas en los países "socialistas" que comenzaron a introducir empresas con intereses propiamente mercantiles que, para su desgracia, no sólo funcionaron deficientemente, tanto en productividad como en beneficios para los consumidores, sino que generaron desigualdad y desempleo. Y advertía que "con el [...] 'socialismo de mercado' existe el riesgo de que la noción de propiedad social se torne demasiado débil y difusa, conduciendo ya sea a la ineficiencia y negligencia o a la explotación egoísta de una posición privilegiada o del acceso a recursos privilegiados". Y añadía, pienso que con acierto, que "la privatización a gran escala, que lleva de nuevo al capitalismo, puede reducir la ineficiencia, pero *agravaría* el problema de la desigualdad y la injusticia".[216] De aquí que la *Nueva Izquierda* soviética se opusiera a la privatización sin oponerse de manera general al "mercado", indicaba Blackburn, y citaba el caso de una declaración

[213] Entre los cambios llevados a cabo por Gorbachov, se puede citar el ejemplo de la sustitución total del equipo de Relaciones Exteriores anterior a su gobierno.

[214] Esta racionalización implicó una reducción drástica del gasto militar. Véase al respecto Anne de Tinguy, "[Union soviétique] Politique étrangère: un nouveau départ après le retrait d'Afghanistan", en Thomas Schreiber y Françoise Barry (dir.), *op. cit.*, p. 77.

[215] Diario *La Jornada*, México, 19 de agosto de 1990.

[216] Robin Blackburn, "*Fin de siècle*: el socialismo después de la caída", en R. Blackburn (compilador), *op. cit.*, p. 201. (Las cursivas son mías.)

del Partido Socialista Soviético en la que se decía que "las relaciones de mercado son necesarias, pero no deben convertirse en el principal regulador de la economía y la vida social. El mercado debe representar el papel de un mecanismo regulador, facilitando la capacidad de respuesta de la economía, pero sus acciones no deben extenderse a la esfera extraeconómica y no deben determinar las prioridades de desarrollo".[217]

Propuestas como la anterior fueron ignoradas, salvo por el Partido Comunista de la Federación Rusa (fundado en junio de 1990 y dirigido por Ziuganov [218]), entre otras razones porque las "nuevas clases políticas" de expertos, especialistas, ex *yuppies* comunistas y democratizadores más liberales que socialistas, por un lado, fueron proclives al capitalismo, sin pensar o discutir otra opción, y porque los sobrevivientes de las burocracias civiles y militares, por otro lado, quisieron mantener el poder: unos en contra de posiciones pro occidentales, y otros a favor.

Desde 1987 se había abierto la economía a las empresas conjuntas (*joint ventures*) con capitales extranjeros, primero minoritarios y luego mayoritarios y bajo control y dirección de éstos, lo que con el tiempo, para 1990, llevaría a la pérdida gubernamental del control de buena parte de las condiciones económicas de la URSS. La consecuencia fue una disminución sensible del PIB y un aumento considerable de la inflación para mediados de 1991.[219] El consumo de la población habría de disminuir todavía más de lo que tradicionalmente había sido, pues nunca fue una de las prioridades de los gobiernos soviéticos. La inflación habría de aumentar a 2 500 por ciento en 1992, 847 por ciento al año siguiente y 250 en 1994. El resultado fue que, para 1997, 21 por ciento de la población vivía por debajo de la línea de pobreza, cifra que aumentó a cerca de 40 por ciento en 1999, mientras un número muy reducido de "nuevos rusos" (entre 1 y 2 por ciento de la población total) vivía con grandes comodidades e incluso en la opulencia. Más de la mitad de

[217] *Ídem*, pp. 212 y 233n.

[218] Véase <http://www.nns.ru/e-elects/e-persons/zyugan.html. Véase también el programa mínimo del Partido Comunista de la Federación Rusa en "Las diez tesis de Guennadi Ziuganov", *Pravda rossii*, traducido al español en *rebelión.org*, 17 de agosto de 2003>.

[219] Para J.Denis Derbyshire y Ian Derbyshire, una de las consecuencias de la transición al capitalismo en los países de Europa central y oriental fue "una severa contracción del PIB regional y nacional de por lo menos 20%, entre 1989 y 1994", además de un gran incremento de la inflación y del desempleo. *Op. cit.*, p. 247.

estos multimillonarios fueron anteriormente miembros de la *nomenclatura* de la antigua Unión Soviética o funcionarios y técnicos de alto nivel de las empresas, razón por la cual tuvieron información privilegiada en el proceso de privatización. En 1997, 82 por ciento de las empresas rusas habían pasado a manos privadas. La economía se concentraba y se concentra en Moscú.[220]

Las desigualdades sociales y económicas que generó el vuelco brutal al capitalismo poco tienen que ver con las existentes en la antigua URSS. Aunque ineficiente en muchos sentidos, la seguridad social estaba garantizada en la Unión Soviética. Por varias décadas los rusos no tuvieron que preocuparse del empleo, de la salud, del precio de la vivienda, de la comida, del vestido, del transporte, de la educación. Había diferencias, un relativo estado generalizado de pobreza, y al mismo tiempo un sector minoritario de la población con privilegios que sin duda ejercía diversas formas de dominio sobre el resto; pero esa situación, en teoría, no guarda proporción alguna con las desigualdades actuales. Muchas de las prestaciones que tenía la población soviética han sido canceladas o disminuidas. Ahora hay libertades, cierta democracia (todavía limitada por comparación con los países de Europa occidental[221]), pero la tendencia al igualitarismo, que comenzaba a disminuir a partir de los años 70 del siglo pasado, fue sustituida de golpe por su contrario. La dominación existente hasta 1991 fue reemplazada por otra sin la seguridad social anterior que, por cierto, en los últimos años de la Unión Soviética ya estaba en crisis.

Una vez más se puede afirmar que la democracia, por sí misma, no disminuye las desigualdades sociales de una población. La economía de mercado, sin intervención reguladora del Estado, menos. Pero, por otro lado, no se puede afirmar que políticas tendentes al igualitarismo (de un supuesto socialismo), por ejemplo basadas en prestaciones sociales, signifiquen que no existan formas de dominación y que éstas, más los privilegios inherentes al control del Estado y de las empresas estatales, hayan dejado de existir. Y si hay dominación (democrática o no), hay desigualdad (y más si la domi-

[220] Mark R. Beissinger, "Russia", en Joel Krieger (Editor in Chief), *The Oxford Companion to Politics of the World*, (2nd. Edition), New York, Oxford University Press, 2001, pp. 745-746. Véase también con datos más actualizados, "Russia", *The World Factbook 2002*, CIA, Internet.

[221] Para mayor extensión, con información de 2002, véase Myriam Désert, "Rusia", *El estado del mundo*, 2003, *op. cit.*, pp. 522-529.

nación es antidemocrática), y si unos tienen privilegios y otros no, también hay desigualdad, aunque se trate de un país en donde las necesidades básicas de la población hayan estado o estén garantizadas mediante políticas estatales. La opresión (o la dominación) es incompatible con el marxismo y con el socialismo, aunque se pueda aceptar, como diría Mandel, que se trata de un régimen opresor "históricamente progresista comparado con el régimen que ha reemplazado".[222]

Reformas semejantes a las de la URSS también se llevaron a cabo en la mayoría de los otros países "socialistas" de Europa. Szelényi, en referencia a estos países, señalaba que la vieja burocracia "se había venido abajo" y que, ante la ausencia de una burguesía nacional, los únicos contrincantes serios para sustituirla, como también señalara Wright, serían los miembros de la *intelligentsia* y los *yuppies* comunistas, una "nueva clase política" que, a principios de 1990 (es decir como países ex comunistas), presentaba ya luchas de poder y por el poder entre sus facciones.[223] Pareciera que tal como lo ha dicho Szelényi la expresión no fuera del todo exacta, pues en algunos países la sustitución de altos y medios funcionarios fue mínima, como ocurrió en el caso de la misma URSS-Rusia, Eslovaquia, Moldavia, Lituania y de alguna manera Letonia en sus primeros años de independencia (ya que el entonces influyente partido Camino Letón-*Latvijas Cels* estuvo formado por un buen número de ex comunistas[224]), sin embargo la *descomunización* propiamente dicha sólo se llevó a cabo en la República Checa, en Alemania del este y en Estonia. En los otros países las nuevas elites dirigentes fueron ex comunistas o miembros de la tecnocracia de afiliación comunista (los *yuppies*).

En los primeros años del vuelco al capitalismo debió parecer sorprendente la gran cantidad de partidarios de este sistema económico y de las libertades que en general se les negaban en nombre del socialismo-comunismo. Y más sorprendente debió parecer puesto que tenían que haber pasado desapercibidos incluso para

222 Ernest Mandel, "On the Nature of the Soviet State", *New Left Review*, London, número 108, marzo-abril 1978, p. 29.

223 Iván Szelényi, "¿Los intelectuales en el poder?, en Robin Blackburn (compilador), *op. cit.*, p. 253.

224 J. Denis Derbyshire y Ian Derbyshire, *op. cit.*, p. 293. Posteriormente el *Latvijas Cels* fue disminuyendo su votación hasta pasar de 18.4% en 1998 a 4.9% en 2002. Véase <http://www.parties-and-elections.de/latvia.html>.

cuerpos de espionaje tan rigurosos como la policía secreta de la antigua Checoslovaquia, la StB (*Statni Bezpecnost*), o la temida *Stasi* o Ministerio de Seguridad del Estado (*Ministerium für Staatassicherheit*) de Alemania oriental. Pero esos opositores existían, y se expresaron de diversas maneras, quizá por primera vez (con contadas excepciones), cuando las condiciones políticas se flexibilizaron según la circunstancia de cada país y cuando la Unión Soviética no sólo inició su democratización sino que explícitamente dejó de intervenir militar y políticamente en otros países, en especial a raíz de su retiro de Afganistán.

Los nuevos gobernantes de los países "ex comunistas" siguieron distintas estrategias económicas, pero todas ellas dirigidas a la implantación de la economía de mercado, en algunos casos como continuidad de un proceso previo en este sentido, como fue el caso de Hungría, más gradual que en otros países, y en otros casos mediante cambios bruscos (terapia de shock, se le llamó), como Polonia. El llamado socialismo pasó a formar parte de los registros históricos, y la nueva derecha, que se venía incubando a pesar de las restricciones impuestas desde el poder, habría de dominar el escenario de estos países hasta la fecha. Quizá podría sugerirse la hipótesis teórica de que si los cambios políticos demandados contra la dominación de la burocracia se hubieran realizado a tiempo, es decir cuando fueron planteados por Trotski en la URSS en los años 30, por Nagy en Hungría en 1955-1956, por Dubček desde 1966 en Checoslovaquia, la construcción del socialismo seguiría siendo una tendencia avalada por amplios sectores de la población de esos países. En 1972 lo señalaba Jiři Pelikan: "yo podría decir que el 'nuevo curso' en la primavera de 1968 fue, de hecho, dirigido más a la democratización que a la liberalización. La oposición estaba unificada en la lucha contra Novotny [...] Parte de esta oposición, por supuesto, sólo quería cambios en el personal y mejorías en los métodos de trabajo del partido [...] Pero había una minoría, que incluiría a Smrkovsky, Kriegel, Šik, Špacek, etc., que pronto supo que el reemplazo de Novotny por cualquier otro no sería suficiente, y que eran necesarios cambios estructurales reales para regresar a los orígenes, para renovar el socialismo como poder del pueblo...".[225] La invasión soviética rompió con esos anhelos y quizá también con esa tendencia de la oposición, todavía inscrita en la lógica de la construcción del socialismo.

[225] Jiři Pelikan, *op. cit.*, p. 18.

Si la política y el poder fueron determinantes del modelo económico impuesto en los países "socialistas", y ese poder se usó para dominar a la población que, por cierto, no fue conducida a ningún paraíso, no debería sorprender que la rebeldía de esa población se orientara contra ese poder y contra el modelo económico agrietado desde dentro y desde fuera. Cuando esa oposición soterrada tuvo oportunidad de manifestarse, se lanzó contra las formas del poder y contra el modelo económico que, en efecto, atravesaba una crisis muy severa.

Pero así como hubo una derecha en la URSS y luego en la Federación Rusa, también se fue gestando una ultraderecha. El ejemplo más evidente de este tipo de organizaciones es *Pamyat* (en español, algo así como memoria), que se presenta como Frente Nacional Patriótico Pamyat. El escudo de esta organización, como puede verse en su sitio oficial en Internet, está compuesto por un águila de dos cabezas, con una espada en una pata y una corona con una cruz en la otra pata. En el centro contiene una imagen típica del cristianismo ortodoxo, rodeada por los cuatro brazos de una cruz gamada o svástica.[226] Su líder es Dimitry Vasyliev. Dice ser una organización ortodoxa, monárquica y la unión nacional de los ciudadanos leales del poder ruso. Es partidaria, además de la monarquía y del nacionalismo extremo, de la reinstauración de una autocracia como forma de gobierno y es furiosamente antisemita. Según Cox y Shearman tuvo sus defensores en los más altos niveles de la vida soviética. "Por ejemplo —dicen los autores citados—, en 1987, Vadin Kozhinov, un prominente crítico literario, si bien criticaba lo que él calificó de infantilismo e ignorancia de la organización, urgió a que los aspectos positivos de sus actividades no debieran ser pasados por alto. En 1988 —contiúan Cox y Shearman—, Valentin Rasputin, quien posteriormente se uniría al Consejo presidencial de Gorbachov, no sólo denunció lo que él llamaba la desviación de 'izquierda' de la prensa por etiquetar a todos los patriotas rusos tipo *Pamyat* como *Black Hundreds* (¿centurias negras?), sino que atacó a aquellos que indiscriminadamente calumniaban a sus seguidores."[227] *Pamyat* no es una organización de masas, pero sí es influyente por sus ideas y sus acciones.

[226] Véase <http://abbc.com/pamyat/>. Tiene traducción al inglés.

[227] Michael Cox y Peter Shearman, "Alter the fall: nationalist extremism in post-communist Russia", en Paul Hainsworth (editor), *The politics of the Extreme Right*, London/New York, Pinter, 2000, p. 230.

Otra organización de ultraderecha, pero ésta sí con influencia electoral, ahora disminuida, es el Partido Liberal Democrático de Rusia, antes de la URSS (LDPR-*Liberalno-Demokraticheskaya Partiya Rossii*), fundado en 1990 y cuyo dirigente es Vladimir Zhirinovsky.[228] La importancia de este partido, ultranacionalista y xenófobo, es que en las elecciones legislativas de 1993 obtuvo la mayor votación de todos los partidos: 22.9 por ciento, seguido por la Unión de Fuerzas de Derecha de Rusia (15.5 por ciento) mientras que el Partido Comunista de la Federación Rusa obtenía el 12.5 por ciento. En las siguientes elecciones (1995) la correlación de fuerzas en la Duma cambió: los dos primeros partidos mencionados disminuyeron considerablemente su votación y la del Partido Comunista aumentó a 22.3 por ciento. En 1999 el PC alcanzó otra vez la votación más alta (24.3 %), seguido de cerca por Unión (ahora llamado Rusia Unida).[229]

Interesa hacer notar que entre las demandas del LDPR destacaban, por un lado, como énfasis nacionalista y demagógico, la exigencia de que Estados Unidos le regresara Alaska a Rusia, y por otro lado una serie de medidas que, en el contexto, serían calificadas de populistas, tales como mayores pensiones para los viejos, garantía de pleno empleo para los trabajadores, mayores oportunidades para los jóvenes y la más importante: pleno respeto para la población rusa, por encima de otras nacionalidades. Al igual que otras corrientes de ultraderecha en el continente europeo, este partido considera enemigos del pueblo ruso a las otras nacionalidades, al Fondo Monetario Internacional y, desde luego, a los musulmanes en general. No extraña, por lo mismo, que al principio de su carrera electoral tuviera tantos simpatizantes, sobre todo entre la población rusa depauperada, como ha ocurrido también con otros partidos de ultraderecha en el resto de Europa. De hecho, Zhirinovsky así lo reconoció en una entrevista: "en una nación rica mi programa no pasaría muy bien. Pero en un país de amarga pobreza, como Rusia, ésta es mi hora dorada."[230] Conviene recordar que Rusia estaba atravesando, en los momentos de ascenso electoral de la ultraderecha,

[228] *Ídem*, p. 231 y J. Denis Derbyshire y Ian Derbyshire, *op. cit.*, p. 312. Es pertinente señalar que una de las razones del éxito inicial de Zhirinovsky fue que nunca perteneció al Partido Comunista de la Unión Soviética ni a las altas esferas de la alta burocracia de su país.

[229] Véase <http://www.parties-and-elections.de/russia2.html>.

[230] *Boston Globe*, 21 de octubre de 1993, citado por Cox y Shearman, *op. cit.*, p. 238.

por una crisis brutal, provocada por Yeltsin con la desestatización de la economía y sus consecuencias, además de grandes manifestaciones en contra del gobernante y sus políticas. La ultraderecha ha encontrado en las crisis un medio propicio para su desarrollo.

*

Convendría detenerse en el punto relativo a la economía de mercado que he mencionado para el caso de la Unión Soviética-Rusia y de los países centrales y orientales de Europa, con o sin intervención reguladora del Estado, y sus repercusiones en la tendencia o no al igualitarismo. Si de verdad se quiso controlar-regular la economía en los últimos años de la Unión Soviética, es evidente que no fue posible, como tampoco en los países "socialistas" de Europa. En la actualidad, China, Vietnam y Cuba han introducido también formas capitalistas en ciertas esferas de su economía. Tres preguntas: ¿se mantendrá su control-regulación? ¿No estarán creándose dos economías paralelas y, por lo mismo, dos sociedades desiguales, además de los posibles privilegios de quienes forman parte de la *nomenclatura*? ¿Son regímenes de derecha o de izquierda?

Después de la muerte de Mao Tsé-Tung y de ser derrotada la *Banda de los Cuatro*, con Deng Xiaoping subieron al poder nuevos funcionarios, muchos de ellos tecnócratas y administradores profesionales, que no habían pertenecido propiamente al maoísmo y que incluso habían estado en peligro durante la tristemente célebre Revolución Cultural. Estos tecnócratas eran más liberales en lo económico que en lo político, como se demostró en la represión a los lamaístas en el Tibet y a los estudiantes en Tiananmen, ambas matanzas en 1989. A esta generación de tecnócratas (de diferentes edades) pertenecían, hasta hace poco tiempo: Jiang Zemín, ex presidente de la República; Zhu Rongji, ex primer ministro (crítico de Mao desde 1958 y cercano a Lieu Shao-Shi y a Deng);[231] Li Peng, ex presidente de la Asamblea Nacional Popular y Hu Jintao, ex vicepresidente de la República (Hu era el delfín de Deng Xiaoping).[232]

[231] La biografía de Zhu Rongji puede verse en <http://www.cidob.org/bios/castellano/lideres/z-009.htm>. Zhu, durante la Revolución Cultural, fue acusado de reaccionario y confinado a uno de los campos de trabajos forzados eufemísticamente llamados *campos de reeducación política*.

[232] Véase la biografía de Hu Jintao en <http://www.cidob.org/bios/castellano/lideres/h-001.htm>.

Todos ellos, particularmente Hu, han sido partidarios de las reformas económicas (que no políticas) hacia la apertura de mercados, pero sin perder el "carácter socialista" del país, como sugiriera repetidas veces Deng Xiaoping al hablar de la *economía socialista de mercado* (¿?).

En el XVI Congreso del Partido Comunista Chino (noviembre de 2002), el presidente Jiang abrió las puertas a la denominada "Cuarta Generación" de dirigentes, al frente de la cual estaba Hu. A partir de este Congreso no sólo se terminó la economía planificada en China, sino que se dieron cambios importantes en el poder del país y en la constitución del partido (los capitalistas también forman parte de éste, además de los campesinos, los obreros y los intelectuales). A partir de marzo de 2003, quedó en la presidencia de la República Hu Jintao, como primer ministro Wen Jiabao (protegido de Zhu Rongji) y Wu Bangguo en lugar de Li Peng. El único del grupo de Jiang que quedó en el ámbito reducido del poder chino fue Zeng Qinghong, quien ocupa la vicepresidencia que dejó Hu Jintao.[233]

En China hay apertura económica al capitalismo, o más que esto, sobre todo en las ciudades costeras, se ha instaurado el capitalismo.[234] Las empresas privadas, a partir de las reformas constitucionales de marzo de 1999, son consideradas como un componente importante de la economía china, de la *economía socialista de mercado.* Lo que está ausente es la democracia. Ésta no existe. El Estado es dominado por un pequeño grupo que negocia entre sí cuotas de poder, en la administración pública y en el partido. Y no hay indicio alguno de que se flexibilice el poder en un sentido democrático. Las ambiciosas metas económicas que se ha propuesto la Cuarta Generación no parecen compatibles con la democracia. La experiencia democrática en la URSS de Gorbachov parece confirmar, para la *nomenclatura* china, que la democracia es un artículo secundario en los planes al futuro. El gobierno chino parece ser de los que, como señalara Pye, están convencidos de que la democracia vendrá, si acaso, después de que se haya desarrollado la economía,[235] posición no muy diferente, como ya se ha visto, de la que tuvieron los gobiernos de Park Chung Hee[236] y de Chun Du Hwan en Corea del Sur, dictatoriales y en ningún sentido proclives al socialismo.

[233] <http://www.electionworld.org/china.htm>.

[234] Sobre el proceso de incorporación de China al capitalismo, véase Françoise Lemoine, *La nouvelle économie chinoise*, Paris, Éditions La Découverte, 1994.

[235] Lucian W. Pye, *op. cit.*, p. 390.

[236] Con Park Chung Hee, Corea pasó de ser agrícola a industrial a partir del gobierno

Por otro lado, el impresionante crecimiento económico de China (calculado entre 8 y 9 por ciento anual) no se ha traducido en mejoras para el grueso de la población, al contrario. En este país "la clase obrera no tiene derecho a sindicatos ni a negociaciones laborales".[237] Por las privatizaciones[238] y el cierre de empresas obsoletas e improductivas, se han dado millones de despidos. Por la corrupción en la administración pública local, donde tradicionalmente había repartos de poder, los nuevos gobiernos han apretado pinzas de control (incluso con condenas a muerte), que también han derivado, directa e indirectamente, en despidos masivos.[239] Como consecuencia de los impuestos (se cobran impuestos al consumo) y de la pobreza en las zonas menos desarrolladas del país, más de cien millones de campesinos han emigrado a las ciudades industriales en búsqueda de trabajo que no obtendrán fácilmente.[240] Las desigualdades sociales y económicas son visibles, pese a que el producto interno bruto por habitante ha aumentado considerablemente en los últimos diez años, pero sigue siendo todavía inferior al de un país subdesarrollado y capitalista latinoamericano, por ejemplo Perú. El índice de Gini, en 2001, fue calculado en 0.40, semejante al de Estados Unidos (0.41),[241] es decir al de un país capitalista de reconocidas desigualdades sociales, pero esto sí, China es ahora miembro de la Organización Mundial del Comercio, con todo lo que esto implica. El trato a los campesinos y la ausencia de derechos de los trabajadores, permiten una mano de obra barata, controlada y dependiente, que es, como señala Qin, la clave del "milagro de competitividad" de China en el mercado mundial. El Estado y su legitimidad, añade este autor, no están basados en ningún principio de contrato social. "El poder del Estado de ninguna manera corresponde a las responsabilidades del Estado" con su población.[242]

central en una combinación de capitalismo de Estado y libre empresa (con grandes conglomerados, los llamados *chaebol* equivalentes a los *zaibatsu* japoneses).

[237] Qin Hui, *op. cit.*

[238] "El sector estatal de la economía ha pasado de representar el 73% de la producción industrial en 1988 al 35% en 1992", y continuó disminuyendo. G. Buster, "El PCCh y la transición al capitalismo", *Revista Viento Sur*, reproducido en *Rebelión*, Internet, 24/06/2003.

[239] Régine Serra, "China", *El estado del mundo, op. cit.*, 2003.

[240] La renta media de los campesinos, de 1978 a 2002, descendió a la mitad. *Ídem.*

[241] <http://www.cia.gov/cia/publications/factbook/geos/>. Búster, *op. cit.*, calcula que el IG en China pasó de 0.20 a 0.46, es decir que aumentaron considerablemente las desigualdades sociales.

[242] Qin Hui, *op. cit.*

Insistir en que China es un país socialista parece no tener fundamento alguno. Tampoco podría decirse que se trata de un país de orientación socialista o que esté construyendo el socialismo. Se trata más bien de un país gobernado por la dictadura de un pequeño grupo que domina no sólo el aparato estatal sino el partido único, y que más que el socialismo lo que está construyendo es una gran potencia capitalista, si se quiere, *sui generis* para estos tiempos.[243] En mi opinión, el régimen chino cabría en la categoría que he caracterizado como *régimen de derecha*, además de dictatorial y totalitario. Un régimen que sacrifica a más de una generación de trabajadores para el desarrollo industrial, especialmente a trabajadores agrícolas y a campesinos, no puede ser calificado de izquierda; que hubiera en China economía planificada (que se ha eliminado recientemente), tampoco: Corea del Sur, que no es ni ha pretendido ser socialista, a partir del gobierno de Park llevó a cabo planes quinquenales centralizados que en general se cumplieron rigurosamente, sacrificó económicamente a los campesinos mediante la política de precios a los productos agrícolas y a los trabajadores mineros e industriales por medio de salarios reducidos, que en la actualidad, debe decirse, son altos mientras en China continúan muy deprimidos. En ninguno de estos dos países, vale añadir, el desarrollo industrial se ha llevado a cabo en un marco democrático ni con criterios de igualitarismo.[244]

*

He mencionado anteriormente que, al compararse uno con otro, puede haber regímenes totalitarios de izquierda o de derecha, y que aquellos de orientación socialista serían de izquierda. Asimismo, que un régimen de izquierda, a diferencia de uno de derecha, lleva a cabo políticas tendentes al igualitarismo. Igualmente diría que si un régimen es totalitario (es decir en el que no se permite *legalmente* la oposición ni la disidencia), pero cuenta con apoyo

[243] En 1994, cuando el crecimiento del PIB en China era un poco mayor que en la actualidad (alrededor de 9.5%), *The Economist* (1de octubre de 1994) estimaba que, de continuar a este ritmo, en 2020 este país sería la economía más grande del mundo, incluso mayor que Estados Unidos.

[244] Sobre la expropiación de la renta del campo para el desarrollo industrial y sobre las *desigualdades sociales* que se crearon gracias a los incentivos materiales en el medio rural, durante la época de Mao (y no sólo después de su muerte), véase Livio Maitan, *Party, Army and Masses in China: a Marxist Interpretation of the Cultural Revolution and its Aftermath*, London, New Left Books, 1976, p. 55.

de la población (crecientemente igualitaria), la democracia en el sentido liberal del término podría resultar irrelevante, y más si la dominación de unos sobre otros es difusa o, al menos en apariencia, mínima. Este podría ser el caso de Cuba, si acaso la gran mayoría de la población no simula su apoyo al régimen político, como parece haber ocurrido en la Europa "socialista".

Para los fines de este estudio no nos importan aquí los grados de democracia en la patria de Martí (que son tema de otra dimensión —y discusión—, como ya he señalado), sino las desigualdades que puedan darse a partir de la doble economía peso/dólar que se ha instaurado en la isla en los últimos años. El escritor cubano y de izquierda, Fernando Martínez Heredia, nos alerta sobre esta cuestión en un magnífico escrito reciente:

> *El crecimiento de las desigualdades sociales* ha sido una consecuencia de la situación y las medidas adoptadas, lo cual es grave porque *afecta la esencia igualitaria* del sistema de transición socialista cubano en cuanto a redistribución de riqueza y oportunidades. *La desigualdad principal está en el ingreso y el acceso a consumos.* Es más irritante porque se presenta asociada a la doble moneda; no se dispone de dólares por realizar trabajos más complejos o tener actitudes individuales acreedoras al mayor reconocimiento de la sociedad. Esa divisa se obtiene sobre todo de actividades relacionadas con la economía mixta, con el turismo, con algo aleatorio como es recibir remesas de familiares, y con una amplia gama de actos que van desde los ofrecimientos privados de servicios y productos hasta el enriquecimiento de intermediarios y negocios ilegales, en las dos monedas. Los precios informales en moneda cubana son demasiados altos para los ingresos personales y familiares de la mayoría. La corrupción -ese demonio de la falsa moral pública actual del capitalismo- debía ser analizada en sus funciones sociales en cada caso concreto. En la Cuba actual desempeña un sordo papel.
>
> Alrededor de la nueva situación se integran *grupos privilegiados,* y en su entorno se van formando constelaciones sociales. Lo cierto es que todavía son de procedencia realmente variada, y carecen de toda legitimidad que acompañe a su capacidad adquisitiva, pero la cultura política nacional es suficientemente alta para que muchos infieran que esos grupos *podrían llegar a ser más exclusivos,* integrarse más y desarrollar auto identificaciones y proyectos. Un efecto sumamente nocivo de esta realidad social es que erosiona seriamente las motivaciones y los valores socialistas, generando un desarme ideológico desde la vida cotidiana, sutil, ajeno a la virulencia y las definiciones de los enfrentamientos políticos, pero a la larga más peligroso que éstos para la vigencia del socialismo.[245]

[245] Fernando Martínez Heredia, "El socialismo: problemas conceptuales y de estrategia", Revista *América Libre,* Buenos Aires, número 20, en Internet. (Las cursivas son mías.)

No tendría nada que añadir a esta larga y elocuente cita. El peligro de que surja una derecha interna en el poder (tecnócratas liberales o *yuppies* comunistas), en el sentido de que impulse políticas económicas de vuelta al capitalismo (como en Europa del este y Rusia) o de *economía socialista de mercado*, como ha ocurrido en otros países de pretendida transición socialista (China, señaladamente), es un riesgo que no debe pasarse por alto, y menos cuando Estados Unidos, con la ley Helms-Burton y otras arbitrariedades imperiales, está haciendo todo lo posible para que este giro se dé.[246]

Considero pertinente añadir que la apertura de Cuba al capital trasnacional no fue un capricho del grupo gobernante o del Partido Comunista. Como casi todo, este fenómeno también tiene una explicación, en este caso —además del bloqueo económico impuesto por Estados Unidos—, por los cambios en la política exterior de la entonces Unión Soviética.

La política exterior de Gorbachov fue muy importante, especialmente por sus efectos. A pesar de no pocas reticencias, en 1989 habría de establecerse una nueva doctrina para Europa del este: el derecho soberano de cada pueblo a escoger su propio sistema social. Fue la "doctrina Sinatra", llamada así porque se aceptaba que los antiguos satélites de la URSS pudieran desarrollarse *in their "own way"* (a su manera).[247] Hungría y Polonia iniciaron reformas de inmediato. Los alemanes de la República Democrática comenzaron a cruzar hacia Berlín occidental, el Muro de esta ciudad sería destruido. El CAEM (Consejo de Asistencia Económica Mutua), y lo que éste implicaba para la economía de los países del este europeo, fue replanteado en 1990, para ser disuelto a finales de junio de 1991. El primero de julio fue disuelto también el Pacto de Varsovia.[248] Las tropas soviéticas comenzaron el éxodo de Europa central y oriental. Los subsidios a los países de orientación socialista fueron suspendidos: en Cuba se iniciaría el llamado "periodo especial", es decir de crisis, que habría de ser medianamente remontada con enormes sacrificios del pueblo, ya que, de 1989 a 1992, este país perdió siete mil millones de dólares de ayuda soviética, lo que la llevó a abrirse al capital extranjero.[249] En tanto que en Cuba el "desentendimiento"

[246] Para mayor extensión sobre el presente y la perspectiva de Cuba, véase Octavio Rodríguez Araujo, "Cuba 2003 en la encrucijada", Revista *Memoria*, México, núm. 172, junio de 2003.

[247] J. Denis Derbyshire y Ian Derbyshire, *op. cit.*, p. 249.

[248] Véase *L'etat du Monde, op. cit.*, 1993.

[249] Daniel van Eeuwen, "Cuba", *L'etat du monde, ídem,* 1993.

de la URSS de Gorbachov con los países "socialistas" motivó una crisis muy severa, sin que se arriaran las banderas de la transición al socialismo, en Europa central y oriental fue motivo, como hemos visto, de un viraje de 180 grados y de liberación de la tutela soviética. Los resultados son distintos, pero persiste el peligro de que terminen siendo semejantes. Lo que sí quedó claro, también a diferencia de Cuba, fue que en la mayor parte de los países de Europa central y oriental, en cuanto se aflojaron los controles soviéticos (políticos, económicos y militares), se intentaron formas democráticas de ejercicio del poder y diversos grados de liberalismo económico. Por lo que se refiere a las repúblicas que se independizaron de la URSS, ocurrió algo semejante, salvo en algunos pocos países. Pero éste sería tema de otro análisis.

3. ULTRADERECHAS: PASADO Y PRESENTE

Finalmente me referiré a la ultraderecha también llamada extrema derecha. Al igual que la derecha y las izquierdas, la ultraderecha no es igual en todo lugar ni en todo momento, pese a que guarda ciertas similitudes o, mejor, constantes. Es, igualmente, un concepto relativo a la derecha, sin ser necesariamente su contrario, como sí es el caso de las izquierdas en relación con las derechas y viceversa. Me adelanto a decir que no intento una definición ni establecer una taxonomía sobre la ultraderecha (como no he estado interesado en establecerla sobre la derecha ni su opuesto). Las definiciones limitan y las clasificaciones casi siempre son incompletas, particularmente en disciplinas como las ciencias sociales.

Del texto de los apartados anteriores, referidos a las derechas, se obtienen algunas características de las ultraderechas que algunos autores llaman derecha extrema y otros derecha radical.[1] Yo omito el uso del vocablo "radical" para la derecha porque, si bien una de sus acepciones es "extremista", considero que los cambios radicales (de raíz) son más comunes en las propuestas de las izquierdas que de las derechas. Pero esto no es importante. Geométricamente todos entendemos de qué hablamos cuando nos referimos a la derecha extrema o ultraderecha.

La ultraderecha existe desde tiempos inmemoriales. Aunque la inquisición, por ejemplo, existió desde finales del siglo XII, fue en España, con los reyes Católicos (siglo XV), cuando se usó más claramente en oposición a quienes, a juicio de los tribunales, atentaban contra el orden social determinado por Dios —según decían.[2] Curiosamente la inquisición española incrementó su fuerza al perseguir a los judíos (y también a los llamados falsos judíos conversos) y

[1] Un enfoque en favor de este concepto puede verse en Roger Griffin, "¿Interregno o final de partida? El pensamiento de la derecha radical en la era posfascista", en Roger Griffin *et al.*, *La extrema derecha en Europa*, Barcelona, Temas Clave/Historia y Vida, [2002].

[2] El orden social determinado por Dios es todavía, a principios del siglo XXI, argumento de no pocas organizaciones de ultraderecha religiosa en el mundo, incluso en Estados Unidos.

luego contra los protestantes tanto en la misma España como en Francia, donde fueron asesinados alrededor de tres mil "hugonotes" (protestantes calvinistas) en la famosa Noche de San Bartolomé (1572). La censura, la intolerancia, la imposición de un pensamiento único y el rechazo a cualquier manifestación científica fueron temas de esa ultraderecha ligada a la Iglesia católica durante la larga noche de la Edad Media, y mucho tiempo después, hasta la fecha. Pero también fueron argumento para confiscarles sus bienes a personas adineradas que no se sometían a quien en un momento dado tuviera el poder, como ocurrió 500 años después, en la Alemania de Hitler, también con los judíos. El fanatismo religioso (y no sólo cristiano) fue, y sigue siendo, una constante y a veces un pretexto de la ultraderecha para hacer más atractivo su discurso, un discurso basado en el dogma y no en el discernimiento, en la razón.

La ciencia y la libertad de pensamiento y de expresión (incluso en las artes) han sido elementos peligrosos para los representantes y defensores más o menos fanáticos de las religiones, y más cuando éstas se han usado como medio de control sobre determinados sectores de la población. Sirva un ejemplo: los religiosos cristianos han rechazado, desde finales del siglo XIX, al darwinismo (teoría considerada científica durante muchos años, sobre la evolución de las especies). Argumentaban (y todavía argumentan) que en la Biblia se explica con absoluta claridad no sólo la creación del mundo sino del ser humano.[3] Los racistas, en cambio, apoyan de alguna manera (y a veces explícitamente) el darwinismo, dado que en la trayectoria biológica del ser humano —dicen— los blancos son los más evolucionados y los más fuertes (las razas superiores), que son los que merecen sobrevivir (selección natural).[4] El fascismo, en

[3] Una extraordinaria película, protagonizada por George C. Scott y Jack Lemmon (*Inherit the Wind-Heredarás el viento*) y dirigida por Daniel Petrie en 1999, plantea esta pugna (Biblia-darwinismo), con base en sucesos reales ocurridos en 1925, en un juicio legal contra el profesor John T. Scopes que enseñaba la teoría de la evolución de Darwin en una ciudad del sur de Estados Unidos.

[4] En mi opinión Darwin no fue intencionalmente racista, pero definitivamente lo era, sobre todo en su *The Descent of man* (1871) y particularmente en el capítulo 6 (este libro se puede leer completo en <http://www.literature.org/authors/darwin-charles/the-descent-of-man/index.html>). Cuando él se refería a razas civilizadas y razas salvajes, siendo las primeras las europeas, no era original. En el siglo XIX incluso pensadores como Marx y Engels escribían (1850) sobre arrastrar a los "reacios *pueblos bárbaros al comercio mundial, a la civilización.*" Ver Karl Marx y Friedrich Engels, *Materiales para la historia de América Latina*, México, Cuadernos de Pasado y Presente-Siglo XXI Editores, 1972, p. 192. (Las cursivas son mías.)

su versión alemana (Hitler),[5] hizo uso del darwinismo social para justificar su racismo a partir de la idea de que la vida es una lucha de la que sobreviven sólo los mejor dotados físicamente. Y una de sus fuentes filosóficas de inspiración, en el presente de moda en el ámbito del pensamiento llamado posmoderno, fue Nietzsche. "Nietzsche —escribía Simone de Beauvoir— tomó de Maquiavelo y de Gobineau la jerarquía que distingue entre amos y esclavos, y funda esa oposición, como ellos, en una cuestión de raza. Sólo la existencia de los grandes [...] tiene una significación. Los otros hombres constituyen la masa: 'La arena de la humanidad: todos muy iguales, muy pequeños, muy redonditos'. Nietzsche declara: 'No creo que la masa merezca atención sino desde tres puntos de vista... como copia difusa de los hombres grandes... como resistencia que encuentran los grandes... como instrumento de los grandes. Por lo demás, que el diablo y las estadísticas se los lleven'."[6] Aquí radican muchos de los fundamentos del fascismo y, sobre todo, del nacionalsocialismo alemán que veremos más adelante.

EN EL PASADO

dictaduras y fascismo "histórico" de entreguerras

Al término de la primera guerra mundial (PGM) el mapa de Europa se modificó considerablemente, particularmente por la desaparición de algunos imperios, señaladamente el austro-húngaro, el ruso y el alemán. Surgieron nuevas repúblicas, pero también gobiernos autoritarios en diferentes grados, dictaduras en la mayoría de los casos, lo que quizá motivó a la historiadora británica, Elizabeth Wiskemann, a escribir su libro *La Europa de los dictadores (1919-1945)*.[7]

[5] Para los fascistas italianos el racismo no formaba parte de su marco ideológico.
[6] Simone de Beauvoir, *op. cit.*, pp. 51-52. La teoría racista más elaborada se le atribuye al aristócrata francés Joseph-Arthur, conde de Gobineau (1816-82), autor de *Essai sur l'inégalité des races humaines*, usado por los nazis como prueba de su supremacía racial y de que los pueblos latinos y semitas habían degenerado en el curso de la historia como consecuencia de su mestizaje.
[7] Elizabeth Wiskemann, *op. cit.* Una fuente de consulta de gran utilidad sobre la historia política sintetizada de los países mencionados en el siguiente párrafo, y que he complementado con otras fuentes, es J. Denis Derbyshire y Ian Derbyshire, *op. cit.*

Para 1920 había gobiernos autoritarios en Hungría, Albania[8] y Bulgaria.[9] En 1922 se agregaron Grecia e Italia, y al año siguiente España. En 1926 se sumaron Polonia, Lituania[10] y Portugal. Por un breve periodo, caracterizado por pugnas políticas, Grecia tuvo una relativa democracia que volvió a perderse a partir de 1927.[11] Yugoslavia vivió un régimen autoritario a partir de 1929, que para 1935 adoptó formas fascistas de organización corporativa después de haber instituido un sistema monopartidista (1932).[12] En España

[8] Al término de la PGM Albania fue presa de Grecia, Yugoslavia e Italia. Su economía y el poder institucional estaban en manos de terratenientes muy atrasados. Los primeros partidos, personalistas en su mayoría, surgieron después de la guerra. Paradójicamente el partido más conservador era el Progresista, opuesto a cualquier tipo de reforma agraria (el principal terrateniente del país era el líder de este partido). La democracia y el liberalismo eran bienes desconocidos en Albania antes de 1924 cuando Fan Noli, por muy poco tiempo, asumió el gobierno como primer ministro y tomó medidas antifeudales y estableció un gobierno de tipo occidental. A partir del golpe de Estado de Ahmed Zogú, una brutal dictadura dominó a ese país hasta 1939 que fue invadido de nuevo por Italia. Un libro con referencias a Albania en ese periodo es el de Joseph Rothschild, *East Central Europe Between the Two World Wars*, Seattle, University of Washington Press, 1974, y más concretamente Richard J. Crampton, *Eastern Europe in the Twentieth Century*, New York, Routledge, 1994.

[9] Durante el gobierno de Stamboliiski, bajo el zarismo de Boris III, Bulgaria tuvo un régimen autoritario y, desde luego, represivo; pero a partir de su asesinato en 1923, y especialmente durante los gobiernos de Tsankov y de Georgiev, el poder se endureció todavía más, fue el reino del terror hasta 1926 inclusive. Tsankov, ya sin el gobierno, formaría en 1932 el primer partido fascista en Bulgaria, el Movimiento Nacional Socialista por imitación del partido de Hitler. Puede consultarse Richard J. Crampton, *A Short History of Modern Bulgaria*, Cambridge, Cambridge University Press, 1987, y del mismo autor *Eastern Europe*..., *op. cit.*

[10] La república de Lituania, lograda después de su independencia en 1920, fue de breve duración. Terminó con ella un golpe de Estado en 1926; y bajo el gobierno de Antanas Smetona se prohibieron los partidos, salvo el del gobierno, y la libertad de prensa. Véase John Hiden y Patrick Salmon, *The Baltic Nations and Europe: Estonia, Latvia and Lithuania in the Twentieth Century*, New York, Longman, 1991 y R. J. Crampton, *Eastern Europe*..., *op. cit.*

[11] Con el restablecimiento de la monarquía (1935), el rey Jorge II nombró a Ioannis Metaxas primer ministro. En agosto de 1936 éste instauró una dictadura de imitación fascista, que fue continuada después, con mayor brutalidad, al ser Grecia ocupada por Italia, Alemania y Bulgaria en 1940-1941. *Apud* Richard Clogg, *Parties and elections in Greece*, London, Hurst & Co., 1987. De 1967 a 1974 Grecia volvió a ser dominada por militares. Un análisis de esta última dictadura, en Nicos Mouzelis, "Capitalism and Dictatorship in Post-war Greece", *New Left Review*, London, número 96, marzo-abril de 1976.

[12] Para mayor información puede consultarse Vladimir Dedijer *et al*, *History of Yugoslavia*, New York, McGraw-Hill, 1974. Véase también E. Wiskemann, *op. cit.*

la monarquía fue sustituida por la república, un régimen inestable que terminó, después de una sangrienta derrota (1939), en la imposición de una dictadura. En 1933, Alemania y Austria adoptaron formas autoritarias de gobierno (dictaduras). Para 1937 quince países de Europa eran dominados por gobiernos no democráticos: Estonia,[13] Letonia,[14] Lituania, Polonia, Rumania,[15] Bulgaria, Grecia, Albania, Yugoslavia, Hungría, Austria, Italia y Alemania y en el oeste Portugal y España (parcialmente, según Franco iba ganando territorios), además de Turquía y la URSS. Con la Segunda Guerra el autoritarismo se extendió a casi toda Europa y el norte de África, por la expansión del nazi-fascismo.[16] En 1940-1944, durante la ocupación alemana, Francia adoptó también un régimen dictatorial que, aunque similar a otros, no tuvo las mismas causas.

El autoritarismo europeo posterior a la PGM suele explicarse por la crisis económica consecuencia de aquélla, por la enorme efervescencia social en algunos países (debida a la misma crisis y a la influencia de la revolución rusa), por la incapacidad de los gobiernos democráticos para mantener la estabilidad y controlar o rehacer la economía y por los temores de las burguesías a la inestabilidad reinante y al ascenso de la lucha de los trabajadores. Las libertades políticas y de asociación se interpretaban como amenazas para las clases dominantes y para los conservadores religiosos y laicos. El liberalismo, en general, entró en crisis no sólo en Europa sino en casi

[13] Estonia ganó su independencia en 1918, reconocida en 1921 después de que fuera derrocada la autoridad soviética. Estableció una república democrática hasta el golpe de Estado de Konstantin Päts. Su gobierno fue dictatorial. Ver John Hiden y Patrick Salmon, *op. cit.* y R. J. Crampton, *Eastern Europe…*,*op. cit.*

[14] Letonia, como los otros países bálticos, conquistó su independencia en 1920. Durante 14 años, a pesar de una gran inestabilidad política, hubo democracia. La amenaza de golpe de Estado en 1934 llevó a las fuerzas políticas a proponerle a Ulmanis (héroe de la independencia y varias veces primer ministro) que se hiciera cargo del gobierno. Ulmanis, populista de mano dura, prohibió los partidos políticos y algunos periódicos, pero intentó mantenerse distante tanto de la URSS como de la Alemania nazi. Véase John Hiden y Patrick Salmon, *op. cit.* y R. J. Crampton, *Eastern Europe…*, *op. cit.*

[15] En este país al inicio de los años 20 Corneliu Zelia Codreanu fundó en Moldavia (entonces territorio rumano) la Guardia de Hierro, organización antisemita y anticomunista que sembraba el terror a su paso. No tuvo el poder, pero fue tolerada por el gobierno. Puede consultarse Z. Barbu, "Rumania", en S. J. Woolf *et al*, *El fascismo europeo*, México, Editorial Grijalbo, 1970.

[16] Sobre la evolución del autoritarismo en Europa durante el siglo XX, véase Matthew White, <http://users.erols.com/mwhite28/govt1920.htm>, diferentes años.

todo el mundo capitalista llamado también occidental. De hecho —señalaba Crouzet—, para 1933 no existía un sólo régimen liberal en el mundo, con la excepción de Estados Unidos, Gran Bretaña y sus dominios, los países escandinavos, Bélgica y Holanda, Suiza y Checoslovaquia.[17] Y aun en este grupo de países el peso del poder central y del Ejecutivo aumentó, incluso donde el parlamentarismo era una tradición. El liberalismo económico fue suplantado por diversos grados de intervencionismo estatal, con frecuencia acompañado de formas autoritarias de ejercicio del poder. En los pocos países democráticos de esos años surgieron grupos fascistas, algunos con fuerte influencia política e ideológica. Pero de aquí no debe desprenderse que las dictaduras de la Europa entreguerras fueran todas y necesariamente fascistas, ni tampoco que todas fueran producto de una reacción antiliberal. El fenómeno fue mucho más complejo, entre otras razones porque el liberalismo en algunos países, sobre todo en el sureste europeo, fue secundario ante la preocupación nacionalista (incluso de definición de fronteras) y de desarrollo económico o ante los intereses oligárquicos que estaban en peligro en algunos de estos países.

Fuera de Europa y de sus colonias en África y Asia, también había dictaduras o gobiernos autoritarios, pero difícilmente podría decirse que tuvieran relación directa con los motivos del autoritarismo europeo posteriores a la PGM. En América Latina durante los años 20 del siglo pasado las dictaduras de Venezuela, Guatemala o El Salvador, por ejemplo, eran anteriores a la PGM, y aun las que siguieron hasta la segunda guerra mundial (SGM), que no fueron pocas, nunca se generalizaron tanto como en los años 70.[18] La dictadura de Juan Vicente Gómez en Venezuela no tuvo nada que ver con la crisis del liberalismo o con el ascenso de la lucha de clases. Los autócratas anteriores a la dictadura de Ubico, y esta misma en Guatemala, tampoco correspondieron a este esquema. Las familias oligarcas de El Salvador y Honduras, menos. En Ecuador podría decirse que el liberalismo fue derrotado en la llamada revolución de julio de 1925, pero en realidad fue derrotada la plutocracia supuestamente liberal que dominaba en el país. El autoritarismo caracterizó a la política ecuatoriana sobre todo a partir del golpe militar

[17] Maurice Crouzet, *La época contemporánea*, Volumen VII de *Historia general de las civilizaciones*, 7 volúmenes, Barcelona, Ediciones Destino, 1961, pp. 197-198.
[18] En América del Sur, en 1977, sólo Colombia, Venezuela y las Guyanas eran países no gobernados por militares.

de 1931. En Chile la dictadura castrense de Ibáñez en la segunda mitad de los años 20 (hasta 1931), tampoco tuvo relación con la crisis del liberalismo, aun aceptando que el gobierno constitucional de Arturo Alessandri hubiera sido liberal. Bolivia es otro caso del dominio de una oligarquía minera (estaño) y terrateniente, cuyos gobiernos serían militares después de la Guerra del Chaco (1932-1935) hasta el inicio de los años 50.[19] Machado y sus sucesores en Cuba, los Somoza en Nicaragua, Moríñigo y Stroessner en Paraguay, Trujillo en República Dominicana, tampoco fueron una respuesta a la crisis del liberalismo o al ascenso de la lucha de clases en estos países. El *efecto Europa* posterior a la PGM no parece haber influido en estos dictadores.

Quizá el caso latinoamericano más cercano a las dictaduras europeas (incluso fascistas) posteriores a la PGM, fue el gobierno de Getulio Vargas en Brasil. Dueño de un poder centralizado, de tipo bonapartista, estableció el *Estado Novo* (1937-1945) semejante al de Salazar en Portugal, pero sin ser propiamente fascista a pesar de haberse inspirado también en la Carta del Trabajo del fascismo italiano. Populista de derecha, se le ha calificado, y también dictadura.[20] El gobierno de Cárdenas en México fue bonapartista y en muchos sentidos corporativo, fue autoritario, pero no una dictadura ni mucho menos fascista. Ha sido caracterizado como populista de izquierda, a diferencia del varguismo brasileño o del peronismo en Argentina posteriormente. Ciertamente el fascismo tuvo influencia más allá de las fronteras europeas, pero no en la misma magnitud. No fueron pocos los países latinoamericanos que vieron surgir organizaciones fascistas en esos años: México, Brasil, Argentina, Perú, Chile, Colombia, Panamá (citados por Crouzet, lamentablemente con algunas imprecisiones[21]). Pero en ninguno de estos casos las organizaciones fascistas tuvieron el poder, ni siquiera el Movimiento Nacionalista Revolucionario (MNR) que fue asociado, por una de sus corrientes internas, al nacional socialismo alemán.

[19] El gobierno de Villarroel (1943-1946) fue, formalmente, civil aunque su origen era una coalición del ejército y el Movimiento Nacionalista Revolucionario. Véase James Cockcroft, *op. cit.*, p. 563.

[20] Véase al respecto a Helena Hirata, "El populismo como impulsor de Estado capitalista 'semi-industrial': el caso de Brasil", en *Críticas de la economía política (Edición latinoamericana)*, México, Ediciones El Caballito, número 20/21, julio-diciembre de 1981, pp. 177-195.

[21] M. Crouzet, *op. cit.*, p. 225.

Se ha abusado del término *fascismo*, como también del de *dictadura*. No en todos los países donde se incubaron organizaciones fascistas éstas tuvieron el poder o el poder fue fascista con todo lo que esto implica. El fascismo es una organización que aspira al poder o a influir en él, o es una forma de Estado. Como forma de Estado, es decir con el fascismo en el poder y la sustitución de una forma estatal por otra —como decía Dimitrov[22]—, se trata en principio de una dictadura, pero no todas las dictaduras son o han sido fascistas. Deben cumplirse, de acuerdo con el modelo clásico, ciertas condiciones, pues una forma estatal que sea una "dictadura terrorista abierta", no es condición suficiente para que sea fascista. Para Dimitrov no sólo Italia y Alemania serían fascistas, también Austria, España, Polonia, Bulgaria y Finlandia.[23] Interesaría analizar estos casos, y también los de Portugal, Rumania y Hungría. Bastaría, sin embargo, la revisión de algunos de estos países para luego terminar con los ejemplos indiscutibles y clásicos de fascismo.

Austria

Al final de la guerra el Imperio fue desmantelado y el país reducido en superficie. La doble monarquía austro-húngara fue sustituida, en la parte correspondiente, por un gobierno provisional de la primera República de Austria.[24] La escena política estaba dominada, en primer lugar, por los dos principales partidos: el Social Cristiano (*Christlichsoziale Partei*–CSP) católico y el Socialdemocrático de los Trabajadores (*Sozialdemokratische Arbeiterpartei*–SDAP) de inspiración marxista-reformista. Había un tercer partido que aglutinaba a cerca de veinte grupos nacionalistas: el Partido Popular de la Gran Alemania (*Grossdeutsche Volkspartei*), que era antisemita y anticheco, nacionalista (razón por la cual se le conocía como los "nacionales"

[22] Jorge Dimitrov, *Obras escogidas*, La Habana, Editora Política, 1965, p. 129 ("El carácter de clase del fascismo"). Este autor escribía en agosto de 1935: "la subida del fascismo al poder no es *un simple cambio* de un gobierno burgués por otro, sino la *sustitución* de una forma estatal de la dominación de clase de la burguesía —la democracia burguesa— por otra, por la dictadura terrorista abierta."

[23] *Ídem*, pp. 136-140.

[24] Es pertinente señalar que la unidad de la nueva República no fue fácil ya que una cosa fue el territorio del Imperio y otra el que habría de constituir el nuevo país. Las nuevas provincias sólo tenían en común la lengua y sus ataduras a la dinastía de los Habsburgo. Véase Barbara Jelavich, *Modern Austria: Empire and Republic, 1815-1986*, Cambridge, Cambridge University Press, 1987.

y también como Partido Pangermánico), anticlerical, partidario de la unificación (*Anschluss*) con Alemania, contrario a la restauración de la monarquía. Su dirigente principal fue Georg von Schönerer, originario de los Sudetes austroalemanes de Bohemia. Parece que Hitler perteneció a este partido antes de emigrar a Alemania. El CSP era también antisemita aunque moderado,[25] contrario al liberalismo y al socialismo, en cierto modo favorable a la restauración de la monarquía y defendía los intereses de los grandes terratenientes. Su apoyo a la unificación con Alemania era menos decidido que el de los nacionales e incluso que el de la corriente Social Demócrata que pertenecía al SDAP.[26]

A pesar de que el SDAP no era precisamente el partido mayoritario, la efervescencia social provocada por la crisis económica y el hecho de haber perdido la guerra favoreció a los socialdemócratas, quizá porque se pensó que serían capaces, como en Alemania con Ebert, de controlar la situación. Karl Renner sería el primer canciller de la nueva república, en coalición con los socialcristianos. A pesar de que la Asamblea Constituyente había votado por ser parte de Alemania, los aliados la obligaron a ser una república separada.[27]

La derecha austriaca tenía desacuerdos y posiciones ideológicas un tanto difusas en todos los casos. A diferencia de la izquierda que desarrolló el conocido austromarxismo de gran influencia incluso fuera de Europa, la derecha apenas tuvo algunos ideólogos.

Además de los tres partidos mencionados, existía una organización que, en principio, no fue partidaria: la *Heimwehr* (Guardia Patriótica) de orientación fascista, pero no, en general, pro nazi. Esta organización tuvo su origen en las provincias como milicias patrióticas y una ideología simplemente antisocialista, en algunas regiones se acercó al fascismo italiano y en otras, concretamente en Estiria, al nazismo alemán. Su dirigente era Ernst Rüdiger von Starhemberg. Sin embargo, la *Heimwehr* fue la organización con mayor "respetabilidad ideológica", según escribiera Stadler, gracias al profesor católico Othmar Spann quien desarrolló las teorías de la

[25] El antisemitismo del CSP era más por la identificación de los judíos con el liberalismo y el socialismo, sus principales adversarios, que por razones raciales.

[26] La inclinación de la corriente Social Demócrata por la unificación con Alemania no fue sostenida después de que Hitler llegó al poder en 1933.

[27] En noviembre de 1918 la Asamblea Nacional, por unanimidad, declaró que "la Austria alemana es parte constituyente de la República Alemana". Véase K. R. Stadler, "Austria", S. J. Woolf, *op. cit.*, p. 107.

Ständestaat (Estado corporativo o estamental), en oposición tanto a la economía clásica y al liberalismo como al socialismo. Su planteamiento era la sustitución de la democracia formal (*Formaldemokratie*) por la democracia corporativa (*Ständische*) a la que el individuo debía someterse.[28] Las milicias de la Guardia Patriótica, por iniciativa de su líder, habrían de formar en 1930 su ala política llamada *Heimatbloc* (Bloque Patriótico), que participaría en las elecciones parlamentarias de ese año, aunque con resultados mucho menores que los dos grandes partidos.

Las diferencias entre los partidos impidieron que éstos se comprometieran con la nueva Constitución. El gobierno socialdemócrata no contó con aliados importantes y en 1922 perdió en favor del partido socialcristiano (CSP), cuyo dirigente, Seipel, ocuparía la Cancillería. Con el nuevo gobierno se recortaron los gastos sociales que había iniciado el gobierno de Renner. La economía seguía en crisis. En la elección de 1930 los socialdemócratas recuperaron votos, lo cual llevó al CSP a buscar una nueva alianza con los Nacionales pangermánicos, la *Heimwehr* y la Liga Campesina ya que el SDAP rehusó a aliarse con los socialcristianos (por segunda vez).[29] En 1929 Seipel fue sustituido por el antiguo director de la policía en 1927, Schober, quien curiosamente no simpatizaba con la paramilitar *Heimwehr* ni con la idea de reformar la Constitución por medios no constitucionales como querían las fuerzas más reaccionarias. Fue depuesto y le sucedió un fuerte simpatizante de esta organización paramilitar, Karl Vaugoin. A la muerte de Seipel, en 1932, Dollfuss, del CSP, hizo alianza con el Bloque Patriótico (brazo político de la *Heimwehr*) para formar gobierno. Los socialdemócratas y el nuevo partido nazi, rama austriaca del alemán, se opusieron al resultado de las elecciones pues la mayoría era cuestionada.

Dollfuss endureció su política, mucho más que sus antecesores, incluso que Seipel. Declaró ilegales al pequeño Partido Comunista y al Partido Nazi y anunció la formación de un Estado corporati-

[28] K. R. Stadler, *ídem*, p. 98.

[29] La posición de Otto Bauer, líder del SDAP, era la de no colaborar con un gobierno burgués, ya que nada bueno había resultado de la primera coalición con los socialcristianos del CSP y menos después de la matanza de trabajadores en 1927. Seipel era contrario a la democracia y enemigo de los socialistas. Su apoyo principal, además de la Iglesia católica (él era sacerdote católico), era la *Heimwehr*. Véase G. D. H. Cole, *Historia del pensamiento socialista*, 7 tomos, México, Fondo de Cultura Económica, 1963, tomo VII, *Socialismo y fascismo (1931-1939)*, pp. 145-146.

vo-católico con el apoyo, obviamente, de la *Heimwehr*.[30] En febrero de 1934 los socialdemócratas intentaron un levantamiento y una huelga general. Fueron derrotados y la propuesta constitucional de Dollfuss fue impuesta, prohibiéndose todos los partidos menos el del gobierno, el *Vaterländische Front* (Frente Patriótico). Se iniciaría así una dictadura propiamente dicha.

El gobernante austriaco era bien visto por Mussolini, quien lo consideraba su aliado, pero no por Hitler, quien quería la anexión de Austria. Hubo un intento de levantamiento armado de los nazis austriacos para hacerse del poder (el *putsch* de 1934), pero fueron rechazados tanto por el ejército como por la Guardia Patriótica (*Heimwehr*) aliada de Dollfuss. Éste fue asesinado.[31] El sucesor, también del CSP, fue Kurt von Schuschnigg, un hombre moderado por comparación con sus antecesores, pero no necesariamente contrario a las formas dictatoriales de ejercicio del poder. El nuevo canciller, quien tratara de preservar la independencia de Austria, se vio obligado a establecer un acuerdo con Hitler en 1936, que implicaba la aceptación de nazis en su gobierno (von Seiss-Inquardt como Secretario del Interior) y en el Frente Patriótico (partido único en ese momento). Schuschnigg, a pesar de que se resistía a la pérdida de soberanía de su país, no encontró apoyos suficientes que contrarrestaran las presiones alemanas y al nazismo austriaco, y al plantear un plebiscito sobre la cuestión, los nazis presionaron para que fuera aplazado. Schuschnigg renunció y Seiss-Inquardt, representante del nazismo, ocuparía la Cancillería.[32] Hitler precipitó la invasión nazi-alemana del 11-12 de marzo de 1938.

En síntesis, aunque la derecha dominó el escenario político, siempre estuvo muy dividida, vacilante y presionada tanto por las fuerzas aliadas de la posguerra como por Mussolini y Hitler en ese entonces con diferencias importantes respecto a Austria. Esta debilidad de las derechas, pese a haber sido dictadura en los últimos años antes de la anexión, dejó a Austria a merced de los más fuertes: los nazis alemanes. "El fascismo austriaco —escribía Stadler— había preparado el camino al fascismo nazi."[33] Y ciertamente éste se instaló.

[30] En este caso coincidieron la influencia del corporativismo italiano y la del corporativismo católico de la *Heimwehr*, pero en realidad dicho corporativismo no se puso en práctica de manera definitiva.

[31] G. D. H. Cole, *op. cit.*, pp. 76 y 152-158.

[32] *Enciclopedia Universal Ilustrada*, Madrid, Espasa-Calpe, 1926, *Suplemento Anual 1936-1939*, primera parte, editado en 1966, capítulo sobre Austria, p. 1104.

[33] K. R. Stadler, *op. cit.*, p. 92.

Hungría

En este país, bajo la regencia de Horthy (1919-1944), hubo diferencias entre sus Primeros Ministros. Unos, como Gömbös o Szálasi, eran francamente fascistas y colaboradores del nazismo alemán, otros como Bethlen y Teleki, a pesar de su conservadurismo, eran relativamente moderados. Todos eran anticomunistas. Horthy fue precisamente quien derrotara, con lujo de fuerza, a la república de los consejos obreros, producto de la revolución de 1918-1919, en agosto de 1919.[34] Con esta derrota se inició la contrarrevolución, que fue conocida como "el terror blanco"[35] hasta que, en 1922, bajo el gobierno de Bethlen como primer ministro de Horthy, se iniciara el periodo de institucionalización,[36] no sin problemas de oposición interna, sobre todo del lado de las llamadas "escuadras especiales" del ejército que representaban a la extrema derecha: al fascismo. Estas oposiciones internas llevaron a Hungría a vivir un gobierno inestable y crecientemente derechista, fascista en muchos sentidos.

En 1932 Gömbös fue primer ministro. Antes de 1928 había sido racista, pero por influencia de Mussolini, a quien admiraba, dejó de expresarlo por un tiempo, para retomarlo a partir de su colaboración con el nazismo alemán. La intención de Gyula Gömbös, con el beneplácito alemán, era eliminar los demás partidos y convertirse en un *Duce* húngaro,[37] pero no pasó de ser una intención (ni siquiera pudo ser un líder, mucho menos carismático). A su muerte, en octubre de 1936, Horthy desconoció algunos de los acuerdos que su primer ministro había realizado con los nazis, pero la economía siguió dependiendo de las relaciones con estos. El apoyo nazi a la

[34] Ver Miclós Molnár, *De Béla Kun a János Kádár,* Paris, Presses de la Fondation Nationale de Sciences Politiques/Institut Universitaire de Hautes Études Internationales, 1987, pp. 21, 32 y 52. Véase también Jerzy W. Borejsza, *La escalada del odio. Movimientos y sistemas autoritarios y fascistas en Europa, 1919-1945,* Madrid, Siglo Veintiuno de España Editores, 2002, pp. 152-157.

[35] Más de cinco mil personas fueron ejecutadas y alrededor de 75 mil fueron encarceladas. El "terror blanco" obligó a más de cien mil húngaros a emigrar, en su mayoría socialistas, comunistas, intelectuales y judíos de clase media. Puede consultarse al respecto Jorg K. Hoensch, *A History of Modern Hungary, 1867-1986,* London, Longman, 1988.

[36] Miclós Molnár, *op. cit.*, p. 54. También puede verse el ensayo de J. Erös, "Hungría", en Woolf *et al, op. cit.*, pp. 120-122.

[37] J. Erös, *ídem*, p. 127.

economía húngara tuvo un precio: que Horthy apoyara las políticas de Alemania, incluido el antisemitismo.[38] El sucesor de Gömbös, Kalman Daranyi, a pesar de sus diferencias políticas con el gobierno anterior, mantuvo la política antisemita, tratando de regularla con una ley que, a la vez, apaciguara a los fascistas locales y a los alemanes. No quedó bien con nadie y Horthy lo sustituyó con Bela Imredy quien, a pesar de haber presentado un borrador más severo de la llamada Ley Judía (antijudía de hecho) de Daranyi, habría de renunciar también porque sus oponentes demostraron que su abuelo había sido judío. A partir de esta renuncia, a principios de 1939, el moderado Teleki ocupó la jefatura del gobierno. Pal Teleki, sin embargo, no cambió las políticas de sus predecesores aunque combatió a algunos de los grupos fascistas.

Esta inestabilidad bajo la dictadura de Horthy llevó al fortalecimiento del Partido de la Cruz Flechada que, bajo la dirección de Szálasi, se convirtió en un movimiento de masas que en las elecciones parlamentarias de 1939 obtuvo una votación muy significativa.[39]

Teleki recibió fuertes presiones de Alemania para pasar por territorio húngaro hacia Yugoslavia y para que su gobierno proporcionara armas y soldados. Como resultado, se suicidó. Su lugar fue ocupado por un hombre de la ultraderecha (Bardossy). Con este gobernante se iniciaron las deportaciones y matanzas de judíos, política que no coincidía con las posiciones de Horthy. Quizá los extremos fascistas de sus gobiernos, y las presiones alemanas en aumento, llevaron al dictador a nombrar a un miembro del grupo de Bethlen, conservador tradicional, en sustitución de Bardossy. Kallay, el nuevo gobernante, mantuvo una política doble con los nazis y con los países aliados contra el nazi-fascismo. Fracasó y finalmente Alemania invadió Hungría. A partir de este momento la "solución final" que había querido evitar Kallay, sin que esto quiera decir que se dejara de perseguir a los judíos, alcanzó a cerca de medio millón. Sin embargo Horthy, con apoyo de las fuerzas militares que no pertenecían a las asociaciones secretas de orientación fascista ni al grupo de los germanófilos que colaboraban con el nazismo, intentó detener las deportaciones racistas y las expropiaciones e inició "secretas negociaciones de armisticio con los rusos". Las tropas

[38] Un alto porcentaje de la industria, probablemente cerca del 80 %, así como los principales bancos, eran propiedad de judíos en Hungría.
[39] Jerzy W. Borejsza, *op. cit.*, pp. 154-155.

alemanas en Budapest lo arrestaron,[40] e impusieron al dirigente de Cruz Flechada, Szálasi, como primer ministro.

Los grupos fascistas nunca lograron unidad y tampoco lograron un poder suficiente, por sí solos, para llevar a Hungría al fascismo. El fascismo húngaro, escribía Erös, comenzó como "una conspiración militar, terminó como un movimiento militar",[41] con serias divisiones y sin capacidad para hacerse del poder. Aunque en esos años (1919-1944) el anticomunismo fue común denominador y el chauvinismo tuvo expresiones significativas (teñido de racismo a partir de la segunda mitad de los años 30), no puede decirse que el régimen haya sido totalitario (aunque sí dictatorial) ni que el fascismo haya tenido el poder propiamente dicho, pese a su fuerza nada despreciable. Tampoco hubo un cuerpo ideológico o un programa fascista de sustentación, ni apoyo significativo de masas, quizá por la división de las agrupaciones fascistas y de las que estaban cerca de estas posiciones. La dictadura de Horthy fue el poder de las clases sociales tradicionales, no de los fascistas.[42] Pero éstos lograron que muchas medidas de corte fascista, más alemán que italiano, se impusieran. No pienso que a las víctimas de ese fascismo incompleto o inacabado de Hungría les hayan importado estas sutilezas.

Polonia

Durante más de un siglo este país había sido un territorio repartido entre Rusia, Austria y Prusia. En 1918 conquistó su independencia, proclamándose república parlamentaria con un gobierno provisional. El jefe de Estado sería Piłsudski. El gobierno sería de derecha y no tuvo reparos en reprimir brutalmente las huelgas en las fábricas y en las grandes propiedades rurales. En las elecciones de la Dieta y del Senado, así como en la votación de la Constitución, la derecha logró mayoría de votos. Pero había una derecha a la derecha de Piłsudski: el Partido Nacional (originalmente

[40] *Ídem*, p. 131. Véase también a Elizabeth Wiskemann, *op. cit.*, p. 268.

[41] *Ídem*, p. 139.

[42] Mihaly Vajda, *Fascism as a mass movement*, London, Allison & Busby, 1976, p. 12. Vajda fue discípulo de Agnes Heller, seguidor de Lukács y miembro del Partido Comunista húngaro, de donde fue expulsado en 1973. En este libro Vajda plantea una interesante discusión sobre el concepto de bonapartismo para el caso del fascismo. Véase también Andrzej Stawar, *op. cit.*, en especial el apartado titulado "Bonapartismo y Fascismo, pp. 19 y ss., donde el autor critica a aquellos que llaman fascismo a todo "régimen reaccionario que actúe con medios arbitrarios y dictatoriales".

Partido Nacional-Demócrata), dirigido por Dmowski, que, más adelante, en 1933, sufrió una escisión de orientación fascista. Esta extrema derecha (*Obóz Narodowo-Radycalny-Falanga*, Bando Nacional-Radical-Falanga)[43] tuvo claros rasgos fascistas, aunque un tanto peculiares pues era antialemana, pese a ser antisemita, xenófoba y ultranacionalista. Este partido era defensor de una economía de pequeños propietarios que nos recuerda el poujadismo francés y, aunque fuera por prohibiciones de la policía, sus huestes no estaban armadas.

Los gobiernos de Witos y de Grabski no pudieron resolver las difíciles relaciones internacionales de Polonia con Alemania, ni los grandes problemas económicos y de desempleo. Piłsudski, quien se había alejado del poder, regresó mediante un golpe de Estado, presumiblemente apoyado por la izquierda y otras fuerzas. El Partido Nacional pasó a la oposición, la Dieta y el Senado perdieron fuerza, las elecciones fueron fraudulentas, varios de los opositores fueron encarcelados o exiliados, las leyes se aplicaron de manera muy arbitraria. La crisis mundial, cuyas manifestaciones habrían de ser particularmente evidentes en 1930, impuso un retroceso considerable a los logros alcanzados en los años precedentes. La nueva Constitución de 1935 le dio al presidente del Estado poderes extraordinarios. La oposición de izquierda aumentó, y en la lógica de los frentes populares como nueva directriz de la Tercera Internacional, tanto comunistas como socialistas llamaron a un frente en contra del fascismo y, de manera particular, contra el Tercer Reich que sin duda era una amenaza para Polonia.

Andreski señalaba que el régimen de Pisudski no fue fascista, pese a haber sido una dictadura militar.[44] Borejsza opinaba lo mismo, aunque a la dictadura la llamó "Estado autoritario".[45] Fue, sin duda, una dictadura; pero una dictadura en la que hubo oposición y relativa libertad de prensa, partidos políticos, sindicatos, huelgas (no pocas de éstas fuertemente reprimidas). No fue un gobierno simpatizante del fascismo, ni del italiano ni del alemán, mucho menos antisemita pues, aunque no fue instrumento directo de la

[43] Jerzy W. Borejsza, *op. cit.*, p. 165; y Andrzej Ajnenkiel, "Aprés le coup d'État de Piłsudski", *Pologne (Manuel)*, Varsovie, Éditions Interpress, 1978, pp. 98 y ss.

[44] S. Andreski, "Polonia", en S. J. Woolf, *op. cit.*, p. 163. El autor señalaba que Piłsudski "se abstuvo de ocupar el puesto de presidente o el de jefe del gobierno, y, hasta su muerte, siguió siendo ministro de la Guerra". Pero tenía el poder (p. 164).

[45] Jerzy W. Borejsza, *op. cit.*, p. 162.

burguesía, tuvo buenas relaciones con la nobleza terrateniente y con la gran burguesía urbana formada principalmente por judíos. De hecho el gobierno puso fuera de la ley a los fascistas de la *ONR-Falanga*, así como al Partido Comunista, pues la dictadura también era anticomunista, como las otras dictaduras europeas.

En mayo de 1935 murió Pilsudski, y como consecuencia Polonia entraría en una crisis política. El poder sería disputado por las distintas fuerzas en esos momentos. Varias de éstas eran fascistas. "La lucha por el poder —escribía Andreski— se efectuaba entre una burocracia pseudofascista y militarizada, y un partido semifascista de chauvinistas antisemitas y ultracatólicos."[46] El nuevo gobierno llevó a cabo una política de intimidación, arbitrariedad y persecución tanto de opositores como de movimientos sociales de protesta, pero aun así no podría ser considerado fascista, aunque sí militarista y autoritario, semejante al franquismo español, pero más tolerante que éste.

El contraste entre los gobiernos dictatoriales polacos con lo que significó la invasión nazi, es fácil de establecer. Después de la invasión alemana, sin previa declaración de guerra, se prohibió todo tipo de actividad política, cultural y social. Semanas después del 1 de septiembre de 1939, fecha de entrada de las tropas alemanas, comenzaron las matanzas y las deportaciones de polacos tanto a campos de concentración como a campos de exterminio. Sólo en Auschwitz perdieron la vida, en las cámaras de gas, alrededor de 3.5 millones de personas.[47] (Al parecer la Unión Soviética, en 1940, tampoco fue ajena a la matanza de polacos, por ejemplo en el bosque de Katyn a manos de la NKVD [*Narodny Kommisariat Vnutrennikh Del*] dirigida entonces por Beria.[48])

En Polonia los fascistas no tomaron el poder. La dictadura polaca, a diferencia de la española y la portuguesa, no aprovechó a los grupos declaradamente fascistas para fortalecer su dominio. Ante la agresión alemana, el pueblo se unió contra el nazismo, con muy pocas excepciones. La lucha del ejército polaco y de la resistencia civil y clandestina contra los nazis fue verdaderamente heroica, tan-

[46] S. Andreski, *op. cit.*, p. 178.

[47] A. Ajnenkiel, *op. cit.*, p. 102.

[48] El bosque de Katyn está cerca de Smolensk, Rusia, al oeste de Moscú. Ahí fueron asesinados cuatro mil polacos que habían sido tomados prisioneros cuando la URSS invadió a Polonia en 1939. Véase <http://www.geocities.com/Athens/Troy/1791/>, y también en <http://www.katyn.org.au/map.html>.

to dentro de Polonia como en el extranjero.[49] No todos los países de Europa pueden presumir estas medallas.

Portugal[50]

En los años 20 del siglo pasado no había estabilidad política en este país: los militares y los políticos se enfrentaron en repetidas ocasiones. La Primera República estaba en crisis, sobre todo entre 1919 y 1926. El 28 de mayo de 1926 hubo una insurrección armada contra Lisboa (en realidad un golpe de Estado), dirigida por el general Gomes da Costa. El gobierno dimitió y las cámaras legislativas fueron disueltas. Se formó un triunvirato, compuesto por Gomes da Costa, el comandante Cabeçadas y el general Carmona. Éste se quedaría con el gobierno a principios de julio. Se iniciaría así una dictadura como régimen político, sin embargo la oposición no dejó de manifestarse, incluso con intentos insurreccionales. Algunos de éstos fueron organizados por portugueses exiliados en Francia y en España, otros por comunistas dentro y fuera del país. Carmona nombró a Oliveira Salazar ministro de Hacienda, con amplios poderes. Desde ese cargo saneó las finanzas públicas, pero —como me señalara Urbano Rodrigues— no hubo recuperación económica. Como presidente del Consejo de ministros, Salazar tendría poderes absolutos, dictatoriales de hecho. Proclamó una Constitución corporativista (1933) del *Estado Novo*, de inspiración católica y los militares pasaron a segundo término, de hecho le entregaron el poder, un poder que Salazar no conquistó. Parafraseando a Soares, en Portugal la dictadura precedió al dictador.[51]

En el Nuevo Estado se mantuvo la prohibición de los partidos, salvo el oficial: *União Nacional* (Unión Nacional), que nunca funcionó como tal ni tuvo, ya no digamos el papel del partido fascista italiano o del nacionalsocialista alemán, sino siquiera el de un partido único típico. Pero, obviamente, la idea no era que funcionara como partido, sino más bien de que existiera algo parecido a un partido, un apoyo al gobierno y al régimen. De este modo, la Asamblea

[49] Véase Elizabeth Wiskemann, *op. cit.*, capítulo XVI.

[50] Muchas de las reflexiones sobre Portugal se las debo a mi amigo, el escritor y analista portugués, Miguel Urbano Rodrigues. Sin embargo, él no es responsable de los posibles errores de este texto.

[51] Mário Soares, *Portugal: la lucha por la liberación*, Caracas, Monte Ávila Editores, 1973, p. 31.

Nacional contaba sólo con miembros de Unión Nacional, y así era imposible que hubiera oposición al gobierno.[52] Se podría establecer una analogía, como partido, entre *União Nacional* y el Bloque Extrapartidos de Colaboración con el Gobierno de Piłsudski o quizá con el Bando de la Unidad Nacional que le sucedió a la muerte del dictador polaco. Algunos autores han señalado que en los regímenes fascistas fue determinante la existencia de un partido único como elemento hegemónico de la coalición gobernante, pues parten del principio de que los gobiernos fascistas no son de una sola persona, sino de un grupo de intereses ("alianza informal en el poder").[53] Esta apreciación, interesante, es discutible. Como demostraré en los apartados correspondientes, en Italia el Partido estaba subordinado al Estado, y éste estaba representado por *il Duce*, independientemente de que existiera el rey como jefe formal del Estado. En Alemania tanto el Estado como el Partido estaban subordinados al *führerprinzip*, es decir a Hitler.

Bajo la dictadura de Salazar, nos recuerda Borejsza, "se prohibieron por decreto las huelgas y se disolvieron los sindicatos de clase para poner en su lugar los sindicatos compuestos de patronos y obreros según las distintas ramas profesionales[54] [...] Se garantizó de manera formal la libertad individual, aunque en realidad reinó el terror; internamientos y encarcelamientos estuvieron a la orden del día. La tristemente célebre PIDE, la policía política, tomó como modelo a la Gestapo".[55] Pero, según este autor, no podría afirmarse que fuera un régimen fascista, ni del tipo italiano ni del tipo alemán. Lo que no nos dice el historiador polaco es por qué el fascismo portugués no podía ser precisamente eso: fascismo portugués, ni por

[52] A partir de 1945, en las llamadas medidas democráticas de Salazar, surgieron nuevos partidos, como el Movimento de Unidade Democrática—MUD, que tuvo un cierto peso en aquellos años.

[53] Véase, por ejemplo, a Ismael Saz, "Escila y Caribdis: el franquismo, un régimen paradigmático", en Joan Antón Mellón (coordinador), *Orden, jerarquía y comunidad. Fascismos , dictaduras y postfascismos en la Europa contemporánea*, Madrid, Tecnós, 2002, pp. 163 y 167.

[54] Se formó la Cámara corporativa, que fue un órgano cuya atribución principal era examinar las propuestas de ley presentadas a la Asamblea nacional y emitir dictámenes. Véase *Enciclopedia Universal Ilustrada*, Madrid, Espasa-Calpe, *Suplemento anual 1935*, 1938, "Portugal", p. 751.

[55] Jerzy W. Borejsza, *op. cit.*, pp. 229-230; véase también H. Martins, "Portugal", en S. J. Woolf, *op. cit.*, pp. 314-315, donde se proporcionan datos de la represión tanto policíaca como de los grupos paramilitares.

qué para ser fascista tenía que haber seguido el modelo italiano o el alemán que, entre sí, tuvieron importantes diferencias.

El salazarismo fue una dictadura muy ligada a la alta jerarquía de la Iglesia católica y, desde luego, a los terratenientes. Y aunque no fue racista ni partidario de un Estado totalitario en nombre del pueblo, de la raza o de una ideología, no dejó de ser totalitario al no permitir oposición.[56] Por lo mismo fue un régimen antidemocrático, anticomunista, contrario al individualismo, corporativo y orgánico, según Gil Robles, un político conservador de tiempos de Salazar y de Franco.[57] El corporativismo portugués estaba basado en el artículo V de la Constitución del *Estado Novo* que establecía "la base unitaria y corporativa de la nación", una característica fascista que, como otras, habría de profundizarse al paso del tiempo.[58] El régimen era tan unitario y tan personalista, que cuando en 1934 Rolão Preto (y sus "camisas azules") intentara dar un golpe de Estado, fue desterrado a pesar de haberse creído amigo de Salazar (Salazar no tenía amigos, usaba a la gente como muchos políticos).

A partir del inicio de la guerra civil en España, el régimen salazarista se endureció más y reforzó su carácter fascista al crear, por ejemplo la organización paramilitar *Legião Portuguesa* y una organización juvenil, de afiliación obligatoria, que se llamó la *Mocidade Portuguesa* (los camisas verdes) y que sería algo así como el semillero de la Legión.[59] "El nuevo Estado portugués —decía la *Enciclopedia Espasa-Calpe*— quiere ser potente, autoritario y portador de valores eternos, pero no ilimitado ni divino; no principio primero y fin último de las personas, tanto individuales como colectivas que integran la nación. 'Cuanto más profundo sea este sentimiento de la realidad nacional —decía Salazar, citado por la *Enciclopedia*—, tanto más se impone el *desconocimiento* de las facciones, de los partidos, de los gru-

[56] Véase a António de Figueiredo, *Portugal: Fifty Years of Dictatorship,* New York, Holmes and Meier, 1975. En el pensamiento de Salazar había un cierto racismo, sobre todo dirigido a las colonias portuguesas de ultramar; él decía que había razas decadentes y atrasadas que había que civilizar, pero no más.

[57] Citado por Joseph Sánchez Cervelló, "El *Estado Novo* Salazarista: una dictadura autoritaria y corporativa", en Joan Antón Mellón (coordinador), *op. cit.*, p. 198. José María Gil Robles fue fundador de la CEDA (Confederación Española de Derechas Autónomas) en 1933.

[58] Para mayor extensión sobre el corporativismo en este país, véase, Howard J. Wiarda, *Corporatism and Development: The Portuguese Experience,* Amherst, University of Massachusetts Press, 1977.

[59] H. Martins, *op. cit.*, pp. 308-309 y 311.

pos en que accidentalmente pueden encuadrarse los individuos.' "[60] Una forma muy alambicada de referirse a un régimen totalitario, al menos en lo político, que es también otra característica del fascismo y no necesariamente de cualquier dictadura.

Por lo que se refiere a la relación del gobierno con el capital, el salazarismo no combatió a la propiedad privada de los medios de producción ni de las escuelas, por ejemplo. Salazar decía que el Estado debía apartarse tanto del "monopolio absorcionista como de la intervención por medio de la concurrencia". Así dicho, se trataba de una política de intervencionismo de Estado, no muy diferente, formalmente hablando, del estatismo de aquellos años en otros países europeos. El fascismo portugués, como fue el caso de otros fascismos, tampoco tuvo interés en disminuir las desigualdades existentes, sino más bien lo contrario.[61] Las políticas fiscal y económica del salazarismo, orientadas por una dinámica de austeridad, recayeron principalmente sobre los hombros de los obreros y de los trabajadores rurales y los campesinos pobres, impidiéndoles, de este modo, que pudieran mejorar sus condiciones de vida. En este sentido no sólo fue un régimen totalitario sino de derecha, al igual que las otras dictaduras que hemos analizado hasta aquí.[62]

Si pensáramos en un país donde el conservadurismo ha sido importante, tendríamos que destacar a Portugal. Antes de los años 60 del siglo pasado, es decir antes de que se iniciara un cierto crecimiento económico acelerado, Portugal era un país donde no se percibía la movilidad social ni interés particular por la industrialización. Algunos autores llegaron a sugerir que en este país sólo había dos clases: la alta, obviamente minoritaria y elitista, ligada a la política, al ejército, a la Iglesia católica, a la propiedad territorial y a

[60] *Enciclopedia Universal Ilustrada*, Madrid, Espasa-Calpe, 1926, *Suplemento Anual 1936-1939*, segunda parte, editado en 1966, p. 1976 (las cursivas son mías). Es pertinente señalar que en esos años la *Enciclopedia* era, si acaso dejó de serlo, ostensiblemente de derecha. En el tratamiento de España sus autores fueron franquistas.

[61] Algunos datos estadísticos sobre Portugal, especialmente sobre las consecuencias de las políticas económicas de Salazar en la población, pueden verse en Christian Rudel, *Le Portugal et Salazar*, Paris, Éditions Économie et Humanismo/Les Éditions Ouvrières, 1968, pp. 19 y ss. Véase también Alvaro Cunhal, *A revolução portuguesa. O passado e o futuro*, Lisboa, Editorial Avante! (Documentos políticos do Partido Comunista Portugués), 1976, pp. 32 y ss.

[62] Hay autores que después de describir el totalitarismo durante la dictadura de Salazar llegan a la conclusión de que ésta no fue totalitaria. Es el caso de Joseph Sánchez Cervelló, ya citado, p. 242. Sin comentarios.

pocas industrias, y la baja, sin ninguna otra clase en medio.[63] Como que cada clase social tenía que permanecer, como si fueran estamentos establecidos e intocables, como si las tradiciones del siglo XIX fueran una forma de vida. La idea de progreso no parecía ser muy atractiva para los portugueses, salvo quizá para los emigrantes, que no fueron pocos y, desde luego, para la izquierda opositora. La muy relativa modernización de los años 60 y principios de la década siguiente fue, más que todo, resultado de la nueva industrialización y de nuevas inversiones, tanto nacionales como extranjeras.[64]

Si bien Salazar tenía simpatías por el fascismo italiano, incluso por Mussolini, no las tuvo en igual medida por Hitler ni el nazismo. Durante la Segunda Guerra se mantuvo neutral, aunque no rompió la antigua alianza con la Gran Bretaña. El fascismo portugués, a diferencia del italiano y del alemán, no fue progresista en ningún concepto, ni siquiera con sus colonias de ultramar, en el sentido de desarrollarlas. Tampoco fue un régimen que surgiera apoyado por miembros de las clases medias (que en Portugal eran muy reducidas en número), ni por las masas trabajadoras. El fascismo portugués no fue de masas, ni de grandes símbolos.[65] Fue altamente jerarquizado, austero y conservador. Sólo en los años 50, con el primer plan quinquenal, comenzó una cierta modernización; modernización que muy poco favoreció al país en términos económicos. Ésta y los movimientos de liberación nacional en sus colonias africanas, acelerarían los cambios que condujeron al fin de la dictadura y al principio de la transición democrática.

[63] Una referencia al respecto es Harry M. Makler, "The Portuguese Industrial Elite", en Lawrence S. Graham y Harry M. Makler (editors), *Contemporary Portugal: the revolution and its antecedents*, Austin, University of Texas Press, 1979, pp. 147-165.

[64] Christian Rudel, *op. cit.*, p. 37. En 1934 el valor de los productos industriales apenas representaba alrededor de 20 por ciento de los productos agrícolas; en 1960 los primeros eran 50 por ciento superiores a los agrícolas más los forestales y pesqueros juntos. Sobre la industria en manos extranjeras, véase en esta misma obra, las pp. 41-43.

[65] Salazar no tenía familia ni amigos, "rehuía el fasto de las recepciones mundanas", era "de voz gangosa, sin ningún magnetismo para las masas [...] era incapaz de hablar en público sin la ayuda de un texto escrito [...] Hoy resulta difícil comprender cómo un hombre así pudo reinar en Portugal durante cuarenta años como amo absoluto." Este testimonio se puede leer en Mário Soares, *op. cit.*, p. 27.

España

En este país el franquismo ha sido caracterizado también como fascismo. Para otros autores simplemente como una dictadura que transitó por varias fases.[66] Una caracterización sugerente es la del profesor Saz de la Universidad de Valencia: régimen *fascistizado*. Saz entiende por éste una dictadura reaccionaria en la que "los integrantes de la alianza informal en el poder son sustancialmente los mismos que en las [dictaduras] fascistas —medios de negocios, ejército, Iglesia [católica, en este caso], burocracia, partido—, pero en las que el sector fascista aparece *subordinado*, sin capacidad, por tanto, de marcar la dirección del proceso."[67] Esta manera de plantear el tema podría conducir a caracterizar al salazarismo portugués de régimen fascistizado, y no sólo al régimen de Franco en España, pues ni Salazar ni el caudillo español formaron o dirigieron un partido propiamente fascista para llegar al poder o para dirigir el proceso.[68] En mi opinión y al margen del franquismo en particular, un gobierno que actúa como fascista, independientemente de los medios de que se vale, es fascista. Todos los gobiernos fascistas contaron con aliados, y no necesariamente sujetándose a estos. Favorecerlos no significó subordinarse, sino contar con ellos y no enfrentarlos de manera directa en el proceso de construcción de la hegemonía y la dominación personal. Vale decir que entre el fascismo portugués y el italiano o el alemán, destacaría una diferencia importante: el primero no tuvo ni contó con apoyo de masas, como tampoco Franco. Y quisiera agregar una observación: hablar de "dictadura reaccionaria" es también discutible, pues sería aceptable para ubicar ciertos aspectos, pero no todos, como por ejemplo el apoyo, tanto de Mussolini como de Hitler (y de Salazar y Caetano después de la Segunda Guerra), a la industrialización, a las obras de infraestructura, a una cierta modernización económica. Quizá podríamos decir lo mismo de Franco en los años 60 y posteriores, aunque muchos piensan que

[66] Entre estos autores destaca Stanley Payne, quien hablaba de los varios tiempos del franquismo y de que toda caracterización del régimen tendría que ser válida para todos ellos. Puede consultarse Stanley G. Payne, *El régimen de Franco (1936-1975)*, Madrid, Alianza Editorial, 1988, entre otras de sus obras.

[67] Ismael Saz, *op. cit.*, pp. 166-167 (las cursivas son mías).

[68] El hecho de que Franco fusionara los partidos de derecha extrema en abril de 1937 no significó que se apoyara en ellos. Su apoyo principal, particularmente en los momentos de la guerra civil, era el ejército; los partidos eran un complemento, órganos auxiliares del Estado y del ejército.

la modernización de España comenzó después de la muerte del Caudillo. Como quiera que sea, el relativo impulso a la economía todavía en tiempos de Franco no podría considerarse reaccionario, sino en cierto sentido, sobre todo en términos económicos, progresista. El progresismo entonces se entendía, al margen de connotaciones políticas, como industrialización, modernización de la economía y tecnológica. Culturalmente, en el sentido amplio del término, el franquismo estuvo dominado, hasta unos años antes de su fin, por el oscurantismo reaccionario y clerical; y en política por la ausencia de democracia y de libertades. Las dictaduras de esos años, fascistas o no, fueron reaccionarias también por su posición ante los obreros: disolvieron sus sindicatos y sus partidos, eliminaron sus conquistas y terminaron por desarmarlos políticamente para ponerlos en situación subordinada ante la patronal y el Estado.

En 1936 España no gozaba de estabilidad. De hecho no conoció estabilidad en los anteriores 60-70 años. Hubo diferentes regímenes contrastantes en ese periodo. Monarquía-república efímera-monarquía-dictadura-república. Paralelamente, España perdería Filipinas, Cuba y Puerto Rico al término del siglo XIX, en el curso de la monarquía reaccionaria de Alfonso XII. La catástrofe colonial repercutió seriamente en la economía y la lucha de clases se agudizó, sobre todo en Cataluña y en el país Vasco. La intromisión en Marruecos acentuó todavía más la situación de crisis, por los costos militares en este país que quería su independencia. Los movimientos de trabajadores opositores, y la represión que sufrieron, llevaron a la formación de Confederación Nacional del Trabajo, de orientación anarquista, y al fortalecimiento relativo del Partido Socialista Obrero Español fundado en 1879 y constituido oficialmente en 1888.

La monarquía no supo, en la lógica del poder, enfrentar los movimientos campesinos y obreros. Esta situación llevó a pensar a ciertos jefes militares que debían intervenir en la esfera del gobierno. El 13 de septiembre de 1923 Miguel Primo de Rivera encabezó un golpe de Estado sin tocar a la monarquía. A pesar de la influencia de Mussolini en el nuevo dictador de España, su gobierno no fue fascista, escribía Andreu Nin en un artículo de 1930.[69] Se trataba de un gobierno fuerte semejante al de otros dictadores en el mundo. En este mismo artículo Nin señalaba que los apoyos de Primo de Rivera eran más bien "bases *negativas*", es decir "la impotencia de

[69] Andreu Nin, *La revolución española*, Barcelona, Editorial Fontamara, 1978, pp. 21 y ss.

las organizaciones obreras, [...] la ausencia de grupos políticos organizados con más o menos coherencia, [...] la apatía y la pasividad general del país." Sin embargo, el dictador intentó, siguiendo a Mussolini, dotarse de bases de apoyo mediante la Unión Patriótica y, con ésta, organizar al país según el modelo corporativo italiano y un Estado unitario. No tuvo éxito, y en enero de 1930 presentó a Alfonso XIII su renuncia.

Después de un periodo incierto, en las elecciones de abril de 1931 los monárquicos perdieron las elecciones en las ciudades. Georgel escribía que se llevó a cabo una segunda revolución pacífica al tomar el poder en Madrid un comité revolucionario (14 de abril de 1931) y al exigir la abdicación del rey. Éste se fue a Francia ese mismo día, y comenzó la república con un presidente provisional: Alcalá Zamora. Pero la república no fue estable ni tuvo una misma orientación en su breve duración; en muchos sentidos fue contradictoria, incluso con Manuel Azaña después de reemplazar a Zamora a los pocos meses de su gobierno. El nuevo gobernante adoptó medidas que no satisficieron a nadie. La izquierda anarquista estaba inconforme, los socialistas también. La derecha se reorganizó y formó la Juntas Ofensivas Nacional Sindicalistas (JONS), apoyadas tanto por la Iglesia como por los militares. Se creó también la Falange dirigida por José Antonio Primo de Rivera, hijo del anterior dictador, con una posición originalmente fascista y nazi claramente asumida pero que más adelante fue matizada con el argumento de que, por encima de todo, la organización era española.[70] Paralelamente se creó la Confederación Española de las Derechas Autónomas (CEDA) dirigida por José María Gil Robles.[71] Esta derecha reorganizada ganó las elecciones de 1933. La contrarrevolución social se inició en esos momentos. Los militares se reorganizaron también. La república se veía en peligro. Para 1936, "la república llegó al mismo tiempo a su apogeo y a su agonía", concluyó Georgel en una síntesis notable.

El 16 de febrero de 1936, después de un lustro de inestabilidad y enfrentamientos, la izquierda ganó la mayoría en las elecciones

[70] El pensamiento político de José Antonio Primo de Rivera se puede consultar en *Obras completas de José Antonio Primo de Rivera* (Recopilación de Agustín del Río Cisneros), Madrid, Sección Femenina de la FET y de las JONS, 1959, en donde se cita un discurso del fundador de la Falange en el que dice que ésta no es fascista (¡!).

[71] Jacques Georgel, *Le Franquisme, histoire et bilan (1939-1969)*, Paris, Éditions du Seuil, 1970, pp. 26-30.

de diputados, un poco más que las derechas y el llamado centro en conjunto. El nuevo gobierno estuvo encabezado, una vez más, por Manuel Azaña, quien el 10 de mayo sería electo presidente de la República. Con él las izquierdas obtendrían satisfacción a algunas de sus demandas, pero otros sectores de esta corriente intentarían rebasar, con toda razón, al gobernante. Las pugnas entre las izquierdas y entre éstas y las derechas, además de provocar una considerable inestabilidad social, no hicieron fáciles las cosas para el nuevo gobierno, y éste, en realidad, tampoco atendió las muchas demandas de los más amplios sectores de la población. El hecho importante, para el propósito de este apartado, es que el gobierno republicano no pudo garantizar estabilidad; y cuando esto ha ocurrido (antes en la misma España pero también en muchos otros países), no han faltado los militares que pensaran que ellos sí podrían lograr la estabilidad.

El asesinato del monárquico-fascista Calvo Sotelo, fundador del Bloque Nacional, fue, al parecer, la gota que derramó el vaso. Cuatro días después, el 17-18 de julio de 1936, se inició el llamado Alzamiento Nacional, con Francisco Franco al frente. Este alzamiento quedaría marcado desde antes de que Franco desembarcara, desde Marruecos, en las costas españolas: el transporte fue facilitado por Italia y Alemania.[72] La guerra civil comenzaría. Cuando las fuerzas de Franco y de Mola establecieron su gobierno en Burgos, de nuevo la marca del fascismo de Italia y Alemania se haría presente: ambos gobiernos reconocieron de inmediato a la junta militar.[73] La Junta, en septiembre de 1936, designaría a Franco "Jefe del Gobierno del Estado; designación extraña —decía Gallego— que en seguida

[72] El ejército de Franco estaba compuesto por fuerzas regulares estacionadas en Marruecos, tropas marroquíes y batallones de la Legión Extranjera. Se le unieron también los Carlistas, que habían resurgido en 1931, que contaban con milicias clandestinas conocidas como los *requetés*. Mussolini puso su parte, enviando 50 mil soldados en su apoyo. Alemania, además de bombardear Guernica, le facilitó a los Nacionalistas una gran cantidad de armamento y aviones. Véase, entre otras muchas fuentes, el libro ya citado de Elizabeth Wiskemann, pp. 155 y ss., y, desde luego, Pierre Broué y Émile Témime, *La revolución y la guerra de España*, (2 tomos), México, Fondo de Cultura Económica, 1962, T. 2, capítulo II, en donde se analizan no sólo la brutalidad de "los moros" de Franco y las declaraciones de éste sobre fusilar, si fuera necesario, a la mitad de España, sino también los diversos apoyos de Alemania e Italia, por vía directa o por medio de la complicidad de Salazar.

[73] La "Declaración-programa de la Junta de Defensa Nacional", en la que se presentan sus posiciones al país, en la franquista *Enciclopedia Universal Ilustrada*, Madrid, Espasa-Calpe, *Suplemento anual 1935*, "España Nacional", pp. 1401-1408.

perdió las palabras 'del Gobierno' para quedar en jefe del Estado", el *Caudillo* ("por la gracia de Dios") de un régimen de tentaciones totalitarias y vocación dictatorial.[74] El Caudillo, que sólo era responsable ante Dios y ante la historia, como rezaban los estatutos de la Falange, tenía en común con el fascismo italiano "la [aspiración a la] unanimidad nacional en torno al jefe, así como el principio de la unidad y de la totalidad del poder, concentrado en las manos de este jefe." El programa de la Falange devendría programa del Estado.[75]

Personalmente Franco era conservador y antirrepublicano, poco interesado en las ideologías por su formación de militar profesional y, por lo mismo, pragmático. Se concebía a sí mismo como el salvador de España, de su inestabilidad y del caos que reinaba y que ponían en peligro, según él, la unidad del país. Fue enemigo de la democracia parlamentaria y de los partidos políticos, especialmente de los de izquierda. Con el poder en sus manos se apoyó por igual en la derecha tradicional, en el ejército y en los fascistas. Los enemigos a vencer por los Nacionalistas, eran lo republicanos y, con éstos, los comunistas, los socialistas, los trotskistas, los anarquistas y la masonería que, en su mayoría, tenían grandes diferencias entre sí. La Guerra Civil terminó en 1939 con el triunfo de los Nacionalistas. Varias centenas de miles murieron en combate, otros tantos emigraron. Fue una guerra fratricida entre las izquierdas y las derechas sobre la que hay una enorme cantidad de estudios publicados.

El franquismo obligaba a los trabajadores a formar parte de sindicatos verticales, y se les negó el derecho de huelga. Al igual que en el salazarismo portugués, empleadores y trabajadores tenían que buscar la armonía para el bien común, para el bien de la nación, como sugería la Encíclica *Rerum Novarum* de León XIII (1892). Las Cortes (parlamento español) no tuvieron funciones legislativas, que eran atribución exclusiva del Caudillo. Por lo mismo no podían votar contra el gobierno. La legitimidad del nuevo gobierno provenía del Movimiento Nacional (única organización política reconocida) y de la Iglesia católica romana. Su apoyo principal era el ejército. La membresía del Movimiento Nacional (MN) estaba compuesta por falangistas, católicos conservadores, monárquicos, empresarios, burócratas y demás, sin importar los traslapes existentes entre unos

[74] José Andrés Gallego, *España en el siglo XX (1900-1978)*, México, Rei/Biblioteca Iberoamericana, 1991, p. 113.
[75] Jacques Georgel, *op. cit.*, pp. 100 y 107.

y otros. La idea de incluir a tan diversos sectores en el MN era su control, evitar que uno o más de éstos pudiera rivalizar por el poder. A diferencia de los fascismos italiano y alemán, la educación se dejó en manos de la Iglesia católica, la enseñanza religiosa fue obligatoria. En el caso de las autonomías, éstas se prohibieron así como el uso de sus idiomas, particularmente en Cataluña y en el país Vasco. La política y la administración pública fueron totalmente centralizadas. La libertad de expresión y de prensa estaba limitada y se consideraba traición a la patria criticar al régimen y sus instituciones. El programa falangista del nacional-sindicalismo tuvo poca influencia en el nuevo régimen, y los falangistas fueron obligados a participar en el interior del MN, como ya mencioné antes. Si bien las dos primeras décadas del franquismo tuvieron visibles ingredientes de fascismo, en los años 60 y posteriores hubo una cierta flexibilización. ¿Semifascismo? (Confieso que no me agradan estas categorías ambiguas; dan idea de lo que se trata, pero no certidumbre.)

La brutal represión contra toda oposición y crítica, y especialmente contra los trabajadores desde los primeros años de franquismo, la negativa a aceptar cualquier tipo de libertades y las ejecuciones llevadas a cabo no permiten usar la expresión "semifascista". Era una dictadura totalitaria, sin duda, un Estado militar bajo leyes marciales (1936-1948), primero en los territorios ganados y luego en toda España. Pero una dictadura, incluso totalitaria, no es razón suficiente para calificar a un régimen de fascista. Todo régimen fascista es dictatorial, pero no toda dictadura es fascista. Podría decirse, sin embargo, que hasta 1942 los fascistas de la Falange jugaron un papel importante en la construcción del franquismo, pero siempre en apoyo al caudillo y no al revés. Para 1944 Franco ordenó la desaparición de las milicias falangistas y más tarde se les marginó del gobierno para volverlos a incorporar a mediados de los años 50. Comenzó la declinación de la Falange, a pesar de que, por la grave situación económica de España, creciera como organización y pareciera reconquistar influencia en Franco (que en realidad la volvió a utilizar).[76]

El nuevo régimen regresó la tierra expropiada durante la República a sus dueños originales, y favoreció a la industria y a los

[76] *Ídem*, pp. 119 y ss. En estas páginas el autor menciona los cambios ideológico-políticos sufridos en el interior de la misma Falange para esas fechas, cambios que califica como las antípodas del pensamiento de su fundador.

banqueros.[77] Se intentó un crecimiento económico autárquico, que fue un fracaso, por lo que después de la Segunda Guerra los empresarios presionaron por abrir las fronteras. Se iniciaría una liberalización económica, que no política. Esta apertura económica enfrentó a los falangistas con los tecnócratas del Opus Dei de gran influencia en esos años. La creciente industrialización de los años 60 produjo también el crecimiento del proletariado industrial. Entre éste se fue gestando un movimiento organizativo, clandestino por supuesto, con apoyo de sectores izquierdistas y democráticos de la Iglesia católica (los curas obreros, por ejemplo). Fueron los años del Segundo Concilio Vaticano y el surgimiento de la teología de la liberación. Pero la fuerza de la Iglesia en España no fue mermada por sus corrientes progresistas.

El franquismo, en síntesis, no fue lineal ni uno solo. Tuvo varias etapas y el común denominador en éstas fue la dictadura de un hombre con dos apoyos constantes: la jerarquía católica y el ejército. ¿Fascista? En ciertos aspectos, no en todos. Podría decir que, a semejanza del régimen portugués, el franquismo fue un *fascismo español*, sobre todo en sus primeros 20-25 años. Como tal, no impulsó la mejoría de los niveles de vida de la población. Para 1954, por ejemplo, el ingreso *per cápita* era inferior al de 1935. Las desigualdades sociales y económicas eran inmensas para un país europeo de la posguerra. Los grandes capitalistas fueron los únicos beneficiados. Terratenientes, industriales y banqueros fueron el tercer apoyo de Franco, no hay duda.

Muy esquemáticamente, en España y Portugal fueron los militares, originalmente, los que se hicieron del poder y aprovecharon a los grupos fascistas existentes. En Italia y en Alemania los fascistas fueron los que asumieron el poder y subordinaron al ejército. Es en estos países donde el fascismo se desarrolló, aunque algunos autores afirman que debería incluirse a Japón, como por ejemplo Barrington Moore, pero otros, como Woolf, presentan dudas al respecto.[78] Pienso que las formas más acabadas del fascismo, a pesar de sus diferencias, contradicciones y cierta ambigüedad en sus planteamientos, fueron precisamente Italia y Alemania. De hecho, para el neofascismo (como tal o como neonazismo), estos países,

[77] Desde la formación de la Junta en Burgos hasta 1962, Franco prohibió la formación de nuevos bancos con el objeto de proteger a los existentes que, sin duda, habían aportado fondos para su alzamiento.

[78] Barrington Moore, *op. cit.*, capítulo v; y S. J. Woolf, *op. cit.*, introducción.

cuando estuvieron bajo el dominio de Mussolini y de Hitler, son en la actualidad referencias obligadas, sobre todo el segundo. España y Portugal no figuran entre los paradigmas de los neofascistas europeos y de otros países.

Francia

Francia fue un caso distinto a los anteriores. Después de la PGM buena parte de los países europeos enfrentaron una fuerte crisis económica. En Francia ésta fue menos agresiva, entre otras razones porque hubo concesiones del capital a la clase obrera, como por ejemplo la semana de 40 horas y aumentos en el ingreso real de los trabajadores en general.[79] Sin embargo, la crisis capitalista de 1929 alcanzó a este país, como a todos, especialmente en sus exportaciones y en el valor del franco por comparación con otras monedas fuertes. Su crecimiento económico, que había sido alto, disminuyó e incluso fue negativo a partir de la crisis.[80] El desempleo, que sí hubo, fue menor que en otros países europeos más industrializados.

Socialmente, Francia era un país con relativa estabilidad, pese a que en la política la apariencia fuera otra. La democracia de la inestable Tercera República[81] en esos momentos, sólo criticada por la extrema derecha y por sectores militares tradicionales, no motivó ambiciones de poder entre las fuerzas más reaccionarias del país, a diferencia de lo ocurrido en esa misma época en Italia, España, Portugal, Alemania, Hungría, y otros países europeo-continentales. Hubo, desde luego, movimientos de derecha extrema pero, aunque beligerantes, no tuvieron apoyos suficientes para hacerse del poder. Unos eran reaccionarios, es decir monárquicos, otros se declararon particularmente enemigos de las izquierdas, y otros más fueron abiertamente fascistas. Algunos intelectuales, tipo Maurras, tuvieron influencia entre los monárquicos. Los fascistas propiamente dichos no tuvieron apoyos intelectuales significativos en el interior del país.

[79] En una gráfica comparativa de Francia con Italia, Alemania y el Reino Unido, Berstein demuestra cómo, con la excepción de los años 1935 y 1936, los salarios mínimos tuvieron un aumento muy superior al costo de la vida. Serge Berstein, *1936, anée décisive en Europe*, Paris, Armand Colin, 1969, p. 7.

[80] R. A. C. Parker, *El siglo XX. Europa, 1918-1945*, (22ª ed.), México, Siglo XXI Editores, 2000, Colección *Historia Universal Siglo Veintiuno*, vol. 34, p. 192.

[81] La Tercera República se estableció en 1870 y tuvo vigencia hasta 1940. En este periodo tuvo más de cien diferentes administraciones. Véase J. Denis Derbyshire y Ian Derbyshire, *op. cit.*, p. 482.

El historiador inglés Parker escribió dos observaciones a mi juicio muy importantes y que merecen nuestra reflexión, incluso en referencia al presente: "Si la derecha podía imponer sus puntos de vista por los cauces parlamentarios no había necesidad de recurrir a la violencia." Y más adelante, otra observación no menos importante y complementaria de la anterior, que me permito resumir en mis propios términos: la amenaza del fascismo en Francia fue detenida cuando la derecha tuvo un gobierno derechista después de que los trabajadores habían tenido su gobierno de izquierda.[82] Esto es, la aparente inestabilidad política, expresada en cambios frecuentes de gobierno, a veces de izquierda, otras de derecha, alentaba y frenaba, consecutivamente, a las organizaciones fascistas. Warner citaba un ejemplo: a principios de 1934 la ultraderecha organizó un motín en París que tuvo como saldo varios muertos y centenas de heridos. El resultado fue el reemplazo del gobierno de Daladier, en ese momento considerado de izquierda, por el de Doumergue, más conservador.[83] Ciertamente parecería demostrarse que con los cambios de gobierno de izquierda a derecha se lograba disminuir la beligerancia de la ultraderecha, lo cual no deja de ser preocupante incluso como perspectiva en la actualidad.[84] Clemenceau, Poincaré, Tardieu, Blum, Chautemps, Daladier y muchos otros, fueron gobernantes de izquierda y derecha, de poca duración en general: "Entre las dos guerras se dieron en Francia cuarenta y dos gobiernos, o treinta y tres si excluimos a los formados de nuevo bajo el mismo primer ministro."[85]

Como en otros países de Europa, en Francia el periodo comprendido entre 1933 y 1944 fue "aquél en que el fascismo era un tema de gran importancia política...".[86] Desde antes de estos años ya se habían fundado movimientos de ultraderecha, tales como: *Action Française*, los *Camelots du Roi*, *Jeunesses Patriotes*,[87] *Faisceau*, *Croix*

[82] *Ídem*, pp. 194 y 205, respectivamente.

[83] Véase G. Warner, "Francia" S. J. Woolf, *op. cit.*, p. 253. Véase también Maxime Mourin, *op. cit.*, pp. 31-32, donde se mencionan como participantes en el motín a las ultraderechistas *Action Française*, *Jeunesses Patriotes*, *Croix de Feu* y *Solidarité Française* y por parte de la izquierda al Partido Comunista.

[84] Las elecciones presidenciales de 2002 en Francia confirmarían en cierta medida la hipótesis subyacente en el planteamiento de Parker: para detener a la ultraderecha representada por el Frente Nacional de Le Pen, incluso la izquierda votó, en la segunda vuelta del 5 de mayo, por la derecha encabezada por Chirac.

[85] Parker, *op. cit.*, p. 210.

[86] G. Warner, *ídem*.

[87] Fundadas en 1924 en contra de la izquierda.

de Feu[88] y, en el mismo año 1933, la *Solidarité Française*,[89] algunos de estos declaradamente fascistas.

El 25 de junio de 1940 entraron en vigor los armisticios franco-alemán y franco-italiano. El mariscal Pétain era el primer ministro y luego jefe de Estado. Él y Laval tuvieron a su cargo el gobierno de Vichy, en apoyo vergonzoso a los invasores.[90] Durante este gobierno se dictó una ley que creaba la milicia francesa (1943) cuyo objetivo era defender al régimen. En realidad era una organización militarizada coordinada con la Gestapo y que utilizaba sus mismos métodos, incluida la tortura.[91] El gobierno de Vichy revivió el viejo conservadurismo que parecía haber sido derrotado en años anteriores. Los monárquicos, los derechistas nacionalistas y católicos, no pocos veteranos de la guerra anterior, ex comunistas como Jacques Doriot (fundador del Partido Popular en 1936), banqueros, comerciantes e industriales, además de ex sindicalistas, todos ellos, fortalecieron a las organizaciones fascistas existentes o de nueva formación como los *Cagoulards* ("encapuchados" como se les llamaba a los fascistas beligerantes y furiosamente anticomunistas que militaban en el clandestino *Comité Secret d'Action Révolutionnaire* fundado en 1936) y apoyaron al gobierno de Pétain-Laval. Este gobierno, sobre todo en su segunda etapa (meses antes de la liberación de Francia), fue fascista en muchos sentidos y copió tanto al fascismo italiano como al alemán, incluido el antisemitismo de éste. Se instaló, en suma, una dictadura que prohibió la existencia de partidos políticos y de sindicatos, las elecciones incluso municipales, y la enseñanza laica, además de la restauración de las formas ya antiguas de la sociedad jerarquizada desde la familia hasta el Estado. ¿Hubiera sido posible un régimen como el descrito sin la invasión alemana, sin el caos social y político que ésta provocó a partir del verano de 1940? Probablemente no, pero fue un hecho que las fuerzas, más que conservadoras, reaccionarias, se unificaron sin mayores problemas —y en muy corto plazo— para echar abajo la Tercera República y

[88] Fundada en 1929 y posteriormente dirigida por De la Rocque. A partir de 1934, señalaba Warner, simbolizaba "la amenaza fascista de Francia" aunque dudosamente era fascista de acuerdo con su ideario. Warner, *op. cit.*, pp. 255-257.

[89] Era una organización fundada por el industrial François Coty y confusa en sus planteamientos. Warner mencionaba que era una organización antisemita y que al mismo tiempo reclutaba norafricanos desempleados.

[90] Vichy estaba en el territorio francés ocupado por los nazis pero con administración autónoma, a diferencia del resto de Francia administrado por los alemanes.

[91] Maxime Mourin, *op. cit.*, p. 70.

las libertades que con dificultades se habían conquistado en ésta. Esas libertades habían permitido tanto la existencia de fuerzas de izquierda como de derecha y de ultraderecha, pero esta última no había logrado el poder por sí misma, si acaso se lo propuso.

En el verano de 1944 terminaron la ocupación alemana y el gobierno colaboracionista. Laval fue fusilado y Pétain fue primero condenado a muerte y luego a cadena perpetua.

Es pertinente resaltar que las características más relevantes de los movimientos de ultraderecha en Francia fueron, además de su furioso anticomunismo, su nacionalismo a ultranza y su inclinación hacia regímenes dictatoriales. La consigna "Francia para los franceses" de *Solidarité Française*,[92] sería retomada varios años después de la Segunda Guerra por la nueva ultraderecha.

Italia

Sería difícil entender el fascismo sin la importancia que se le dio al nacionalismo en Italia y sin la primera guerra mundial y sus consecuencias. En Italia el nacionalismo era un bien recién adquirido (no debe pasarse por alto que, como nación, fue fundada apenas en 1861) y que a principios del siglo XX el gobierno había tenido serias reservas respecto de la expansión del nuevo país, provocando con ello un fuerte nacionalismo entre sus opositores.[93] No parece casual que en 1910 se fundara la Asociación Nacionalista Italiana,[94] no sólo con el fin de fortalecer el nacionalismo de los italianos, sino también para promover la idea de una Italia imperialista (las viejas

[92] La expresión, escribía Warner, fue acuñada por la organización antisemita *Solidarité Française*, fundada en 1933. Véase G. Warner, *op. cit.*, p. 255.

[93] Los propietarios de la industria ligera en Italia, partidarios del liberalismo, eran los que apoyaban a Giolliti. Los dueños de la industria pesada, en cambio, se reconocían "mejor en el nacionalismo y en su ideología corporativista e imperialista". Véase Robert Paris, *Los orígenes del fascismo*, Barcelona, Ediciones Península, 1976, pp. 35-36. Algo semejante ocurrió en Alemania, donde los dueños de la industria pesada, más que los de la ligera, estaban interesados en el rearme de su país con fines expansionistas. Añádase a lo anterior que desde 1914, en el seno de la II Internacional, la corriente mayoritaria de la socialdemocracia europea quiso ver en la guerra la lucha entre naciones y no una lucha entre burguesías nacionales, lo cual implicó la defensa de la patria contra otros países. Esta concepción de la Gran Guerra, como también se le llamó, fortaleció a las tendencias nacionalistas, no sólo en Italia sino en toda Europa.

[94] La Asociación Nacionalista se sumaría al Partido Nacional Fascista en 1923. Véase Martin Durham, *Women and Fascism*, London/New York, Routledge, 1998, p. 8.

glorias de la Roma imperial). El nacionalismo fascista, tanto en Italia como en Alemania, fue de raíz y pretensiones imperialistas. Se trataba de un nacionalismo *expansionista.* En el caso de Italia, Mussolini aspiraba a dominar el Mediterráneo.[95]

A diferencia de la Segunda Guerra, la Primera dejó a Europa en una gran crisis en todos los órdenes. Fue una guerra desconcertante, no se sabía bien a bien hacia dónde iba y sí sus enormes costos en vidas humanas y en la organización de la producción y el comercio. Al final hubo pobreza, desestructuración económica y una sensación de catástrofe, de nihilismo y de derrota apocalíptica; hubo revoluciones, una triunfante (la rusa) y otras fracasadas o reprimidas, viejos imperios se derrumbaron, grandes migraciones. "Aquel mundo —decía Lukács[96]— se había trocado en un campo de ruinas [...] No había nada seguro, ningún punto de apoyo" y la filosofía estaba preñada, como en los tiempos de Kierkegaard después de las revoluciones de 1848, de la amargura "posterior a la embriaguez", de un ánimo depresivo que recuperarían, potenciándolo, pensadores como Heidegger y Karl Jaspers, existencialistas y convencidos de la filosofía de la desesperación (contraria, desde luego, al marxismo como filosofía de la emancipación). Jaspers, citado por Simone de Beauvoir, escribía que "después de la primera guerra mundial cayó el crepúsculo sobre todas las civilizaciones. Presentíase el fin de la humanidad en esa encrucijada en que vuelven a fundirse, para desaparecer o para nacer de nuevo, todos los pueblos y todos los hombres." Y más adelante Beauvoir añadía que "la burguesía vislumbraba el fin de la humanidad, es decir, su propia liquidación como clase, sólo como una 'eventualidad'. Le quedaba una esperanza: el fascismo".[97]

De lo anterior no debe desprenderse que esa burguesía promoviera el fascismo, aunque lo dejara ser y hacer, sino más bien que viera en éste esa esperanza y una manera de preservar sus intereses. Varios autores han dicho que el fascismo nació y se desarrolló como una respuesta o reacción a una crisis política y económica, y hay mucho de cierto en esto, pero no significa que así se haya planeado (sería darle un crédito inmerecido a Mussolini). La burguesía aprovechó

[95] Véase el reciente libro de G. Bruce Strang, *On the Fiery March. Mussolini Prepares for War,* New York, Praeger Publishers, 2003.

[96] Georg Lukács, *El asalto a la razón,* México, Fondo de Cultura Económica, 1959, p. 398.

[97] Simone de Beauvoir, *op. cit.*, pp. 12-13.

el significado del fascismo, no lo hizo, no lo inventó, aunque ya había, en el campo de la filosofía, un cierto germen. Aprovechó, también, que el fascismo representaba un enemigo crecientemente poderoso de los comunistas y de los socialistas, un enemigo que usaba la violencia, que podía imponerse por medio de ésta y de su organización paramilitar (es decir disciplinada y armada) a los trabajadores, que podía sustituir a la policía y a la guardia nacional sin comprometer constitucionalmente a los gobiernos. (Otra cosa fue cuando el fascismo tomó el poder.) Sustitución de la policía y de la guardia nacional no quiso decir que éstas no fueran cómplices al dejar hacer, al desentenderse de lo que ocurría a su alrededor contra los trabajadores, igual en la calle que en un mitin o en una fábrica. Ni la policía ni el ejército intervinieron cuando los *fasci di combattimento*, el 15 de abril de 1919, se lanzaron armados contra los trabajadores en Milán y luego a destruir el periódico *Avanti!* del Partido Socialista.[98] Impunidad total. El fascismo, como proceso, ya existía y creció, entre otras razones, porque los gobernantes lo permitieron; y lo permitieron porque convenía así a los intereses que representaban, que no eran otros que los de la burguesía preocupada y molesta por el ascenso de las luchas de los trabajadores del campo y de las ciudades influidos por las ideas socialistas.

Benito Mussolini interpretó, a partir de la guerra, que en su país el sentimiento nacionalista era una fuerza política e ideológica con más potencialidades que la implícita en la lucha de clases y en las aspiraciones socialistas. No importa aquí la explicación de por qué Mussolini cambió sus inclinaciones socialistas por las fascistas (hay muchas interpretaciones sobre esto, entre éstas la influencia de Georges Sorel y su libro *Reflexiones sobre la violencia* publicado en 1908), sino el hecho de que el fascismo nació como un movimiento tan nacionalista como anticomunista, lo cual le valió apoyos en muchos países, Gran Bretaña y Estados Unidos incluidos y, obviamente, de los grandes capitalistas italianos (terratenientes e industriales). Los principios de la lucha de clases —se interpretaba— promovían la división de la sociedad, y esta división impedía la unidad de la nación, su engrandecimiento, su prosperidad. Uno de los portavoces del fascismo y en ese tiempo su principal teórico, Alfredo Rocco, logró una síntesis muy clara de su visión del ya entonces poder fascista (1925). El fascismo, dijo Rocco, ha tenido una virtud

[98] Para mayor extensión, véase Néstor Luján y Luis Bettonica, *Y Mussolini creo el fascismo*, Barcelona, Plaza y Janes, 1972, pp. 49 y ss.

histórica: "restablecer el equilibrio entre las clases, interponerse entre las clases en la situación de un árbitro y moderador, de manera a impedir que una de ellas venza a la otra e impedir también el debilitamiento del Estado, al mismo tiempo que la servidumbre y miseria de los ciudadanos, causados por la lucha de una clase contra otra... El marxismo puede hoy considerarse relegado al desván... A la lucha de clases y la solidaridad internacional oponemos nosotros la solidaridad de las clases en la lucha internacional... Este proyecto de ley [refiriéndose al disciplinamiento jurídico de las relaciones colectivas del trabajo] cierra la era de la propia defensa de las clases."[99] Esto es, cosa que también decía Mussolini, la miseria y la servidumbre de los ciudadanos no eran producto de relaciones de explotación y dominación propias del capitalismo, de una clase sobre otra, sino de la lucha de clases. Y el Estado, el Estado fascista —como fue llamado— se ubicaba por encima y al margen de ellas, como un árbitro que sólo velaba por el interés de la nación. De aquí la glorificación del Estado, pues el Estado era la representación del pueblo unido, la unidad del pueblo bajo el Estado, éste como garantía de unidad, de nación unida, de posibilidad de la nación frente a otras naciones. El ideal del fascismo era la absoluta unidad, pero bajo el Estado, es decir bajo su líder: el líder que garantizaría tanto esa unidad —con el Estado—, como la dirección de éste —con el gobierno—, para engrandecer a la nación. El líder, el jefe, el caudillo (en italiano, *il Duce*, en alemán, *der Führer*) sería, fue, Mussolini, como lo fue Hitler en Alemania y Franco en España, aunque *il Duce* nunca fue, en opinión de Cole, "la única fuente de autoridad, ni siquiera en teoría".[100] No era entonces, como puede verse, una propuesta que asustara al mundo o que revolviera en su tumba a filósofos como Hegel o a políticos como Bismarck. De hecho, hay autores, como el húngaro Mihaly Vajda,[101] que opinaron que sin el éxito del fascismo en Alemania, el italiano, visto retrospectivamente, no hubiera pasado de ser un episodio de poca importancia en la historia europea —punto de vista que sólo compartiría por la comparación de ambos regímenes en sus respectivos países y por el antecedente y la amenaza que representó al mundo, y no sólo a los trabajadores, el caso alemán. Ya mencioné antes, con apoyo en

[99] Citado por Herbert L. Matthews, *Los frutos del fascismo*, México, Fondo de Cultura Económica, 1944, p. 22.
[100] G. D. H. Cole, *op. cit.*, p. 20.
[101] Mihaly Vajda, *op. cit.*, p. 62.

Revelli, que un régimen totalitario y que por lo mismo no permite la existencia de izquierdas ni derechas en cuanto tal, es, a lo más, de una orientación o de otra. Añadiría ahora que el fascismo italiano, comparado con el alemán, fue menos extremista que éste, menos ultradrechista si quiere decirse así,[102] o, en términos de Borejsza, un "totalitarismo incompleto".[103]

Ciertamente, después de la Gran Guerra, había en Italia un fuerte movimiento de masas. Como en otros países de Europa, e incluso de América Latina, a finales del siglo XIX se creo el Partido Socialista (1892). Ya había fuerte resistencia obrera a los dueños de las fábricas en el norte, y movimientos en el campo que presionaban por tierras en el sur y en el centro. Las instituciones nacionales y el primer gobierno de Giolliti se desprestigiaron. La nueva burguesía no era suficientemente fuerte para imponerse, estaba en proceso de consolidación. La industria metal-mecánica vio un rápido crecimiento en los primeros años del nuevo siglo, junto con ella los trabajadores asociados a esa industria y a otras no menos importantes. La fuerza numérica de los trabajadores no era despreciable, y tampoco la de los socialistas: en las elecciones de 1919 los fascistas lograron un poco más de cuatro mil votos, los socialistas casi dos millones. Hubo intentos revolucionarios por el poder económico. Gramsci escribía, a propósito de la huelga general de abril de 1920 en Turín, que "por primera vez en la historia se dio efectivamente el caso de un proletariado que se lanza a la lucha por el control de la producción sin ser movido a esa acción por el hambre ni por el paro".[104] Se movilizaron más de medio millón de trabajadores, fue una huelga de masas, en la que no participaron el Partido Socialista y ni la central obrera, y en la que fueron afectados, según Gramsci, alrededor de cuatro millones de habitantes. Esos años fueron de efervescencia obrera y de trabajadores rurales. Si en 1918 hubo 292 huelgas en la industria y diez en la agricultura, al año siguiente el número de huelgas industriales subió a 1626 con 1078869 huelguistas, y en el medio agrícola las huelgas fueron 208 con medio

[102] En sus conclusiones al estudio del totalitarismo, Mario Stoppino sugiere que el fascismo italiano no era totalitario. Véase Bobbio, Matteucci y Pasquino, *Diccionario de Política*, México, Siglo XXI Editores, 12a. ed., 2000, p. 1587.

[103] Jerzy W. Borejsza, *op. cit.*, pp. xxv y 29.

[104] Antonio Gramsci, *Antología* (Selección, traducción y notas de Manuel Sacristán), México, Siglo Veintiuno Editores, (4a. ed.) 1978, p. 83. La huelga, nos explica Sacristán, fue por la jornada de trabajo y como respuesta a la represión por parte de la patronal.

millón de huelguistas. En 1920 el número de huelgas aumentó a 1881 (1267953 huelguistas) en la industria y si bien disminuyeron en el campo (a 189), el número de huelguistas aumentó considerablemente: al doble (1045732). Para 1922, el año en que Mussolini se hizo cargo del gobierno, comenzó una fuerte declinación de huelgas y huelguistas.[105] El gobierno y la burguesía no encontraban solución. Ésta fue proporcionada por las *squadri d'azione* de Mussolini, formadas por masas armadas de la pequeña burguesía que, en la versión de Vajda, "hicieron responsables de su miseria a esos trabajadores que habían obtenido algunos beneficios económicos como resultado de su lucha".[106] Los fascistas se lanzaron contra las organizaciones de trabajadores del norte italiano, y los terratenientes y la burguesía, insuficientemente consolidados como clase en el país, renunciaron al poder político y apoyaron la opción de un capitalismo nacional y de un gobierno fuerte que terminaría, después de la marcha de los *camisas negras* a Roma, en manos de Mussolini, llamado a gobernar por Víctor Manuel III (por sugerencia de los políticos conservadores[107]). De inmediato se decretó la desaparición de los partidos, salvo el Nacional Fascista (fundado en 1921), luego se terminó con la libertad de prensa, prohibición que duró 20 años, y, finalmente, en 1925 fue anunciada la dictadura, con la cual se suspendieron los derechos sindicales, comenzando con la huelga, y se usó como arma política la violencia con el apoyo de la policía, los *carabinieri* y el ejército. El ministro de Justicia, Alfredo Rocco, presentó a finales de 1926 un proyecto de ley que establecía la pena de muerte para una serie de delitos políticos y, para el efecto, creó el órgano judicial especial para instruirlos.[108]

[105] "Italia", en *Enciclopedia Universal Ilustrada*, Madrid, Espasa-Calpe, 1926.

[106] Mihaly Vajda, *op. cit.*, p. 65. En los años 1920-1922 el partido fascista contaba con 150 mil miembros, de los cuales 90 mil eran no obreros (propietarios de tierras, de comercios e industrias, profesionales, empleados y estudiantes), y el resto estaba formado por trabajadores agrícolas y de las ciudades, principalmente desempleados. "En 1930 —decía Crouzet— la proporción no ha variado y de los 308 jefes fascistas italianos 254 proceden de la pequeña burguesía". Véase Maurice Crouzet, *op. cit.*, p. 203.

[107] *Enciclopedia* Espasa-Calpe, ya citada. Mussolini pidió plenos poderes a la Cámara de diputados "manifestando que si no se le concedían, los tomaría él, y la Cámara accedió por 275 votos contra 90", *ídem.*

[108] Paolo Spriano, *Storia del Partito comunista italiano*, t. II, *Gli anni della clandestinitá*, Torino, Einaudi, 1969, p. 62. En este tomo, y particularmente en el capítulo IV, se mencionan con detalle los actos de represión del fascismo de Mussolini contra los trabajadores, los comunistas y socialistas, y los opositores al régimen. Hannah Arendt

Surgió el Estado llamado corporativo. Mussolini —como también Hitler después— concebía al Estado como un organismo y su organización ideal como corporativista. Con base en la filosofía de Giovanni Gentile, el individuo debía subordinarse a la nación, la nación estaba representada por el Estado, y en éste, por lo mismo, no tenía cabida el liberalismo basado en el individualismo. La sociedad, como el Estado, era un organismo y el destino del organismo era el que importaba, no el individuo. Igualmente se rechazaba el igualitarismo socialista y su punto de partida apoyado en la realidad de la división en clases sociales y en la necesidad del conflicto de clases, que en la perspectiva del fascismo desunía a la sociedad, es decir al organismo unitario que debía estar bajo el Estado. No es exagerado decir que el régimen fascista intentó eliminar, de la historia, la lucha de clases mediante el nacionalismo y el Estado corporativo.

El Estado sería envolvente, y esto significaba que fuera de él ningún valor, ninguna expresión cultural, ninguna disidencia podrían existir. Se trataba, en una palabra, de un Estado *totalitario*, concepto acuñado precisamente en la Italia fascista como opuesto al Estado liberal y asumido por Mussolini a pesar de que originalmente había sido un calificativo crítico al fascismo.[109] Y totalitarismo quiso decir pensamiento único: en los medios de comunicación, en la educación, en la producción filosófica y teórica, en cualquier lugar en donde la propaganda del régimen pudiera ser rebatida o

minimizó estos hechos, y apuntaba que la "prueba de la naturaleza no totalitaria de la dictadura fascista [en Italia] es el número sorprendentemente pequeño y las sentencias relativamente suaves impuestas a los acusados de delitos políticos." Y narra que de 1926 a 1932 sólo se impusieron penas de muerte a siete ¡*por delitos políticos*! Parecería que para Arendt el totalitarismo fuera un problema de números. Y así escribía, en referencia a las masas y el totalitarismo, que "los regímenes totalitarios parecían imposibles [...] en países con poblaciones pequeñas". Esto es —deberá interpretarse—, en los países pequeños no hay masas, sólo en los grandes. ¿De qué tamaño debe ser una población para conformar una masa? Si lo que Arendt quiso decir es que ha habido totalitarismos más brutales que otros, entonces estaríamos de acuerdo. Es un problema de grados, pero ¿será válido hablar de semitotalitarismo como de semicapitalismo o de mujer semiebarazada? Véase Hannah Arendt, *op. cit.*, pp. 485 y 486 nota 11.

109 Norberto Bobbio, Nicola Matteucci y Gianfranco Pasquino, *op. cit.*, sobre "Totalitarismo". En mi opinión sería más propio decir *forma totalitaria de Estado* y *forma liberal de Estado*, pero sería otra discusión. Como calificativo para el fascismo, véase Enric Ucelay-Da Cal, "Introducción histórica a una categoría imprecisa", en Joan Antón Mellón (coordinador), *op. cit.*, pp. 61-62. Y una definición de "totalitarismo" a partir de la experiencia histórica del fascismo, en Emilio Gentile, "El fascismo italiano", en Joan Antón Mellón, *ídem*, p. 81.

contrarrestada, pues la propaganda (así como la retórica emocional y cargada de simbolismos), fue uno de los pilares del fascismo, tanto en Italia como en Alemania. De este totalitarismo no se escapó siquiera la religión católica, a pesar del Pacto de Letrán de Mussolini con el Vaticano (1929). Matthews decía: "El fascismo era la religión de Estado, no el catolicismo." El Estado, añadía citando a Mussolini, "es católico, pero fascista; sí, sobre todo, exclusivamente, esencialmente, fascista. El catolicismo forma parte integrante de él, y lo declaramos abiertamente; pero que nadie piense en cambiar las cartas que están sobre la mesa, sirviéndose de algún disfraz filosófico o metafísico".[110]

Ha habido una vieja discusión sobre la caracterización del régimen fascista y, en función de las diversas caracterizaciones, sobre el papel de la burguesía en la instauración de ese régimen. Sabemos, por muchos autores consultados, que la burguesía apoyó o toleró, según el momento y el lugar, al fascismo en sus inicios y luego como poder establecido, aunque sólo fuera para detener el ascenso de los movimientos de trabajadores y del socialismo, que no eran modestos en la Italia de 1919-1920. Y sabemos también que la gran burguesía en los países donde dominó el fascismo no sólo no fue disuelta sino que aumentó sus riquezas. "...Lo que es esencial determinar —escribía Mandel— es si la dictadura de Hitler [o la de Mussolini, para el caso] tendió a mantener o a destruir, a consolidar o a minar, las instituciones sociales de la propiedad privada de los medios de producción y la subordinación de los obreros que se ven obligados a vender su fuerza de trabajo bajo la dominación del capital."[111] Y más adelante Mandel ofrecía estadísticas sobre las ganancias de las empresas industriales y comerciales en la Alemania nazi, con lo que demostraba que resultaron altamente beneficiadas. Matthews ofrece también datos sobre la prosperidad industrial durante el gobierno de Mussolini,[112] gracias a que, por iniciativa del gobierno,

[110] Herbert L. Matthews, *op. cit.*, pp. 249-250. Ya antes, en 1925, Mussolini había dicho: "El fascismo no es sólo un partido, es un régimen; no sólo es un régimen, sino también una fe; no es sólo una fe, sino una religión." *Ídem*, p. 249.

[111] Ernest Mandel, "Ensayo sobre los escritos de Trotsky sobre el fascismo", en León Trotsky *Obras*, t. 16, *Alemania, la revolución y el fascismo*, volumen 1, México, Juan Pablos Editor, 1973, p. 255.

[112] Herbert L. Matthews, *op. cit.*, por ejemplo en la p. 256. Esta prosperidad fue impulsada a partir de 1925 por Alfredo Rocco, partidario de la formación de monopolios y cartels para aumentar la productividad. Después de 1938 la economía italiana comenzó a declinar. Véase al respecto http://www.ihr.org/jhr/v04/v04p–5_Whisker.html.

tanto los industriales organizados como los fascistas aprobaran por unanimidad que los sindicatos de trabajadores no se opondrían al capital para no entorpecerlo.[113] El resultado fue un considerable crecimiento del gran capital. "La proporción en el producto nacional de la industria —escribía Poulantzas— pasó de 25.3%, en 1921, a 31.8%, en 1929, y a 34.1% en 1940, mientras que la de la agricultura bajó, en los mismos periodos, de 46.3% a 38.4% y a 29.4%.[114] Aunque no dispongo de suficientes datos precisos sobre Italia en la época del fascismo, sabemos que las clases medias eran *relativamente* más numerosas que, por ejemplo, en los Estados Unidos[115] y que, durante la crisis de 1929-33, muy probablemente, como ocurrió en Alemania, debieron haber aumentado en número. Y quizá también, como en Alemania, las grandes empresas industriales pudieron haber disminuido sensiblemente;[116] pero si este fue el caso, entonces tendríamos que suponer que la productividad industrial fue muy alta, a costa, obviamente, de la sobreexplotación de los trabajadores, que en esos momentos ya eran dominados por la dictadura gracias a la eliminación de sus organizaciones de defensa y de lucha.[117]

[113] Véase <http://www.econlib.org/library/Enc/Fascism.html>. Véase también "Fascismo" en la *Enciclopedia* Espasa-Calpe ya citada.

[114] Nicos Poulantzas, *Fascismo y dictadura*, México, Siglo Veintiuno Editores, 1971, p. 133.

[115] Wladimir Woytinsky, *Les conséquences sociales de la crise*, Genéve, Bureau International du Travail, 1936, p. 245. En la página 241 se presenta una clasificación de las capas sociales que entonces eran consideradas como parte de las clases medias. Se incluyen, obvio, a los pequeños productores y comerciantes independientes, además de empleados públicos y privados de un cierto nivel.

[116] *Ídem*, pp. 248 y ss. En el cuadro 31 de de esta obra se proporcionan los datos de las empresas industriales alemanas entre 1925 y 1933, según el número de personas ocupadas por empresa. Las empresas con uno a tres trabajadores (más de millón y medio de establecimientos), aumentaron en el periodo 105 por ciento. Las empresas con 4 a 10 trabajadores, disminuyeron en alrededor de 87 por ciento. Las grandes empresas, es decir con más de 200 trabajadores por establecimiento disminuyeron de 7298 en 1925 a 4508 en 1933 (61.8%). Puede decirse que la crisis afectó más a Alemania que a Italia, lo cual sería correcto, pero la primera era mucho más industrializada que la segunda, considerada todavía entonces un país agrícola en las tres cuartas partes de su economía.

[117] Con base en la Organization of European Economic Cooperation, *Industrial statistics, 1900-1955*, Paris, 1956, de la industria manufacturera, la metalurgia, ingeniería y químicos, especialmente las dos últimas, revelaron índices muy altos, así como también electricidad, gas y agua. Construcción y textiles, en cambio, aumentaron muy poco. Con base en el ISTAT, *Sommario di statistiche storiche italiane 1861-1955*, Rome, 1958, de 1923 a 1938, la producción de hierro en bruto pasó de 236 mil toneladas a 864 mil, la de acero de 1142000 a 2323000 y la de automóviles de 22820 a 70777

Mandel señalaba que el fascismo y la guerra mundial tuvieron, como una de sus "principales funciones objetivas [...], permitir que todas las fuentes de un incremento de la tasa de plusvalía fluyeran simultáneamente, por decirlo así, para combinar cuando menos principalmente un aumento en la productividad y la intensidad del trabajo, con un descenso de los salarios reales".[118]

En resumen, el fascismo fue un movimiento nacionalista y anticomunista (también antisocialista),[119] además de contrario al liberalismo. Se concebía a sí mismo como un punto intermedio entre el liberalismo y el socialismo, trascendiendo a ambos, según decían sus ideólogos. Hizo del Estado un culto, una entidad a la cual debían subordinarse todos: los individuos, las corporaciones e incluso el Partido Nacional Fascista.[120] El Estado, *formalmente* en manos de la monarquía constitucional hereditaria, era el símbolo de la unidad y la garantía de la nación —como tal y en relación con otras naciones. El gobierno debía estar en manos de un líder, el mejor de acuerdo con la interpretación fascista del darwinismo social,[121] y Mussolini hizo las reformas legales suficientes para garantizarse la reelección hasta 1943 cuando fue depuesto por miembros de su propio partido acusados de traidores. Contó con el apoyo de las masas, especialmente con las clases medias, primero por el deterioro de sus formas de vida como consecuencia de la primera guerra mundial, y luego por la estabilidad que les garantizara el régimen así como la oportunidad de desahogar su resentimiento social, especialmente contra los obreros. Los grandes empresarios y los terratenientes,

unidades (la Fiat produjo 15 162 autos en 1923 y 56 053 en 1938). En todos los casos la producción disminuyó considerablemente para 1943, más o menos a los niveles de 1923.

[118] Ernest Mandel, *El capitalismo tardío*, México, Ediciones Era, (2a. ed.), 1979, pp. 146-147.

[119] En aquel entonces y por mucho tiempo después, se entendía, por una distinción establecida por Lenin, que los comunistas eran revolucionarios y los socialistas o socialdemócratas eran reformistas.

[120] "En Italia, el partido está 'incorporado al Estado'; el partido es un órgano del Estado, un 'partido de Estado'." Franz Neumann, *Behemoth. Pensamiento y acción en el nacional socialismo*, México, Fondo de Cultura Económica, [1943] 1983, p. 88. En "Doctrina fascista", artículo publicado en la *Enciclopedia Italiana* en 1932, se lee: "Para el fascista, todo radica en el Estado, y nada de valor, ni humano ni espiritual, existe fuera del Estado. En este sentido, el fascismo es totalitario, y el Estado fascista, como síntesis y unidad de todos los valores, interpreta, desarrolla y domina toda la vida de los pueblos". Véase también Borejsza, *op. cit.*, p. 15.

[121] Para mayor extensión, véase, en G. Bruce Strang, *op. cit.*, el capítulo "Mussolini's Mentalite".

además de los grupos conservadores dentro del gobierno, apoyaron a Mussolini como alternativa para terminar con los movimientos sociales considerados subversivos y contrarios al fortalecimiento de la nación (es decir, contrarios a la acumulación capitalista). Las libertades fueron canceladas y se impuso no sólo un régimen dictatorial sino totalitario, basado en las fuerzas del orden, en la propaganda y la demagogia, en los símbolos y rituales, en el partido único (de tipo totalitario), en la intolerancia y en el pensamiento uniforme. A diferencia del fascismo alemán, el italiano no estuvo preocupado por el racismo ni el antisemitismo a pesar de que durante la segunda guerra mundial hubo, sin identificación con el régimen ni con las creencias de Mussolini, literatura contraria a los judíos y fuertes presiones por parte de Alemania para que estos fueran perseguidos.[122] Por cuanto a la mujer, el régimen fascista la quiso convertir, mediante diversos tipos de apoyos (incluso fiscales) y prohibiciones (del aborto, por ejemplo), en un elemento necesario e indispensable para aumentar la población (lo que, por cierto, no logró). Y en relación con el trabajo, se le dieron a la mujer oportunidades para empleos "no masculinos" "ni necesarios de la fuerza viril" (mecanógrafas, telefonistas, etcétera), pero definitivamente, antes de la guerra, se inhibió su contratación en las fábricas y en la administración pública bajo el argumento de que, de ser contratada, aumentaría el desempleo.[123]

Es claro que el fascismo italiano fue un recurso contra los socialistas y comunistas, con apoyo de los capitalistas —amenazados por aquellos— y de las clases medias empobrecidas o en proceso de proletarización por la secuela de la guerra. Parece ser una regla que cuando las clases medias temen por su seguridad y su estabilidad tienden a abrazar propuestas políticas que les garanticen orden y progreso, aun a costa de sus libertades individuales y de sus niveles de ingreso. "El punto de partida del fascismo —decía Mandel—, es una pequeña burguesía desesperada y empobrecida."[124] Temerosa y resentida, añadiría yo. Sin duda tenía razón Simone de Beauvoir cuando dijo: "situarse a la derecha es temer por lo que existe". Parafraseando a Gilbert Badia,[125] los fascistas han logrado convertir los

[122] Aun los asesinatos en masa cometidos bajo la dominación italiana de Etiopía, no demuestran que obedecieran a motivos racistas.

[123] Martin Durham, *op. cit.*, capítulo 1.

[124] Ernest Mandel, *op. cit.*, p. 293.

[125] Gilbert Badia, "Fascisme", en Georges Labica y Gérard Bensussan, *op. cit.*

resentimientos y temores de origen económico, sobre todo entre las víctimas de la acumulación capitalista y de sus crisis, hacia la esfera extraeconómica: anticomunismo, racismo, antisemitismo, xenofobia que, en el caso del fascismo alemán (nazismo), fueron sus características más patológicas.

Alemania

Después de la derrota de la revolución en Alemania, que culminó con el asesinato de Rosa Luxemburgo y de Karl Liebknecht en enero de 1919, se llevaron a cabo las elecciones para la Asamblea Nacional que habría de redactar la famosa Constitución de Weimar de la nueva República. Los socialdemócratas habían derrotado a los comunistas, "pero el otro enemigo del régimen parlamentario y democrático —la aristocracia, la camarilla imperial, los banqueros, los *Junkers*, la oficialidad prusiana— se acomodaba en el nuevo régimen para dominarlo y dirigirlo".[126] Lo que logró sobre todo a partir de 1925 con el triunfo de Hindenburg en las elecciones presidenciales ese año.[127]

El ambiente era muy frágil, la estabilidad política, social y económica era más bien precaria. Alemania había perdido la guerra y en ella a casi dos millones de hombres entre 15 y 50 años. Y con el Tratado de Versalles perdió también una parte de su economía, es decir la posibilidad de reconstituirse como nación en corto plazo, pues no había dinero suficiente siquiera para pagar las indemnizaciones fijadas por los países vencedores. El caos monetario, la inflación, la disminución de la producción, la ausencia de materias primas, de alimentos y vestidos fueron las características de ese país vencido. El

[126] Antonio Ramos-Oliveira, *Historia social y política de Alemania*, 2 tomos, México, Fondo de Cultura Económica (Colección Breviarios, número 71), 2a. ed., 1964, t. I, p. 330. Quiero señalar que la expresión "régimen democrático" del autor en referencia al gobierno de Ebert no la comparto. Sobre la contrarrevolución de Ebert y compañía véase Franz Neumann, *op. cit.*, pp. 37 y ss.

[127] El mariscal Hindenburg obtuvo en esas elecciones más de 14 millones de votos, a pesar de haber sido partidario de la monarquía y un representante de los militares más conservadores. Fue, en realidad, un instrumento de la derecha alemana, entre la cual los industriales tenían un peso considerable. Posteriormente sería reelecto en marzo de 1932 con el apoyo de quienes siete años antes lo habían combatido: católicos y socialdemócratas. Al parecer esta táctica fue para impedir que Hitler pudiera ganar el poder (Hitler ya había conseguido la nacionalidad alemana, precisamente el 26 de febrero de 1932).

marco cayó vertiginosamente, los precios cambiaban por hora. No es una metáfora decir que los marcos en billetes se cargaban en costales, pues no valían nada en 1923. ¿Quién invertiría su fortuna en esas condiciones? El desempleo, a partir de 1923, comenzó a aumentar, como en otros países europeos. En 1924 fue de 14.7 por ciento y en 1926 de 18.3 por ciento, es decir de alrededor de dos millones de desempleados para comenzar a disminuir poco a poco. Aun así, en pleno periodo de prosperidad, en 1929, había 13.6 por ciento de parados.[128] Esta prosperidad, sin embargo, no duró mucho tiempo pues la crisis económica del capitalismo mundial pronto alcanzó a Alemania. Para 1933, del total de la población económicamente activa (32 296 000), el 18 por ciento estaba sin trabajo y los salarios se redujeron a la mitad. El mayor desempleo se dio en la industria: 32 por ciento (en los servicios era de 13 por ciento y en la agricultura y pesca de 3.3 por ciento).[129] El hecho de que las microempresas de uno a tres trabajadores, así como la nueva clase media formada por empleados y funcionarios aumentaran, al tiempo que las pequeñas, medianas y grandes, especialmente estas últimas, disminuyeran en número de 1925 a 1933, nos habla del crecimiento de una clase media no muy próspera (más bien pobre, en general) y que en muchos casos tuviera ingresos inferiores a los de la clase obrera propiamente dicha.[130] La crisis afectó principalmente a los bancos (muchos de estos quebraron), luego a las grandes empresas industriales, y muy cerca de éstas a las medianas. Pero esta dinámica cambiaría a partir de 1933-1934, ya que la crisis y la política intervencionista del nazismo permitió la concentración del capital y, por lo mismo, de empresas que disminuyeron considerablemente en número a pesar del gran aumento de las inversiones y de trabajadores empleados. "En 1939 —señalaba Crouzet—, 195 firmas, o sea el 3.6 % de las sociedades, disponen del 58 % del capital-acción; en 1938 la industria química cuenta con 258 empresas con un capital-acción de 1 924 millones de

[128] Maurice Crouzet, *op. cit.*, p. 72.

[129] Wladimir Woytinsky, *op. cit.*, anexo 21-b, p. 367. En el sector servicios se incluyen a los empleados de la administración pública, servicio doméstico, transportes y comunicaciones, profesiones liberales, comercio y otros. Crouzet, *op. cit.*, p. 132, señalaba que "Alemania, en 1932, contaba con el 43.7 % de parados absolutos entre los obreros sindicados, un 22.6 % que trabajaban según un horario reducido y sólo el 33.7 % estaban ocupados regularmente durante la jornada completa." El dato sobre los salarios, en la página 161.

[130] Véanse Woytinsky, *op. cit.*, p. 248 y Nicos Poulantzas, *op. cit.*, p. 302.

reichsmark frente a las 464 empresas de 1932 con un capital de igual valor."[131] La industria del automóvil, por ejemplo, crecía, mientras en el mundo disminuía (en 1938, mundialmente, decayó casi en 50 por ciento en relación con el año anterior). Vale decir que esas empresas se ampliaron, incluso a la producción de armamentos, como fue, por ejemplo, el caso de Siemens, y que en este proceso de concentración absorbieron a muchas otras firmas de menor capacidad. La producción también aumentó un tercio más por comparación con 1929, que fue un año de auge de la economía alemana. Mediante obras públicas fueron absorbidos los desempleados, al punto de que para 1938 prácticamente no existían. Al igual que en Italia, a las mujeres se les estimuló para que se casasen y tuviesen hijos en lugar de presionar por empleos. Sin embargo, a diferencia de Italia, el nazismo vigilaba que los matrimonios y la procreación fueran para conservar la raza aria, no las otras consideradas inferiores. El partido, señala Durham, vio a la mujer más como madre que otra cosa, aunque no se descuidó su organización en apoyo del nazismo.[132]

En medio de la crisis los nazis fueron ganando apoyos y simpatías. Electoralmente, podría estimarse este ascenso con el siguiente cuadro:

ALEMANIA: ELECCIONES LEGISLATIVAS (EN MILES)

	Partido Comunista	Partido Socialdemócrata	Partido Nacional Socialista
Mayo de 1928	1 260	9 150	800
Septiembre de 1930	4 500	8 570	6 400
Julio de 1932	5 300	8 000	13 700
Noviembre de 1932	5 900	7 200	11 700

Fuente: Jean Marie Vincent, "Sobre el ascenso y la victoria del nazismo", en María Antonieta Macciocchi (coordinadora), *Elementos para un análisis del fascismo*, 2 tomos, España, Madrágora-El Viejo Topo, 1978, t. I, p. 43.

[131] Crouzet, *op. cit.*, p. 149.

[132] Martin Durham, *op. cit.*, pp. 18-19. En *Mi lucha* Hitler ya se refería a la necesidad de aumentar la población, razón por la cual Alemania iba a necesitar más territorios, de preferencia hacia el Este, como puede leerse en A. Ramos-Oliveira, *op. cit.*, t. II, p. 14.

Y no menos elocuente es este otro cuadro de las:

ELECCIONES PRESIDENCIALES EN 1932

	Primera vuelta (13 marzo)	Segunda vuelta (10 abril)
Hindenburg	18 661 736 *	19 359 653 (52.1%)
Hitler	11 328 571	13 417 460 (36.8%)
Thaelmannn (comunista)	4 971 079	3 606 388 (9.7%)

* Le faltaron alrededor de 166 000 votos para obtener mayoría absoluta.
Fuente: *Enciclopedia Universal Ilustrada*, Madrid, Espasa-Calpe, 1926, *Suplemento* 1934, p. 405. No se señalan las razones de la diferencia de votos para el 100 %.

Crouzet, para los años 1924-1932, elaboró una gráfica a mi juicio muy reveladora, en la que se establece un gran paralelismo entre el auge electoral del Partido Nacional Socialista y el incremento de la crisis expresado por el desempleo (parados), y explicaba que inmediatamente después de la terrible experiencia inflacionista (mayo de 1924) los nazis obtuvieron cerca de dos millones de votos, y que superada la crisis la votación a su favor disminuyó a un poco menos de la mitad, para volver a descender durante la prosperidad de 1928. A partir de la crisis mundial de 1929, como puede observarse en el primero de los cuadros anteriores (que básicamente coincide con los datos de Crouzet), su votación comenzó a aumentar. Y este autor añadía que los votos procedieron de los partidos burgueses no católicos al tiempo que los votos de los partidos católicos, comunistas y socialistas se mantuvieron más o menos estables.[133] Esto es, la burguesía y las clases medias votaron por los nazis, particularmente cuando la crisis las afectaba, lo cual nos enseña muchas cosas sobre las tendencias de estas clases sociales cuando perciben que su seguridad y sus aspiraciones se ven amenazadas tanto por la economía como por el ascenso de la lucha de clases protagonizada por la clase obrera. Al igual que en Italia, en Alemania la burguesía no inventó el fascismo, pero sí lo aprovechó y lo financió. "La gran industria se mostró generosa con los nazis —escribía Ramos-Oliveira—. Hitler, que hasta entonces sólo contó con la subvención de Thyssen,[134] ha-

[133] Maurice Crouzet, *op. cit.*, pp. 204-205.
[134] Fritz Thyssen fue uno de los más importantes y acaudalados productores de acero

bía comenzado a recibir en la etapa de gobierno socialdemócrata considerables sumas de toda la industria pesada. El Führer apoyaba, a su vez, a los capitalistas en los conflictos sociales."[135] Y mientras tanto, los trabajadores eran traicionados por la socialdemocracia en donde ésta tuvo influencia (gobernaba Prusia), y golpeados por la política de von Papen y su política antisocialista.

Los nazis habían derrotado a la izquierda en las elecciones de 1932. Y con ese triunfo lanzaron sus fuerzas paramilitares contra comunistas y socialistas y, al mismo tiempo, intrigaban contra el gobierno. La SA (*Sturm Abteilung* – Sección de Choque o de Asalto) aterrorizaba las calles. Había ambiente de guerra civil y von Papen no tenía control en el *Reichstag*, mismo que disolvió para convocar a nuevas elecciones para el 6 de noviembre de 1932. Los nazis vieron descender su votación y von Papen, al no contar con el Reichstag, dimitió para ser sucedido por el general von Schleicher, un militar sin batallas, contrario a Hitler y que enfrentaría a terratenientes e industriales con sus intenciones de establecer políticas de pleno empleo y seguridad social apoyándose en los sindicatos (católicos y socialistas) en vez de en los partidos. La burguesía y la aristocracia agraria, obviamente, no estaban de acuerdo. Hindenburg, entonces, le quiso regresar el gobierno a von Papen ofreciéndole a Hitler la vicecancillería. Éste no aceptó. Se argumentó, sin pruebas, un posible golpe de Estado de Schleicher, y con ello una crisis política aún mayor. La "solución" sería Hitler. Éste sería el canciller por vía pacífica, nombrado por el presidente, igual que en Italia donde, como se recordará, el rey nombrara a Mussolini.[136] La razón, la misma: darle el poder a quien pudiera apaciguar las cosas. Von Papen sería el vicecanciller. Había que salvar al país de su prolongada crisis política, magnificada por los efectos de la crisis económica. El fin justificaría los medios. El primer gabinete de Hitler no fue nacionalsocialista, pero sí una coalición de derecha y ultraderecha que debería convocar a elecciones en marzo, tal y como las había

en Alemania y apoyó económicamente a Hitler con varios millones de dólares. Krupp también subvencionó al nazismo. Véase Fritz Thyssen, *I Paid Hitler*, 1941, citado en Webster G. Tarpley & Anton Chaitkin, *George Bush: the Unauthorized Biografphy*, en <http://www.tarpley.net/bushb.htm> (texto completo).

[135] A. Ramos-Oliveira, *ídem*, p. 42.

[136] Según la Constitución de Weimar el Reich alemán era una República. Ésta tenía un Presidente y su gobierno estaba compuesto de un "canciller y los ministros, nombrados y revocados por el presidente". Véase *Enciclopedia* Espasa-Calpe, ya citada, *Apéndice* de 1931. "Constitución de Weimar".

programado Schleicher antes de perder la confianza del presidente Hindenburg. Vale decir que Hitler no contaba con la mayoría en el Reichstag. El 27 de febrero fue incendiado el Reichstag, hecho que provocó indignación nacional, y fue culpado el comunista holandés Van der Lubbe con la clara intención de mover a los electores hacia la ultraderecha, es decir hacia el nazismo. En las elecciones del 5 de marzo los nazis obtuvieron 17 millones de votos y, con la extrema derecha en su conjunto, lograron la mayoría absoluta (52%), lo que les permitió gobernar con el Reichstag. La unidad del Reich, que nadie había logrado antes, ni siquiera Bismarck, se logró en ese momento. En 1934, a la muerte de Hindenburg a sus 87 años de edad, Hitler se convertiría en el presidente del Reich, sería el *Reichsführer* con todos los poderes en su investidura, es decir en su persona.

La humillación de la derrota y del Tratado de Versalles[137] —firmado por los representantes de la república de Weimar, en ese momento socialdemócratas—, más las condiciones económicas (además del caos político) que afectaban profundamente a millones de personas, *acentuaron los antiguos* sentimientos nacionalistas, antisocialistas y anticomunistas, patrióticos y antidemocráticos, antisemitas y antiliberales, que Hitler supo interpretar y explotar, entre otras razones porque se identificaba con ellos.

Sesenta años antes de que Hitler iniciara su gobierno, la modernización alemana, más en el terreno industrial que en el agrícola, se llevó a cabo sin identificación alguna con el liberalismo, incluso en su contra. Fue el Estado del Segundo Imperio (con Guillermo I y su canciller Bismarck) el que promovió la formación de la burguesía industrial, el que separó a los obreros de la pequeña burguesía liberal agrupada en el llamado partido del progreso (valiéndose del sectarismo y oportunismo de Lassalle[138]), el que dictó, por un lado, leyes antisocialistas y, por otro, la política social (*Sozialpolitik*) con la que los obreros industriales lograron mejoras sensibles en su forma de vida. La unidad alemana, en favor de Prusia (1871), acentuó también el sentimiento nacional, de alguna manera exagerado por Bismarck al inventar peligros extranjeros por motivos interiores, como bien señala Moore.[139] Con la dimisión de Bismarck, a partir

[137] Todavía en 1935 el gobierno alemán insistía en ubicar el Tratado de Versalles como la causa de la inflación de 1923-1924 y de la caída impresionante del marco. Los culpables habían sido, obviamente, los socialistas, a los que ya no se les tendría consideración alguna.

[138] Véase Octavio Rodríguez Araujo, *Izquierdas e izquierdismo*, *op. cit.*, pp. 54 y ss.

[139] Barrington Moore, *op. cit.*, p. 357.

de la sucesión del emperador por Guillermo II (1890), fueron abrogadas las leyes de excepción contra los socialistas, pero aún así tanto la democracia como el parlamento siguieron limitados, por comparación, digamos, con la Gran Bretaña y otros países ya entonces industrializados.

*

El antisemitismo es también antiguo, muy anterior a Hitler, así como el racismo, pero en general no habían sido parte de una política de gobierno salvo en su participación imperialista-colonialista en Namibia a principios del siglo XX, donde el genetista Eugene Fischer, posteriormente premiado por Hitler con el rectorado de la Universidad de Berlín, se dedicó a hacer experimentos con los Hereros en los campos de concentración para "demostrar" que ellos y los mulatos eran inferiores, física y mentalmente, a los alemanes.[140]

Podría decirse que el cristianismo, al aceptar que todos son hijos de Dios y por lo tanto iguales, no fue racista, pero esto no fue así.[141] Las cruzadas y la evangelización que acompañó al colonialismo fueron racistas y la creencia de que los judíos instigaron la muerte de Cristo creó, entre muchos cristianos, el antisemitismo, que estrictamente hablando se debería llamar antijudaísmo, pues los judíos no fueron los únicos semitas.

El racismo, con frecuencia asociado al antijudaísmo (que en adelante llamaré antisemitismo por ser el término más generalizado desde hace un siglo[142]), tuvo sus defensores "científicos" con las nue-

[140] Mahmood Mamdani, "Making sense of political violence in post-colonial Africa", en Leo Panitch y Colin Leys, *op. cit.*, pp. 134-135. El autor nos recuerda que uno de los discípulos de Fischer fue Joseph Mengele, el encargado de las cámaras de gas en Auschwitz.

[141] Un estudioso del antisemitismo, Jacques Gabayet, menciona que "la persecución de los miembros de la cultura hebrea, en el tiempo que transcurre, desde los orígenes de la Europa cristiana hasta la consolidación de las naciones, cuenta con muchos siglos de existencia." Véase Jacques Gabayet Jacqueton, "El antisemitismo, corazón de la derecha", *Rino*, México, número 34, otoño de 2002, p. 20.

[142] El vocablo "antisemitismo", según Moshe Zimmermann, tuvo su origen en términos políticos y raciales, y no sólo contrarios a los judíos, en Wilhelm Marr (1819-1904), un demócrata más o menos de izquierda que devino derechista y creador de la primera Liga Antisemita. Véase http://www.oup-usa.org/isbn/0195040058.html. El historiador Heinrich von Treitschke (1834-1896) apoyó los puntos de vista de Marr, y entre sus frases famosas destacaron: "Ninguna cultura ha sobrevivido sin sirvientes", "Los judíos son nuestra desgracia". Von Treitschke fue un defensor del

vas teorías antropológicas del siglo XIX.[143] La antropología física fue de las primeras ciencias que puso énfasis en las diferencias raciales (étnicas) a partir de los huesos y de la forma de la cabeza, y de ahí se extendió a la sociedad. El antropólogo francés Georges Cuvier (1773-1832) intentó demostrar una consistente correlación entre lo físico y lo mental, en la que las características raciales determinaban la inteligencia y la cultura. Robert Knox, escocés y discípulo de Cuvier, insistía en 1850, aproximadamente, que la desigualdad de razas, además de ser vital para las civilizaciones, demostraba que cada quien debería vivir en su lugar de origen y quedarse ahí, por lo que estaba en contra del colonialismo.[144] La teoría racista más elaborada en aquellos años se le ha atribuido al aristócrata francés Joseph-Arthur, conde de Gobineau (1816-1882). Este personaje, además de haber sido contrario a la democracia, estaba convencido de que los nórdicos eran superiores, y estableció una jerarquía entre las razas. Los arios ocupaban la cúspide de su clasificación, mientras que los semitas y los latinos eran razas degeneradas por los mestizajes a lo largo de su historia. No es casual que los nazis usaran como referencia y apoyo de su racismo y antisemitismo la principal obra de Gobineau (*Essai sur l'inégalité des races humaines*), dado a conocer en 1855.[145] El músico Richard Wagner fue un defensor de Gobineau, y su yerno, Houston Stuart Chamberlain (1855-1927), fue todavía más antisemita que el mismo conde de Gobineau. Para ciertas interpretaciones, incluidas las de Hitler, la teoría de la evolución daba justificación científica al racismo, a la superioridad de unos sobre otros, a la supuesta pureza de la sangre (de la que no habló Darwin), al patológico derecho de suprimir a las razas portadoras del "bacilo mortal", para usar la expresión de Carl Amery en su análisis de quien se convirtiera, de vago (*tachinierer*) en Viena, en *der Führer* de Alemania.[146]

El programa original del Partido Obrero Alemán Nacionalsocialista, al cual ya pertenecía Hitler desde que era una pequeña or-

nacionalismo y de la guerra, además de la subordinación de los individuos al Estado. Véanse: <http://www.cooper.edu/humanities/core/hss3/h_vontreitschke.html> y <http://www.geschichte.hu-berlin.de/ifg/galerie/texte/treitsc2e.htm>.

[143] Un estudio amplio y erudito sobre el antisemitismo, orígenes e influencia, es el de Enzo Traverso, *La violencia nazi*, *op. cit.*

[144] Véase <http://www.rcsed.ac.uk/journal/vol45_6/4560011.htm>.

[145] Véase <http://motlc.wiesenthal.com/pages/t026/t02612.html>.

[146] Véase a Carl Amery, *Auschwitz, ¿comienza el siglo XXI? (Hitler como precursor)*, España, Turner/Fondo de Cultura Económica, 2002.

ganización llamada Partido Obrero Alemán (dirigido por Drexler), fue redactado en 1920 "principalmente por el mecánico Gottfried Feder", señalaba Cole. Era un programa, además de ultranacionalista y pangermánico, racista y antijudío. "En el punto 4 establecía que sólo personas de sangre alemana podían ser ciudadanos del Estado alemán o podían ser considerados como compatriotas y establecía como corolario explícito que 'ningún judío puede ser considerado como un compatriota'. Así —continuaba Cole—, se proclamaba el antisemitismo, desde un principio, como parte esencial de la doctrina nazi, sin mencionar ningún otro caso particular de no alemanes."[147]

Todas estas doctrinas y corrientes de pensamiento fueron aprovechadas por Hitler, además de que coincidía con ellas. En su ensalada mental, la democracia relativa y característica de la República de Weimar y de Occidente en esos años, "es precursora del marxismo, que sería impensable sin ella. Constituye el sustrato de esta peste mundial", cita Amery. Y añade una cita más de *Mi Lucha* que, al mismo tiempo que delata las confusiones de Hitler, revela el conjunto de sus enemigos y fantasmas acumulados durante su estancia en la prisión de Landsberg, en 1924:

> La doctrina judía del marxismo rechaza el principio aristocrático de la naturaleza y sustituye el eterno privilegio de la fuerza y el poder por la masa del número y su peso muerto. Al hacerlo le hurta a la humanidad la premisa de su existencia y de su cultura. Esta doctrina, si se adoptase como base del universo, conduciría al fin de cualquier orden humano concebible. Si el judío vence sobre los pueblos de este mundo con ayuda de su confesión de fe marxista, su corona se convertirá en corona mortuoria de la humanidad, entonces este planeta volverá a girar, como hace millones de años, vacío por el éter [...]. La eterna naturaleza venga inmisericorde cualquier infracción de sus normas. Y así, hoy creo actuar en el sentido del Creador todopoderoso: defendiéndome del judío, lucho por la obra del Señor.[148]

Una de las principales diferencias entre el fascismo italiano y el alemán fue el racismo del segundo. Fue tan importante para Hitler el tema de la pureza racial que incluso el Estado debía subordinarse a la raza, vigilar su pureza y garantizarla por un futuro de "mil años". La concepción del Estado para el nazismo no fue muy diferente de

[147] G. D. H. Cole, *op. cit.*, p. 47. Véase también a Antonio Ramos-Oliveira, *op. cit.*, tomo II, pp. 12-14.

[148] Carl Amery, *op. cit.*, pp. 70-71.

la que se adoptó en Italia con el fascismo, por lo que sería ocioso desplegarla, pero sí es pertinente recordar que para éste, incluso el Partido Nacional Fascista debía subordinarse al Estado y que en Alemania "las dificultades derivadas de la relación extremadamente equívoca entre el partido y el Estado están resueltas jurídicamente por el principio del liderazgo", como bien señalara Neumann,[149] el *führerprinzip*.[150] Su oposición al liberalismo también es semejante, aunque en el caso alemán Hitler contó con un teórico más sólido que Gentile: Carl Schmitt. (No deja de ser curioso que algunos ideólogos del posmodernismo y de la democracia radical de finales del siglo XX y principios del XXI, usen como apoyos tanto a Nietzsche como a Schmitt.[151])

Hitler era austriaco, y el primer país que anexó a Alemania fue Austria (marzo de 1938). Era católico, y la primera religión perseguida y obstaculizada en sus funciones docentes, en sus publicaciones y en su organización, fue la católica. En 1936 prohibió que los jóvenes mestizos "con sangre judía" pudieran ascender en el servicio militar, que era obligatorio, y a los judíos "genuinos" se les prohibía cualquier servicio activo en las fuerzas armadas. Con Italia y Japón se firmaron acuerdos de lucha conjunta en contra de la Internacional Comunista (1937), es decir en oposición a los comunistas en sus respectivos países y a la política de los frentes populares que proponían, desde 1935, una alianza de clases en los países llamados democráticos para enfrentar el avance del fascismo. Católicos, judíos y comunistas fueron perseguidos. En los primeros campos de concentración fueron encarcelados "los comunistas alemanes, socialistas, socialdemócratas, romas (gitanos), testigos de Jehová, homosexuales, clérigos cristianos, y personas acusadas de comportamiento 'asocial' o anormal".[152] Después de la anexión de Austria "los nazis arrestaron

[149] Franz Neumann, *op. cit.*, p. 94.

[150] El *Führerprinzip* quiere decir no sólo liderazgo, sino también el derecho de las "mentes superiores" a la obediencia incuestionable y a un trato especial por parte de los seguidores.

[151] Véase por ejemplo el artículo de Chantal Mouffe, "Radical democracy or liberal democracy?", en David Trend (editor), *Radical Democracy*, New York, Routledge, 1996. En la página 21 Chantal Mouffe escribió que Carl Schmitt fue "quizá el más brillante crítico de la democracia liberal", y más adelante cita a Schmitt, quien decía que "el bolchevismo y el fascismo [...], como todas las dictaduras, son ciertamente antiliberales, pero no necesariamente antidemocráticas" (*sic*).

[152] Véase *Enciclopedia del Holocausto*, <http://www.ushmm.org/wlc/sp/index.php?ModuleId=10005754>. No deja de ser paradójico que el primer grupo de Hitler, "el grupo de sus íntimos", escribía Ramos-Oliveira, estuviera formado, entre otros, por

judíos alemanes y austriacos y los encarcelaron en los campos de Dachau, Buchenwald y Sachsenhausen, en Alemania”.[153] Luego se llevaron a cabo arrestos masivos y finalmente se crearon campos de exterminio a partir de diciembre de 1941, siendo el primero de estos el de Chelmno en Polonia. Esta terrible historia, más o menos conocida, sólo terminaría con la derrota de Hitler.

Nadie en su sano juicio querría que esa historia se repitiera. Es por esta razón que preocupa en el actualidad el ascenso y la multiplicación de las organizaciones y partidos de ultraderecha, del resurgimiento del nazismo (el neonazismo) y de las tendencias ultranacionalistas acompañadas de racismo y de antisemitismo (en la actualidad convenientemente suplantado por posiciones contrarias a los inmigrantes), es decir el resurgimiento de la intolerancia en su máxima expresión. Y preocupa más cuando estas organizaciones o partidos cuentan con apoyo de masas y cuando dichos apoyos se traducen en votos y en posibilidades competitivas con partidos democráticos (aunque sean de derecha, como ocurrió en Francia en 2002). No debe pasarse por alto que el fascismo, tanto en su expresión italiana como en la alemana, si bien no exactamente surgió de un movimiento de masas como señalaba Vajda,[154] recurre a y se apoya en éstas para crecer, para ganar el poder y para mantenerse en él.

Fue en situaciones de crisis (cuando las clases medias tuvieron temor de su futuro, cuando el gran capital corrió serios riesgos y cuando los trabajadores fueron derrotados y sus organizaciones aplastadas o puestas en la ilegalidad) que el fascismo, en cualquiera de sus expresiones, se presentó como una opción. Se hizo uso del nacionalismo, entonces revanchista y expansionista (es decir imperialista), y que ahora es fundamentalmente defensivo ante los estragos de la globalización económica y neoliberal. Y ese nacionalismo, junto con ideologías *supremacistas* (sobre todo racistas), fue un recurso para ganarse a la gente pobre o depauperada y con pocas esperanzas que necesitaba, como ahora, tener enemigos para afirmarse. El nazismo

tres “homosexuales notorios”: Röhm, Christian Weber y Julio Streicher; que “Emile Maurice, el chofer de Hitler, [fuera] un sádico”; que “Göring, [fuera] un sujeto brutal, degenerado, gran consumidor de drogas estupefactivas”. A. Ramos-Oliveira, *op. cit.*, t. II, p. 18.

[153] *Enciclopedia del Holocausto*, *ídem*.

[154] Mihaly Vajda, *op. cit.*, p. 13. “El carácter definitivo de la dictadura fascista —escribía— es que ella surgió de un *movimiento de masas* y, como una forma capitalista de dominio, dependió del apoyo de ese movimiento.” (Cursivas en el original).

—como el fascismo— no tendió al igualitarismo, fue demagógico al hablar de éste, como lo demostrara la concentración de capital y la depauperación de la población mayoritaria. Por añadidura, fue más que antidemocrático: su propuesta fue una dictadura, totalitaria y basada en el terror, que no permitió oposición y, mucho menos, la posibilidad de una oposición que pudiera derrotarlo, aunque enfrentaba un problema que no sabemos cómo se hubiera resuelto: la existencia misma de la burguesía y su colosal poder económico (ya que en el caso de Italia la monarquía hacía tiempo que había aceptado su sustitución de facto por el jefe del gobierno). ¿Si no hubieran perdido la guerra Italia, Alemania y Japón, aliados todos, qué hubiera ocurrido? ¿No hubieran surgido contradicciones entre los grandes capitalistas y los fascistas, sobre todo en Alemania? No lo sabemos, ni lo sabremos, pero sí que los neofascistas, y sobre todo los neonazis, existen y que, especialmente en Europa, han avanzado electoralmente. Hitler decía que la democracia y el liberalismo permitieron que el marxismo pudiera desarrollarse, pero no dijo que también permitieron el ascenso y el desarrollo del fascismo, como ocurrió en Italia y en Alemania hace más de 80 años, pues en ambos casos, como hemos visto, tomó el poder por vía legal aprovechando las vías abiertas por la democracia en condiciones de crisis económica y política. De aquí podría desprenderse que el mejor antídoto contra el fascismo no es sólo la existencia de democracia formal sino, más que todo, una política tendente al igualitarismo, es decir desarrollo económico con distribución de la riqueza, pleno empleo e inclusión y tolerancia, independientemente de razas, religión, cultura y formas de vida.

EN EL PRESENTE

En Estados Unidos de América

En este país es necesario distinguir entre dos tipos de ultraderecha: la que ha ocupado el gobierno o ha estado cerca de los gobiernos de ese país, y la grupuscular. La primera ha estado compuesta principalmente por grandes y poderosos empresarios; la segunda ha sido y es de tres tipos: abiertamente religiosa o racista o las dos orientaciones unidas, frecuentemente en peculiares organizaciones sin poder económico o con un poder local en nada comparable con el de la primera. La ultraderecha *rica y poderosa* no sólo ha aspirado al poder en su país sino en el mundo; la *pobre*, en general, no ha aspirado ni aspira al poder, sino, a lo más, a influir en él. Esta última no es nueva, pero ha crecido en influencia en los últimos años, como también ha ocurrido en Europa. Con el gobierno de Bush Jr., la ultraderecha cristiana se ha fortalecido, sobre todo en los estados con mayor tradición ultraderechista de tipo religioso y racista como es el caso de Alabama.[155]

El periodo en que esta ultraderecha tuvo mayor peso en los círculos de poder fue después de la segunda guerra mundial, con el llamado macartismo (o *maccarthismo*). Pero pasada esta experiencia, esa ultraderecha, que ha crecido geográficamente, no había logrado desarrollarse como fuerza política de importancia nacional, ni siquiera en 1964 con Barry Goldwater como candidato republicano a la presidencia de su país.[156] En cambio, la ultraderecha favorable a la segregación racial y a la guerra en Vietnam, cuyo representante más notorio fue George Wallace, sí tuvo relativo éxito, particularmente en 1968 cuando se lanzó a la presidencia de Estados Unidos con el Partido Independiente Americano. En esta elección, la segunda de las cuatro en las que quiso competir, obtuvo 13 por ciento del total de votos. En su última campaña a la presidencia (1976) su discurso tradicional no podía tener eco: la guerra en Vietnam ya había terminado, la integración racial era un hecho, aunque incompleta, su salud era precaria (atado a una silla de ruedas por el balazo que recibió en 1972) y su influencia política se redujo a su estado, Alabama, donde fue cuatro veces gobernador.[157]

Los matices para distinguir a un gobierno estadunidense como ultraderechista son difíciles. ¿Cómo calificar de ultraderechista a John F. Kennedy, por ejemplo, por la sola invasión de Bahía de Cochinos (Cuba) al mismo tiempo que fue el presidente que aceptó la ampliación de los derechos civiles a las minorías llamadas en ese país "de color"? Sin embargo, no es difícil, sino al contrario, calificar a George W. Bush de ultraderechista. En este caso no hay matices que valgan ni acciones positivas que lo salven de ser considerado dentro de esta categoría.

[155] Véase la nota sobre el juez Roy Moore de Alabama, en Andrew Gumbel del periódico *The Independent* reproducida en *La Jornada*, México, 27 de agosto de 2003.

[156] Mike Tharp, en *U.S. News & World Report* del 8 de junio de 1998, llamó a Goldwater "Mr. Right" (señor derecha).

[157] Una semblanza sobre G. Wallace puede verse en <http://www.washingtonpost.com/wp-srv/politics/daily/sept98/wallace.htm>, con motivo de su muerte en 1998.

Este gobierno, hasta donde sé, es el primero que resulta, en la historia de Estados Unidos, de un golpe de Estado técnico, es decir de un golpe de Estado que no derivó de la fuerza y la acción militares, sino del mismo aparato del Estado, previa división entre sus miembros. En un golpe de Estado de este tipo una parte de los políticos (militares o civiles) logra el poder sobre el resto mediante mecanismos fraudulentos e impuestos por cómplices del mismo Estado. En el caso de la elección de Bush II, se trató de la complicidad de su hermano Jeb, gobernador de Florida, de la secretaria de estado de éste (Katherine Harris), del ex alcalde de Miami (Xavier Suarez) experto en fraudes electorales,[158] y del Tribunal Supremo (Suprema Corte) y la voluntad de su presidente William Rehnquist.

Los antecedentes de ultraderecha de Bush II se remontan al abuelo, Prescott Bush (y hay quienes dicen que al bisabuelo Samuel Bush), al suegro de éste George Herbert Walker[159] y a la Union Banking Corporation asociada a Thyssen, uno de los principales apoyos financieros de Hitler desde los años 20.[160] Según Tarpley y Chaitkin el abuelo de Bush II participó en el equipamiento del ejército nazi que invadió a Polonia. De entonces a la fecha la familia Bush ha estado ligada, aunque no siempre con comprobaciones incontrovertibles, a actividades e intrigas políticas, militares y de negocios de muy dudosa moralidad pública pero de enorme poder económico. El hijo de Prescott Bush, George H. W., fue director de la CIA impulsado por Cheney,[161] entre otros; luego fue vicepresidente de Estados Unidos y posteriormente presidente de esta nación. Bush Jr. o Bush II (en la presidencia de EUA), como todo mundo sabe, es un magnate petrolero, al igual que su padre y buena parte de sus colaboradores. Su vicepresidente Cheney fue presidente de Halliburton, la compañía petrolera más importante del mundo con filiales en 120 países.[162] Donald Rumsfeld, otro de los promotores de Bush padre y de Bush hijo, y actual secretario de Defensa, ocupó el mismo cargo en el gobierno de Gerald Ford, y luego se ligó a empresas farmacéuticas, aeroespaciales y de prensa. Condoleezza Rice (consejera de seguridad nacional de Bush II) fue directora de Chevron-Texaco (también petróleo). Collin Powell, secretario

[158] Véase <http://www.campaignwatch.org/>.

[159] Con este nombre fue bautizado el hijo de Prescott Bush, posteriormente presidente de Estados Unidos (1989-1993) y padre de George W. Bush (2001-...).

[160] Webster G. Tarpley & Anton Chaitkin, *op. cit.*, capítulo II.

[161] *Ídem*, capítulo XV.

[162] Véase <http://www.halliburton.com/about/index.jsp>.

de Estado, ha estado ligado a America Online (AOL), Time Warner, Gulfstream Aerospace y General Dynamics. La secretaria del interior, Gale Norton, también ha estado asociada a empresas petroleras como Delta Petroleum, BP Amoco, y a la Ford Motor Company. Y así otros miembros del gabinete de Bush II.

En una palabra, el actual gobernante de Estados Unidos llegó a ese puesto con el apoyo de antiguos cuadros de la CIA facilitados por su padre, de las empresas petroleras y otras asociadas a la industria bélica y a las comunicaciones, de la mafia cubana-americana de Miami y por un golpe de Estado técnico. No tengo evidencias de que el ataque a las Torres Gemelas de Nueva York haya sido equivalente al incendio del Reichstag en Alemania ni de que Bin Laden fuera un Van der Lubbe inventado por Bush, pero sí es posible afirmar que ese ataque fue aprovechado para desplegar y ampliar la política bélica y de negocios de las grandes corporaciones estadunidenses y la restricción a las libertades civiles internas en ese país a partir de la Ley Patriótica de 2001.[163]

El periodista uruguayo Fasano Mertens, en un extenso artículo, quiso establecer analogías entre Hitler y Bush. No coincido con los intentos de explicación, y menos en la historia, a partir de analogías, pero hay un párrafo en el artículo mencionado que a mi juicio sintetiza muy bien un ejemplo que bien vale la pena de ser citado, no por la analogía que hace, que está bien lograda, sino por la síntesis de las intenciones del poder estadunidense en el caso de Irak, de todos conocido.

Bush proclama *urbi et orbe* la guerra preventiva. Dwight Eisenhower en 1953 no dudó al respecto: "La guerra preventiva es un invento de Adolfo Hitler, francamente yo no me tomaría en serio a nadie que me viniera a proponer una cosa semejante".

Pero ¿guerra preventiva contra quién? Bien es sabido que la primera víctima de una guerra es la verdad. Y Bush lo primero que hace para fabricar su guerra preventiva, tras el 'incendio del Reichstag', es mentir a lo Goebbels a un grado tan primitivo que nadie terminó creyéndole algo. Primero dijo que Irak apoyaba a Al Qaeda. Cuando se comprobó el odio irreconciliable entre Saddam Hussein y el ex empleado de EEUU, Osama Bin Laden, Bush apeló a incluir a Irak en la corriente fundamentalista musulmana. Difícil de creer en el país más laico del mundo árabe. Apelaron entonces a la existencia de armas de destrucción masiva. Afirmaron que Irak no iba a

[163] *USA Patriot Act*, que puede verse en <http://thomas.loc.gov/cgi-bin/query/z?c107:H.R.3162>, especialmente las secciones 201 a 225.

permitir las inspecciones y cuando las permitió, aseveraron que no iba a dejar entrar a la ONU en los Palacios y otros lugares preservados. Cuando también se reveló que tal negativa era falsa, dijeron que las armas estaban bien ocultas. Finalmente no encontraron ni una sola. Cuando todos los argumentos fueron sepultados pidieron la renuncia o el exilio de Saddam Hussein y admitieron la única verdad real: queremos ocupar el territorio Iraquí pese a quien pese y decidir quién lo va a gobernar.[164]

Ha sido evidente, salvo para quien no quiera verlo, que la primera invasión a Irak (1991), la de Bush I, fue para recuperar Kuwait y su petróleo, previamente anexado por Hussein, y que la segunda de Bush II fue para adueñarse del petróleo de Irak, la segunda reserva mundial del hidrocarburo. La intención ha sido muy clara, y el desenlace de esta última invasión la demuestra fuera de toda duda. La ultraderecha gran empresaria se ha apoderado del gobierno de Estados Unidos sin ningún velo, descarnadamente, y según toda evidencia va por más, razón por la cual el mundo está profundamente preocupado, pues no se vislumbra un poder equivalente que frene esa ambición; y las leyes internacionales, así como la Organización de Naciones Unidas, no tienen ninguna validez para Bush II y sus socios (que, como conviene recordarlo, tampoco las tuvieron para Hitler con la entonces Sociedad de Naciones).

*

El macartismo fue una cruzada nacional en contra del comunismo encabezada por el senador republicano Joseph McCarthy a finales de los años 40 del siglo XX y durante la década siguiente. Sus antecedentes se localizan en las distintas olas de anticomunismo que se han dado en Estados Unidos desde finales del siglo XIX en contra, sobre todo, de los inmigrantes (hombres y mujeres) no calificados, no blancos y rechazados o discriminados por la *American Federation of Labor* (AFL). Estos trabajadores, inmigrantes en mayoría, fundarían en 1905 la *Industrial Workers of the World* (IWW) de influencia marxista y anarco-sindicalista.[165] El anticomunismo se nutrió de la xenofobia tradicional de quienes han querido ver en los "extranjeros" a los promotores de actividades antinorteamericanas y subversivas por

[164] Federico Fasano Mertens, "De Hitler a Bush", *La República*, Uruguay, 30 de marzo de 2003.

[165] Véase Mari Jo Buhle, Paul Buhle and Dan Georgakas (editors), *Encyclopedia of the American Left*, Urbana & Chicago, University of Illinois Press, 1992, pp. 354 y ss.

el simple expediente de no ser *wasps* (*white anglo-saxon protestants* —blancos anglosajones protestantes). Con el triunfo de la revolución rusa y la formación del Partido Comunista de Estados Unidos, ese anticomunismo habría de aumentar entre la ultraderecha política de este país; derecha que se expresó también en contra de la política de Franklin D. Roosevelt, su *New Deal* y sus negociaciones en Yalta con la Unión Soviética.

El macartismo recogió esos antecedentes, pero los llevó a extrems tales que incluso fueron violadas la Primera y la Quinta enmiendas constitucionales de Estados Unidos.[166] El macartismo y la guerra fría convirtieron al comunismo, de un asunto de opiniones políticas, en otro de seguridad nacional, por lo que no sólo persiguió a quienes habían militado o militaban en organizaciones de izquierda sino a todo aquel que a juicio del FBI, dirigido por Edgar Hoover, o de la Comisión de Investigaciones del Congreso, ponía en riesgo la seguridad nacional.[167] Fue también un pretexto de los republicanos para vulnerar a la administración Demócrata de Harry Truman por haber tolerado supuestos actos de subversión y de espionaje comunistas como el de Alger Hiss, acusado de ser espía y comunista y de perjurio.[168] Sirvió igualmente para acosar, enjuiciar, encarcelar, desacreditar o dejar sin trabajo a miles de ciudadanos incómodos para los empresarios, para los sindicatos afines al sistema o para asociaciones ciudadanas o religiosas. Las delaciones, con o sin fundamento o por razones estrictamente personales de antipatías, se multiplicaron y, aunque no todas tuvieron éxito, perjudicaron a muchos estadunidenses o extranjeros con documentos migratorios dudosos o en proceso. Se calcula que más de diez mil personas perdieron su empleo por el macartismo.[169]

Poco después del macartismo, y probablemente derivada de éste,[170] surgió en Estados Unidos la *John Birch Society* (1958). Su

[166] La Primera enmienda se refiere a la libertad de palabra y la Quinta a que nadie puede testificar en contra de sí mismo o auto incriminarse.

[167] Ellen Schrecker, *The Age of McCarthyism: A Brief History with Documents*, Boston, St. Martin's Press, 1994, capítulo 3, que puede consultarse en <http://www.english.uiuc.edu/maps/mccarthy/schreker1.htm>.

[168] Otro de los casos de repercusión mundial fue el de Julius y Ethel Rosenberg ejecutados en junio de 1953 por supuestas actividades de espionaje.

[169] Mari Jo Buhle, Paul Buhle and Dan Georgakas (editors), *op. cit.*, el capítulo "McCarthism", pp. 457 y ss.

[170] Roy Cohn, asesor del senador McCarthy, fue miembro de esta organización. Véase <http://watch.pair.com/jbs-cnp.html>. Cohn era judío y persiguió por igual a los ju-

fundador, Robert Welch, quiso rescatar la memoria de John Birch, quien había sido misionero cristiano en China a partir de 1940 y luego militar, además de anticomunista. Welch fue opositor a Franklin D. Roosevelt, ultranacionalista, republicano y anticomunista, defensor del liberalismo y, por lo mismo contrario al *welfare state.*[171] La *John Birch Society* (JBS), en teoría, no podría ser muy diferente del pensamiento de Welch. Sin embargo, a pesar de que sus planteamientos difícilmente podrían ser considerados neonazis, ya que la organización se presenta como ultraliberal e individualista, partidaria de un gobierno mínimo (*less government*), contraria a cualquier forma de totalitarismo, defensora de las libertades, religiosa, patriota (en el sentido del nacionalismo extremo no pragmático y chauvinista) y xenófoba (anti-inmigrantes), hay opiniones que difieren de lo que la JBS aparenta ser.[172] Su actual dirigente es John F. McManus.

Un año después del surgimiento de la JBS, George Lincoln Rockwell fundó el Partido Nazi de Estados Unidos (*American Nazi Party*—ANP). Rockwell se inició como un macartista anticomunista, pero luego se convirtió en un antijudío igualmente anticomunista. Fue asesinado en 1967. Como otras organizaciones de la ultraderecha estadunidense, ésta planteaba que los negros deberían ser deportados a África y los judíos esterilizados y despojados de sus pertenencias. Entre sus principios destacaban (¿destacan?) el evolucionismo progresista, el funcionamiento de la sociedad como un organismo y la subordinación de los individuos a éste. Adolfo Hitler fue un regalo de la providencia para detener la catástrofe judeo-bolchevique y una fuente de inspiración para un nuevo orden mundial.[173] Algunos estudiosos de este partido han opinado que no tiene más de 200 miembros, pero es difícil corroborarlo ya que se necesita una contraseña para consultar su página en Internet.

díos que a los comunistas. Era homosexual y también persiguió a los homosexuales. En 1992, bajo la dirección Frank Pierson, se estrenó la película *Citizen Cohn* (USA) protagonizada por James Woods (Roy Cohn) y Joe Don Baker (como senador Joseph McCarthy). Hay varias biografías de Cohn en Internet.

[171] Su anticomunismo lo llevó a acusar a Eisenhower de ser simpatizante de los comunistas y de la URSS. Véase la página de *The John Birch Society* en internet: <http://www.jbs.org/visitor/about/aboutrwelch.htm>.

[172] Véanse, por ejemplo, http://watch.pair.com/jbs-cnp.html y <http://watch. pair.com/JBS.html>. También puede consultarse Benjamin R. Epstein y Arnold Forster, *The Radical Right: Report on the John Birch Society and Its Allies*, New York, Vintage Books, 1967.

[173] Véanse los principios del nacional socialismo según Lincoln Rockwell en <http://www.theneworder.org/principles.htm>.

Siguieron otras organizaciones de ultraderecha, unas de alto contenido religioso, que en Estados Unidos parece ser una constante para justificar su racismo y su anticomunismo, y otras basadas más bien en el darwinismo social que, por definición, es contrario a los dogmas religiosos.

Un ejemplo significativo de ultraderecha de inspiración darwinista en la actualidad es *The National Alliance* (La Alianza Nacional-AN), organización neonazi fundada en Estados Unidos en 1974, que defiende el principio de que los seres humanos están sujetos a las leyes de la naturaleza y a la ley de la desigualdad en un mundo basado en la jerarquización. Su fuente filosófica de inspiración es, obviamente, Nietzsche y su líder actual, una vez muerto William L. Pierce, es Robert DeMarais.[174] Alianza Nacional es también contraria a la globalización neoliberal, porque ve en los gigantes económicos (muchos de ellos "en manos de judíos", dice) un peligro para los pequeños y medianos empresarios; razón por la cual ha hecho acto de presencia en la gran manifestación de Seattle en noviembre de 1999, como AGAN (*Anti-Globalism Action Network*-Red de Acción Anti-globalización).

Los que son a la vez racistas y religiosos, además de los ya mencionados, rechazan la teoría de la evolución argumentando que si Dios hubiera querido que en Europa o en Estados Unidos hubiera negros, y no sólo blancos, los hubiera puesto ahí y no sólo en África. Entre los grupos que son racistas y religiosos a la vez, además del Ku Klux Klan (KKK), la JBS y el ANP, destaca, también en Estados Unidos, la organización *Church of Jesus Christ Christian: Aryan Nations/Tabernacle of the Phineas Priesthood*, fundada por Richard Butler, de la cual *Aryan Nations* es su brazo político. La organización original fue *Church of Jesus Christ Christian*, fundada por el furioso antisemita Wesley Swift en 1961. Para esta organización era requisito de ingreso la identidad cristiana, para la de Butler no necesariamente. Los arios, para esta organización, son los que tienen origen germano, nórdico, vasco, lombardo, celta y eslavo (*sic*). Además de que se han planteado luchar contra todos los judíos, pretenden acabar con negros, mexicanos, asiáticos y mestizos. Ambas organizaciones son tradicionalistas, dicen vivir bajo los postulados de la Biblia, están en contra de la globalización y los grandes capitalistas, del comunismo y de los gobiernos que llaman permisivos (es decir liberales), además de pronunciarse contra el aborto y los homosexuales. Son naciona-

[174] Véase <http://www.natall.com/>.

listas, obviamente antisemitas, xenófobos, racistas, neonazis y tienen antecedentes en el fundamentalismo cristiano.[175] Para Butler, Jesucristo ha sido el más grande personaje de la historia, y Adolfo Hitler el segundo.[176] La organización de Butler, después de designar como su sucesor a Harold Ray Redfeairn (con antecedentes criminales), se dividió recientemente conformándose tres nuevas organizaciones. Una de éstas, dirigida por Redfeairn, es la *Church of the Sons of Yahweh* (Iglesia de los hijos de Yahvé), una de las organizaciones de ultraderecha más violenta y extremista en el presente.

La más antigua de las organizaciones de ultraderecha en Estados Unidas, fundada después de la Guerra de Secesión (diciembre de 1865), y que ahora se presenta como un partido político, *The Knights Party* (Partido de los Caballeros), es el Ku Klux Klan. Esta organización no comparte necesariamente los implícitos en la teoría de la evolución de las especies (el darwinismo social). Expresamente dicen "A nosotros no nos importa quién es superior y quién no lo es. Dios nos hizo a todos. Nosotros simplemente creemos que los Estados Unidos de América fue fundada como una nación blanca y cristiana".[177] Aceptan que hay grupos que odian, literalmente, a personas de otras razas, pero que probablemente —dicen— ello se deba a que perdieron su trabajo gracias a las políticas de *acción afirmativa* (ver más adelante sobre este tema), o a la influencia de películas y noticias que enfatizan el odio de los blancos y cristianos a los no blancos y no cristianos. Vale decir que en el pasado, aceptando sin conceder que en la actualidad el odio racista no sea una característica del *Knights Party*, la principal oposición a la liberación de los esclavos negros y luego a la integración racial, ha sido una política extendida entre los miembros del KKK, especialmente cuando su organización estaba basada en hermandades con frecuencia secretas (el "imperio invisible") que, al menos formalmente, no es el caso de su partido. El Partido de los Caballeros del Ku Klux Klan es en realidad una organización más o menos reciente, ya que fue fundada en 1956 en Louisiana. Su primer dirigente fue David Duke, quien transformó al KKK de pequeños grupos regionales en una or-

[175] Véase <http://www.aryan-nations.org/>. Hay otra organización llamada también Aryan Nations que, aunque tiene más o menos los mismos postulados, especifica que no está afiliada a *Church of Jesus Christ Christian*. Al respecto puede consultarse su sitio en la Web: http://www.twelvearyannations.com/ourposition.html.

[176] Véase la biografía de Butler en <http://www.adl.org/learn/Ext_US/butler.asp?xpicked=2&item=2>.

[177] Véase <http://www.kukluxklan.org/>.

ganización nacional con la intención de lograr un gobierno exclusivamente de blancos cristianos para blancos cristianos. Aunque la población negra de Estados Unidos (y los blancos que han tomado partido por ella) ha sido el blanco principal de los ataques del KKK, también se manifiestan en contra de los judíos, de los inmigrantes, de los homosexuales y, más recientemente, de los católicos. Quizá su momento de mayor éxito fue en los años 20 del siglo pasado, cuando se calculaban unos cinco millones de miembros del Klan distribuidos en varios estados y con poder casi absoluto en algunos de ellos. Para los años 60 habían disminuido considerablemente en número, influencia y beligerancia, pero a partir del movimiento por los derechos civiles de esos años, volvieron a crecer como organización y en su beligerancia. En la actualidad se estima que no rebasan el 0.012 por ciento de lo que fueron, a pesar de que se les puede ubicar en más de 100 pequeños grupos en 28 estados de la Unión (principalmente del sureste), unos como integrantes del *Knights Party*, otros en diversas organizaciones como *Imperial Klans of America*, la juventud de los *National Knights of KKK*, etcétera.[178]

Puede decirse, en síntesis, que la ultraderecha hasta aquí descrita, y al margen del gobierno, se basa en: *a*] el viejo fundamentalismo religioso-cristiano (intolerante) o *b*] en el racismo con base en una "conveniente" interpretación del darwinismo social mezclado con Gobineau, o *c*] en la combinación de ambas matrices ideológicas.

De estas y anteriores organizaciones, con frecuencia ligadas al KKK, a la antigobiernista *Posse Comitatus*,[179] *The Order* (también llamada *The Silent Brotherhood*-La Hermandad Silenciosa)[180] y otras más de este tipo (como antecedente de algunos de sus miembros), se han

[178] Véase <http://www.tolerance.org/maps/hate/index.html#criteria>.

[179] *Posse Comitatus* (Poder del condado, de la comunidad) fue fundada a finales de los 60 del siglo XX por William Potter Gale, coronel retirado y ex ayudante del general Douglas MacArthur en el Pacífico sur. Gale fue también líder del grupo paramilitar llamado *California Rangers*. *Posse Comitatus* se basa en la idea de que el poder debe descansar en los condados ya que el sistema social dominante llevará a la destrucción de la nación. Es una organización ligada a *Christian Identity* de ultraderecha en Estados Unidos. Véanse: <http://www.dojgov.net/posse_comitatus_act.htm>, y, sobre todo, con muy precisa información: <http://www.nizkor.org/hweb/orgs/american/adl/paranoia-as-patriotism/posse-comitatus.html>. También puede consultarse <http://www.adl.org/learn/Ext_US/butler.asp?xpicked=2&item=2>, ya citada.

[180] *The Order* es una organización formada por ex seguidores de Butler, ex miembros del KKK y de Alianza Nacional. Es partidaria de la violencia, del asesinato, del terrorismo y de robos armados. Su fundador fue Robert Mathews, asesinado en 1984. Véase la biografía de Butler ya citada.

organizado grupos paramilitares (llamados *militias*-milicias[181]), que armados y entrenados por ex militares, se plantean la defensa del país a partir de las comunidades donde viven, pues consideran que la esencia de Estados Unidos está en esas comunidades (blancas, por supuesto), y no en los ámbitos federales y el poder nacional dominados por los políticos, los dos mayores partidos y las grandes empresas industriales, comerciales y de comunicación, además de los bancos, "controlados por judíos". En estas milicias, que acostumbran autodenominarse *patriotas*, y cuyos miembros suelen pensar que existe una conspiración de las elites para controlar a la población común, participan neonazis, skinheads, y toda suerte de personas, por lo general incultas y provincianas, de ideología cristiana, racista, xenófoba y ultra nacionalista, además de partidaria de las armas para toda la población.[182]

Vale decir que hay una organización judía, considerada de ultraderecha, que es también partidaria de las armas para toda la población y que opina que el control de armas en Estados Unidos es una medida racista. Me refiero a la organización *Jews for the Preservation of Firearms Ownership* (Judíos por la preservación de la posesión de armas de fuego), cuyo argumento es que la policía no protege a los ciudadanos comunes ni los indemniza en sentido alguno por los crímenes que se llevan a cabo por esa falsa protección.[183] Por otro lado, también hay organizaciones ultraderechistas entre la población de origen africano en Estados Unidos. Una de las explicaciones del racismo entre la población negra podría ser el hecho de haber sido discriminados por la población blanca durante tantos años (y todavía en ciertos casos y lugares). Los racistas negros, al igual que los racistas blancos, son contrarios a los matrimonios

[181] Sobre las milicias en Estados Unidos, el origen del vocablo, la justificación de su existencia, los lugares en los que radican y tienen influencia, etcétera, puede consultarse <http://www.constitution.org/mil/cs_milit.htm> y las páginas que de ahí se derivan.

[182] En 2001 se calculaban 43 grupos de *skinheads,* 209 de neonazis y 109 del KKK en Estados Unidos. Listas impresionantes de las organizaciones llamadas de "odio" (ultraderechistas), incluso por estado y con mapas, en www.tolerance.org. Aunque no ha sido la mejor película de Costa-Gavras, *Betrayed* (1988), con Debra Winger y Tom Berenger, muestra cómo se organizan los granjeros blancos de ultraderecha en Estados Unidos, sus campos de entrenamiento militar y de adoctrinamiento de niños y jóvenes. Por la trama de la película podría pensarse que se trata de organizaciones como *The Silent Brotherhood* (*The Order*).

[183] Véase la página oficial de esta organización en <http://www.jpfo.org/>. Su dirigente es Aaron Zelman, de Hartford, Wisconsin, EUA.

interraciales y partidarios de instituciones separadas, cuando antes demandaban compartir en igualdad de circunstancias las que, presentándose como las instituciones del país, eran en realidad para blancos. Hay grupos que se plantean incluso una nación negra al margen de la nación blanca: son contrarios a la integración. Los racistas negros no sólo son antiblancos, sino también antijudíos. Estos últimos suelen ser sobre todo cristianos, pero también musulmanes. La principal organización de la ultraderecha negra es musulmana: *Nation of Islam*, con grupos en más de 20 estados de la Unión Americana, seguida por el Nuevo Partido de las Panteras Negras y por la Casa de David, menos influyentes.[184]

*

Una reflexión aparte, y que tiene que ver con la ultraderecha, sería el problema de las *acciones afirmativas* en uso desde hace unos 30 años, sobre todo en Estados Unidos, y que en el último lustro han disminuido. La idea de las políticas de acción afirmativa, asumida por la Organización de Naciones Unidas para todos los países miembros, aunque reconoce que aquéllas no están suficientemente definidas, se ha extendido con la intención de evitar discriminación por razones de raza, de género y otras distinciones que han sido motivo de exclusión. La propuesta de la acción afirmativa surgió en la lógica de igualdad de oportunidades para las llamadas minorías en Estados Unidos, que tiene su origen en la Ley de Derechos Civiles de 1964 que ya contemplaba la prohibición de la discriminación por razones de raza, religión, sexo o antecedentes nacionales de origen. Al principio fue pensada para el empleo, luego también para el sistema educativo, con el objeto de que ni minorías ni mujeres estuvieran en desventaja. Estas políticas han dependido en buena medida de la orientación de los gobiernos en ese país.[185] Sin embargo —y por eso usé la palabra "problema"—, para unos las políticas de acción afirmativa no siempre han propiciado la equidad en términos de méritos, porque —dicen— han resultado muy con-

[184] Véase <http://www.tolerance.org/maps/hate/group.jsp?map_data_type_id=1>.

[185] George W. Bush, actual presidente de Estados Unidos, ha manifestado públicamente desacuerdos con las políticas de acción afirmativa aunque haya dicho que está de acuerdo en la diversidad racial. Véase el comentario de María Elena Salinas de Univisión, 29 de enero de 2003, en <http://www.vidaenelvalle.com/opinion/spanish/story/6018377p-6975110c.html>.

trovertidas en aquellos ámbitos en los que ciertas capacidades son necesarias para la realización de un trabajo, sea en una empresa, en la administración pública o en los centros de educación e investigación. Para otros son demagógicas pues en realidad se trata de "cuotas" que sólo han sido aceptadas en ciertos niveles de empleo o en ciertos centros educativos que no son de primera importancia (es decir las universidades que no son de la *Ivy League*[186]). Quienes así piensan han argumentado que los afroamericanos o los de origen latino o asiático, que han logrado escalar altas posiciones de empleo o espacios en las principales universidades de ese país, lo han hecho con independencia absoluta de las políticas de acción afirmativa. Dicen, también, que una política de auténtica igualdad de oportunidades tendría que partir de una igualación previa de los factores que permiten el desarrollo de capacidades, talento, aptitudes; es decir, ingresos familiares, ambientes de vida, cultura, salud, etcétera. Finalmente, los sectores cercanos a la derecha extrema o de esta posición, y sobre todo los que son expresamente racistas y xenófobos, no están de acuerdo con estas políticas y consideran que han sido prácticas demagógicas de partidos y candidatos para ganarse el voto de las minorías provocando nuevos problemas, en especial para la población blanca. La ultraderecha que no ha querido ser señalada como racista (aunque lo sea), suele argumentar que la evaluación de la gente para empleos o acceso a los centros educativos debe ser por méritos y no por su origen étnico, haciendo abstracción de que las minorías suelen ubicarse en los estratos socio-económicos más bajos y que para romper el círculo vicioso se requieren esfuerzos extraordinarios que no necesariamente realizan quienes han vivido en condiciones ventajosas económica y culturalmente.

Toda medida que tienda a evitar la discriminación de un ser humano es, por lo mismo, una tendencia al igualitarismo. Si la llamada acción afirmativa sirve para esto, y no como artificio demagógico, podría ser considerada una política de izquierda *en el exclusivo ámbito* de la discriminación/no discriminación de raza, género, religión, preferencias sexuales, o antecedentes nacionales de origen. Más allá de este ámbito se trataría, en realidad, de disminuir diferencias sociales y económicas que, en el capitalismo, tienen como límite las razones estructurales y propias de este sistema económico. La tendencia a disminuir las diferencias sociales y económicas es, a mi

[186] Brown, Columbia, Cornell, Dartmouth, Harvard, Penn, Princeton y Yale.

juicio, la principal razón de las izquierdas. Si estas diferencias fueran mínimas, es muy probable que la *acción afirmativa* no fuera una demanda de las minorías de algún tipo, ni de las mujeres.

EN EUROPA

Aunque en Estados Unidos, como se ha señalado, hay organizaciones derivadas del nazismo, que pudiéramos llamar neonazis, como las ya mencionadas *Church of Jesus Christ Christian*, además de *Stormfront White Pride/ White Nationalism Resource Page* y *National Alliance* o el *American Nazi Party*, es en Europa occidental donde han tenido y tienen un antecedente más directo en el nazismo (alemán). Pero, además y a diferencia de este tipo de organizaciones en Estados Unidos, en Europa revelan un cierto grado de aspiraciones al poder, en algunos casos nacional, en otros sólo en órganos de representación popular o en municipalidades como esquema estratégico que ya han seguido no sólo organizaciones de ultraderecha sino también de derecha que en el pasado estuvieron en desventaja. Es por esta vocación de poder que las organizaciones de ultraderecha han formado partidos que intervienen en elecciones, algunos con resultados nada desdeñables, como se puede ver en el siguiente cuadro:

RESULTADOS ELECTORALES DE PARTIDOS DE ULTRADERECHA EN EUROPA OCCIDENTAL (ELECCIONES PARLAMENTARIAS)

Nombre del partido (país)	Fecha de elecciones	Porcentaje de votos	Asientos ganados	Orientación fundamental
Freiheitliche Partei Osterreichs (Austria)	24-11-02	10	18	Neonazi
Vlaams Blok Bélgica	13-06-99	9.9	15	Racista antiinmigrantes
Dansk Folkeparti (Dinamarca)	20-11-01	12	22	Racista antiinmigrantes

Front National (Francia)	16-06-02	11.3	[a]	Racista antiinmigrantes
Die Republikaner (Alemania)	22-09-02	[b]		Racista antiinmigrantes
Alleanza Nazionale (Italia)	13-05-01	12	62 (con Forza Italia)	Más liberal que racista
Lega Nord (Italia)	13-05-01	3.9	[c]	Racista antiinmigrantes
Lijst Pim Fortuyn (Holanda)	22-01-03	5.7	8	Antiinmigrantes
Fremskrittspartiet (Noruega)	10-09-01	14.7	26	Racista antiinmigrantes
Schweizer Demokraten (Suiza)	24-10-99	1.8	1	Racista antiinmigrantes
British National Party (Gran Bretaña)*	7-06-01	0.2		Neonazi

Fuentes: Datos elaborados a partir de <http://www.electionworld.org>, página de la BBC News en Internet, Anti-Defamation League (Internet) y algunas de las páginas de los partidos, también en Internet.

[a] El mayor éxito del FN ha sido en elecciones presidenciales.

[b] *Die Republikaner* y *Deutsche Volksunion* (ambos de ultraderecha) sólo han tenido relativos éxitos en elecciones locales.

[c] Tanto Alleanza Nazionale como Lega Nord participaron en la coalición con FI de Berlusconi, en Casa delle Libertà.

(*) El BNP, en las elecciones del 1de mayo de 2003, ha ganado siete concejales y quedó como segunda fuerza en Burnley. Véase <http://www.rebelion.org/internacional/030505bigio.htm>.

(**) El VB, en las elecciones del 18 de mayo de 2003, obtuvo 11.7 % y 18 asientos en la Cámara de Representantes.

En Suiza el partido Schweizer Demokraten (Demócratas Suizos-SD) ha sido, desde antes de 1967, una organización ultraderechista. Sin embargo, en 1971 surgió un nuevo partido (producto de alianzas de viejos partidos campesinos y de artesanos) que con el tiempo dejaría al margen al SD. Este nuevo partido, ahora de clase media, ha adoptado un perfil ultraderechista en los últimos años y en las recientes elecciones del 19 de octubre de 2003 obtuvo la mayor votación para el Consejo Nacional (equivalente a la Cámara de diputados) con más de 27 por ciento de los sufragios emitidos. Este partido tiene dos nombres, uno en alemán *Schweizerischen Volkspartei* (SVP-Partido Popular Suizo), y otro en francés *l'Union démocratique du centre* (UDC-Unión Democrática del Centro). El SVP-UDC rechaza la adhesión de Suiza a la Unión Europea, lucha por una mayor seguridad frente a la criminalidad y contra el abuso en el derecho de asilo. También está por la reducción de la carga fiscal (baja de impuestos), y en contra de la extensión del presupuesto del Estado.

El SVP-UDC le ha quitado al SD la bandera antiinmigrantes. A los inmigrantes, particularmente del este europeo y africanos, los hace responsables del aumento de la criminalidad y del tráfico de drogas. En su campaña de 2003 propuso la reducción de extranjeros en Suiza, que calcula en uno de cada cinco habitantes (20%), y poner freno a los "matrimonios ficticios" como medio para adquirir derechos ciudadanos.

El discurso de su dirigente, Christoph Blocher (multimillonario y principal accionista de la empresa química EMS), ha sido claramente racista, xenófobo y ultranacionalista, y directamente ha asociado inmigrantes con inseguridad, violencia y abuso de los sistemas de seguridad social. Estas posiciones, en un país amenazado por la crisis económica, han convertido al SVP-UDC en la primera fuerza electoral de Suiza, por encima del Partido Social Demócrata y del Partido Popular Demócrata Cristiano. Gracias a su fuero como parlamentario Blocher no ha podido ser enjuiciado penalmente por discriminación racial.[187]

En Italia, como en Austria, la ultraderecha participa en coalición con la derecha en el gobierno. En Francia disputó seriamente la presidencia de la república. En los demás países europeos esta corriente es minoritaria, aunque se percibe una creciente influencia en algunos de ellos.

En Italia, Alianza Nacional (AN) y la Liga del Norte, ambos partidos de ultraderecha, formaron parte de *Casa delle Libertà* (Casa de las Libertades), la coalición encabezada por Silvio Berlusconi. Alianza Nacional surgió a partir de una escisión del Movimiento Social Italiano (MSI), el primer partido abiertamente fascista de la Europa de la segunda posguerra mundial, fundado en diciembre de 1946.[188] Este partido decía ser anticapitalista y antiburgués y sus

[187] Véase el reporte de asuntos jurídicos del 27 de agosto de 2001 sobre la inmunidad parlamentaria de Blocher en relación a sus posiciones racistas, en <http://www.parlament.ch/afs/data/f/bericht/2001/f_bericht_n_k12_0_20010045_01.htm>. El ideario político y la historia del SVP-UDC puede consultarse su página oficial <http://www.svp.ch/index.html?page_id=675&l=3>.

[188] Véase <http://foros.hispavista.com/politica_espana/1005/>.

primeros dirigentes, entre los que destacaba Giorgio Almirante, habían sido militantes fascistas. Participó en elecciones desde 1948 y en varios de los comicios obtuvo más del cinco por ciento de los sufragios.[189] Diferencias entre su dirigente, Pino Rauti, y Gianfranco Fini, líder ahora de Alianza Nacional, condujeron a la división, llevándose el nuevo partido a la mayor parte del viejo. Las diferencias fueron muy evidentes. El MSI es partidario del estatismo, de la economía corporativista,[190] del bienestar social y los altos impuestos, de la familia unida (es decir contrario al divorcio y al aborto) y, como otros partidos de ultraderecha, defensor de la "ley y el orden". Alianza Nacional, en cambio, se considera a sí misma como un partido de "derecha social" subordinado totalmente a Berlusconi y, por lo mismo, se ubica (o quiere ubicarse) como un partido liberal que no quiere ser identificado con el fascismo (postfascista, le llama Martinotti[191]). El MSI casi no existe en la actualidad.

La Liga del Norte (LN), por otro lado, es una organización partidaria de la independencia del norte de Italia (República de Padania, la denominan), es contraria a la globalización neoliberal y a los inmigrantes; anticomunista de origen, es en muchos sentidos más fascista que AN, a la derecha de ésta y del MSIantes de que dejara su lugar a AN. El discurso de su dirigente, Umberto Bossi, es incendiario, y tan violento como carente de contenido. Lo único en que más o menos coinciden la LN y el MSI es en su oposición al neoliberalismo, a la economía globalizada y en su discurso también populista, populista de derecha.

Un común denominador de los partidos de ultraderecha aliados a *Forza Italia* de Berlusconi, fue la promesa de éste de combatir la inmigración ilegal, sobre todo venida de los países del este europeo y de África. Para entonces la inmigración legal representaba

[189] Donald Sassoon, *Contemporary Italy, politics, economy and society since 1945*, London & New York, Longman, 1986, Cuadro 8.1, p.167; y también puede consultarse <http: //www.parties-and-elections.de/italy3.html>, con los datos de cada elección.

[190] Cuando los fascistas se refieren al corporativismo, en la economía o en la política, implican una posición contraria al liberalismo, es decir basado aquél en la supuesta armonía interclasista y un cierto monolitismo ideológico, ambos subordinados al Estado bajo esquemas de control y disciplina. Esto es, intenta evitar el conflicto entre clases sociales, competencia empresarial y en el plano ideológico-político; si es posible, neutralizar el conflicto aun en forma antidemocrática (muy común a todas las expresiones del fascismo).

[191] Giampiero Martinotti, "Italia", en *El estado del mundo, op. cit.*, 2002. Véase también la página web oficial de AN, <http://www.alleanza-nazionale.it/presidente/profilo.html>.

alrededor del dos por ciento de la población (más de un millón de personas).

El caso del Partido de la Libertad en Austria (*Freiheitliche Partei Österreichs-FPÖ,* fundado en 1956) es significativo pues uno de sus primeros dirigentes fue Antón Reinthaller, un antiguo oficial de la policía militarizada del nazismo encargada del control de los territorios ocupados a partir de 1939 (la *Schutz Staffel* conocida como la SS). Otro de sus dirigentes fue Friedrich Peter, también ex oficial de la SS, quien patrocinaría la carrera política de Haider.[192] Su líder más importante, Joerg Haider (hijo de padre y madre nazis), ha sido defensor del papel jugado por la SS en Europa, del nazismo alemán, de la persecución a los judíos y a los eslavos y de todos los no blancos, etcétera. Es un típico partido neonazi derivado directamente del nazismo austriaco-alemán.[193]

Austria es en realidad el único país de Europa occidental en el que un partido neonazi forma parte de un gabinete de gobierno de derecha. Se trata de una coalición de los denominados conservadores, encabezados por el presidente Klestil, con el neonazi Partido de la Libertad de Joerg Haider.[194] Por esta razón es el único caso que los demás gobiernos de la Unión Europea (UE), y el de Clinton en Estados Unidos, veían como peligroso por las implicaciones racistas, xenófobas, antisemitas y ultranacionalistas de este partido, pese a que Haider dejó su dirección a favor de la vice-cancillera de Austria, Susanne Riess-Passer. De hecho, los gobiernos de la UE estimaban que, a pesar de la renuncia de Haider a la dirección del Partido de la Libertad (finales de febrero de 2000), no era motivo para abandonar el aislamiento político al que se había acordado someter al gobierno de Viena desde el 4 de febrero de ese mismo año. El primer ministro de Portugal (país que tenía la presidencia de la Unión Europea en ese momento), declaró que "el tema esencial no es la personalidad de Haider, sino la naturaleza de un partido político que se halla en el poder".[195]

[192] Véase <http://www.cidob.org/bios/castellano/lideres/h-034.htm>.

[193] Para mayor extensión véase: <http://www.adl.org/backgrounders/joerg_haider.asp>. Véase también la página ya citada <http://www.cidob.org/bios/castellano/lideres/h-034.htm>.

[194] La Coalición entre el Partido de la Libertad y el Partido Popular para formar gobierno se formalizó el 1 de febrero de 2000, poniendo fin a la coalición de largo tiempo del Partido Popular con la socialdemocracia. Véase la página en internet de la Anti-Defamation League (<<http://www.adl.org/adl.asp>)sobre Joerg Haider.

[195] Véase *La Jornada,* México, 1 de marzo de 2000.

En Alemania occidental los nazis no desaparecieron con la derrota de Hitler (tampoco, dicho sea de paso, en Alemania oriental pese a la orientación socialista que tuvo el régimen). Aunque no se permiten partidos expresamente nazis o neonazis,[196] no ha habido obstáculo alguno para que se formen partidos abiertamente nacionalistas de ultraderecha, en el que participaron personas y grupos de clara afiliación nazi o que habían pertenecido al partido de Hitler, como el general Otto Ernst Remer.[197] Este general nazi fue uno de los líderes del SRP (*Sozialistische Reichspartei*-Partido Socialista del Reich) que fue el primer partido importante de la ultraderecha en la nueva República Federal Alemana, que no el único. Este partido, además de expresarse en contra del sistema democrático se refería al "socialismo alemán" como una manera de evadir la mención del "nacional-socialismo". Más adelante, a finales de 1964, se formó el NDP (*Nationaldemocratische Partei*-Partido Nacional Democrático), a partir de una amalgama de varios otros partidos y grupos nacionalistas también de ultraderecha. El NDP fue un partido nacionalista neonazi con relativos éxitos electorales, expresamente al canalizar lo que se conoce como el voto de protesta.[198] Al igual que en el SRP, en el NDP varios de sus fundadores fueron miembros de Partido Obrero Alemán Nacional Socialista (el NSDAP, por sus siglas en alemán).[199] Años después, en 1971, se fundó el neonazi *Deutsche Volksunion*-DVU (Unión del Pueblo Alemán), bajo la presidencia de Gerhard Frey, cuya membresía era de alrededor de 17 mil afiliados en 1999.[200] Posteriormente, en noviembre de 1983, se fundó el partido *Die Republikaner* (Los Republicanos), también de ultraderecha y que existe hasta la fecha.[201] Este partido, como casi todos los de ultraderecha

[196] Para mayor información puede consultarse, en internet, el Informe 1998 de la oficina Federal para la Protección de la Constitución (*Bundesamt für Verfassungsschutz*). Vale decir que una buena cantidad de la propaganda neo-nazi en Alemania, de acuerdo con las autoridades de este país, proviene de los grupos equivalentes de Estados Unidos, donde no están prohibidas las organizaciones nazis.

[197] Gerard Braunthal, *Parties and politics in modern Germany*, USA, Westview Press, 1996, p. 104.

[198] Véase mayor detalle en Stephen Padgett y Tony Burkett, *Political Parties and Elections in West Germany*, London, Hurst & Co., 1986, pp. 145-146.

[199] NSDAP: *Nationalsozialistische Deutsche Arbeitpartei.*

[200] Véase <http://www.idgr.de/lexikon/stich/d/dvu/dvu.html, y su página oficial http://www.dvu.de/>.

[201] Su fundador fue el ex oficial de la SS (*Schutz Staffel*) Franz Schönhuber. Véase J. Denis Derbyshire y Ian Derbyshire, *op. cit.*, p. 490.

en Europa occidental, es producto de los cambios estructurales de los años 70 del siglo pasado. Ninguno de estos dos últimos partidos ha logrado votación suficiente como para tener asientos en la Cámara Federal de diputados (*Bundestag*). Estos partidos apoyaron al derechista Edmund Stoiber en las pasadas elecciones de septiembre de 2002, de las que salió triunfante el socialdemócrata de centro Schroeder, gracias a la alianza que estableció con los Verdes.[202] Ambos partidos ultraderechistas, que no pueden presentarse como nazis, son xenófobos, racistas y nacionalistas.

La crisis y las nuevas tecnologías en la industria y en algunas ramas de los servicios hicieron obsoletos a muchos trabajadores que se vieron precisados a engrosar la ya perceptible masa de desempleados. La acelerada absorción de medianas y pequeñas empresas por las más grandes y la desaparición de otras, produjo también mayor desempleo o proletarización de ciertos sectores de las clases medias. Los jóvenes de clase baja, hijos de trabajadores o de desempleados, dejaron de tener expectativas de ascenso social. Los inmigrantes fueron vistos como competidores en el campo laboral. De toda esta gente se nutrió, en buena medida, el *Republikaner*, razón por la cual es considerado un partido populista de ultraderecha, además de reunir varios de los otros indicadores de esta corriente que ya se han mencionado.[203]

A partir de la unificación de las dos Alemanias surgieron nuevos problemas: la migración de la ex RDA a la ex RFA, más los alemanes radicados en otros países de Europa oriental. Por otro lado, en la RDA, como reacción y protesta al régimen opresivo y totalitario en manos de una de las burocracias más rígidas de los llamados países socialistas de Europa,[204] se extendió el movimiento *punk* que había surgido en Inglaterra y en Estados Unidos (principalmente en Nueva

[202] El Partido Socialdemócrata de Alemania (SPD) obtuvo el mismo porcentaje de votos que la coalición Unión Demócrata Cristiana/Unión Social Cristiana (CDU-CSU): 38.5%. Los Verdes lograron 8.6% de los votos y 55 escaños. "Sumados a los 251 del SPD, significan 306 escaños en un Parlamento de 603 plazas. Los conservadores, con 248 escaños, no alcanzan mayoría ni con un hipotético pacto con los liberales del FDP, cuyo 7.4% les valió sólo 47 diputados". Véase <http://es.news.yahoo.com/020923/159/27r46.html>.

[203] Véase Susann Backer, "Right-wing extremism in unified Germany", en Paul Hainsworth, *op. cit.*, p. 100

[204] Erich Honecker fue tan poco flexible que, al final de su mandato, todavía en 1989, llegó a prohibir los periódicos soviéticos en la RDA, por considerarlos no sólo revisionistas sino liberales.

York). La influencia *punk* en la RDA y otros países de Europa oriental era principalmente de Inglaterra, de los jóvenes que después de estudiar no tenían trabajo ni expectativa alguna. Una década más tarde, también en la RDA y como rechazo al régimen que no resolvía los problemas de la juventud trabajadora y estudiantil (poco preparada y de baja cultura), aparecieron tardíamente[205] los *skinheads*, que adoptaron varias de las posiciones del nazismo y, desde luego, la creencia de la superioridad de la raza aria (etnocentrismo). Conviene recordar que en la RDA, a diferencia de la RFA y del resto de los países más desarrollados de Europa occidental, la inmigración "no blanca" fue muy reducida, apenas perceptible. Cuando se unieron las dos Alemanias, los trabajadores "orientales" que anhelaban mejorar sus ingresos, entre otras razones para compensar la pérdida de prestaciones sociales al convertirse su país al capitalismo, vieron en los inmigrantes no alemanes serios competidores para los puestos de trabajo. De ahí a ser racistas, aunque fuera inconscientemente, sólo había un pequeño paso. No debe pasarse por alto que los alemanes orientales devinieron *de facto*, a partir de la unificación política de octubre de 1990, ciudadanos de segunda clase incluso por su capacitación laboral, insuficiente para la alta tecnología de occidente. El desempleo también aumentó pues el aparato productivo de la ex RDA, obsoleto en muchos sentidos, fue dejado a su suerte, cuando no desmontado. Agréguese a lo anterior, como ya fue señalado, que el desempleo ya estaba extendido, y en aumento, como en el resto de Europa occidental.

Fue este fenómeno una de las principales razones para el crecimiento de las organizaciones y partidos de ultraderecha en Europa (y, por cierto, no sólo en el occidente de ésta). La diferencia de los últimos años con la ultraderecha anterior a la crisis y a los cambios estructurales es que el antisemitismo que la caracterizaba y caracteriza, ahora suele ocultarse dada la importancia que se le ha dado a los inmigrantes y más si éstos no son cristianos. En Alemania, el pequeño partido *Die Christliche Mitte* (Partido Cristiano del Centro) exigió una "Alemania para los cristianos" en clara alusión al porcen-

[205] Los *skinheads* ingleses surgieron en Inglaterra a finales de los años 60 del siglo pasado (los *rude boys*) y, en principio, no eran racistas. Fueron las organizaciones de ultraderecha, como el *Britsh National Party*, las que cooptaron a algunos en los años 80 e influyeron en ellos. En Estados Unidos el racismo fue parte de su origen, al igual que el odio y la violencia contra los no blancos, pero también hay grupos antirracistas como SHARP (*Skinheads Against Racial Prejudices*). Más en extenso, con explicaciones detalladas, en <http://www.geocities.com/Athens/Crete/7892/skin/skinhead.htm>.

taje de musulmanes en ese país.[206] Ser antiinmigrante y defender el cristianismo moviliza a más gente y tiene más simpatías que el antisemitismo, que en la actualidad no le dice nada a muchas personas, especialmente en los países escandinavos, donde la ultraderecha es relativamente más reciente que en el resto de Europa y surgió, en principio, en contra de los aumentos en los impuestos.

En Bélgica el principal partido de ultraderecha es el *Vlaams Blok* (VB-Bloque Flamenco), fundado en 1977[207] con la fusión del *Vlaams Nationale Partij* (Partido Nacional Flamenco, de Karel Dillen) y el *Vlaamse Volkspartij* (Partido Popular Flamenco, de Lode Claes). En su página de Internet oficial dice que se fundó como respuesta al abandono del nacionalismo radical flamenco por parte del *Volksunie* (Unión Popular). El VB tuvo su origen en la ciudad flamenca de Amberes, precisamente en los tiempos de crisis en los que los problemas de vivienda y de desempleo tenían muy inconformes a la población local y de los alrededores.[208] Su primera participación electoral fue 1978, según la versión oficial, o en 1981 de acuerdo con otras fuentes,[209] lo cual no es relevante. Lo que sí es importante es que su votación ha aumentado desde su primera participación electoral a la fecha (últimas elecciones en 2003), de 1.1 por ciento con un asiento en el Parlamento a 11.7 por ciento y 18 asientos. El otro dato importante es que si bien comenzó en una ciudad, ahora tiene simpatizantes en otros lugares de la región flamenca del país. El nacionalismo del VB no sólo es extremo sino separatista y xenófobo. Como otros partidos de ultraderecha en Europa occidental está en contra de los inmigrantes, a los cuales culpa del aumento de la criminalidad y la drogadicción.

En Dinamarca, al inicio de los años 70 del siglo pasado, se fundó el Partido del Progreso (*Fremskridtspartiet*). Con el mismo nombre en Noruega (pero con *tt* en lugar de *dt*). En Dinamarca fue declinando su votación que en sus mejores momentos fue de alrededor

[206] Véase Marta Durán de Huerta, "La inundación que salvó a Schroeder", *La Jornada*, 29 de septiembre de 2002 (Suplemento *Masiosare*).

[207] Algunos autores como el profesor de la Universidad católica de Bruselas, Marc Swyngedouw, ubican el nacimiento del VB en 1978. Véase su artículo "Belgium: explaining the relationship between *Vlaams Blok* and the city of Antwerp", en Paul Hainsworth (editor), *op. cit.*, p. 127. Pienso que la página oficial de este partido puede ser más exacta en este dato. Véase <http://www.vlaamsblok.be/> (tiene traducción al inglés y al francés).

[208] Marc Swyngedouw, *ídem*, pp. 123 y ss.

[209] <http://www.parties-and-elections.de/belgium2.html>.

de 15 por ciento, hasta ser desplazado por el Partido Popular (*Dansk Folkeparti*).[210] En Noruega, en cambio, el Partido del Progreso es más influyente ahora que en sus primeros años. En Suecia, no fue sino a partir de 1990 que se fundara un partido de ultraderecha, el Nueva Democracia (muy pequeño), además del Partido Liberal del Pueblo (*Folkpartiet Liberalerna*) que no podría clasificarse como de ultraderecha. En realidad la ultraderecha en los países escandinavos es, por comparación con la de otros países, moderada, pues, al igual que en Holanda (*Lijst Pim Fortuym*), no es precisamente fascista.[211] Su oposición a los inmigrantes (en estos países) no es tanto porque les quiten puestos de trabajo, sino porque consideran que ha aumentado la inseguridad (atribuida a aquellos) y por razones culturales y religiosas: no aceptan el multiculturalismo y consideran que las religiones de muchos de los inmigrantes, especialmente musulmanes, alteran las formas de vida de su población, tradicionalmente cristiana (una manera de esconder su racismo). En la presentación del Partido Popular Danés se expresa con absoluta claridad este ideario. Dinamarca es una nación cristiana y con una cultura propia que habrá que preservar para seguir siendo una nación civilizada [*sic*]. "Dinamarca no es un país de inmigración y nunca lo ha sido. En consecuencia, no aceptaremos que el país adquiera un carácter multiétnico."[212] En Suecia, el Partido Liberal del Pueblo y Nueva Democracia usaron el problema de los inmigrantes como bandera electoral y el primero se vio beneficiado con un aumento considerable en el número de representantes en el Parlamento. En Noruega el Partido del Progreso usó más o menos los mismos argumentos. En Gran Bretaña el *British National Party* (Partido Nacional Británico), cuyo discurso es contrario a los inmigrantes y asilados no blancos, para quienes pide la expulsión del país, había obtenido 0.2 por ciento de las votaciones parlamentarias de 2001, y en la elección de concejales del 1 de mayo de 2003 obtuvo un promedio de 13.75 por ciento en los lugares en que se presentó, a pesar de que su líder, Nick Griffin, no fue electo.[213] También en Gran Bretaña, pero como

[210] <http://www.danskfolkeparti.dk/>, con traducción al español.

[211] El *Pim Fotuym* se opone a la inmigración y al Islam, al mismo tiempo que es liberal. Véase la página "Fascist Faces" en Internet <http://www.angelfire.com/home/government/FascistFigures.html>.

[212] <http://www.danskfolkeparti.dk/>, citada.

[213] Véase Isaac Bigio, "Elecciones británicas: revés para Blair", en http://www. rebelion. org/internacional/030505bigio.htm>. Véase también <http://www. bnp. org. uk/news/2003_may/news_may02a.htm>.

grupo político, existe el ultraderechista *National Front* fundado en Londres en 1961. Este grupo ha sido no sólo contrario a los inmigrantes sino partidario de expulsar a los judíos de Inglaterra. Lady Jane Birdwood fue su dirigente, y actualmente es Ian Anderson. Tiene convenios con el *Nationalist Movement* de Estados Unidos fundado en 1987 y dirigido por Richard Barrett.[214]

Cristianismo, defensa de una cultura nacional y de una raza, son características de la ultraderecha de no pocos países europeos, de una ultraderecha que no quiere caer en extremos semejantes del neonazismo austriaco y alemán, que tiene implicaciones más amplias y más antiguas. Ergo, se puede afirmar que la ultraderecha, incluso la menos extremista, es contraria al multiculturalismo, xenófoba y chauvinista.

En Francia el Frente Nacional (FN), dirigido por Le Pen, ha recurrido a postulados muy semejantes a los citados, con lo que ha logrado atraer a muchos desempleados franceses, *lumpenproletariat*, pequeños artesanos y comerciantes independientes, además de los racistas, neonazis, colonialistas, fundamentalistas cristianos (católicos) y otros más que han acompañado al partido desde su fundación. El discurso de Le Pen es nacionalista ("Francia para los franceses"), recurre al patriotismo estridente y desliza sin titubeos un discurso francamente racista teñido de populismo, con la indudable intención de atraer a los trabajadores blancos que han sido afectados por la concentración de capital, por la modernización de la industria y por el desempleo. El discurso *frentista* contra la globalización neoliberal ha resultado atractivo no sólo para los trabajadores fabriles sino también para amplios sectores de la clase media que, como en casi todo el mundo, no le ven ventajas al nuevo orden económico mundial y han terminado por desilusionarse, por lo mismo, de los grandes partidos que hicieron suyo o promovieron este modelo.[215] Ante este modelo, los dirigentes del FN ponderan no

[214] Véase www.nationalist.org. Barrett fue fundador también, en 1968, de *Youth for Wallace* (posteriormente llamada *National Youth Alliance*) en apoyo de la campaña presidencial del ultraconservador George Wallace.

[215] Me parece interesante destacar que características análogas fueron las fortalecieron el fascismo en Italia y España en los años 30 y posteriores del siglo pasado. Véase al respecto a Gino Germani, "Political Socialization of Youth in Fascist Regimes: Italy and Spain", en Samuel P. Huntington y Clement H. Moore (eds.), *Authoritarian Politics in Modern Society (The Dynamics of Established One-Party Systems)*, New York, Basic Books, 1970, pp. 339-340. Un aspecto que quisiera resaltar de este artículo de Germani es la explicación de por qué las clases medias apoyaron al fascismo: la "crisis

sólo la pertinencia de regresar al proteccionismo económico, sino también el peligro de la hegemonía de Estados Unidos en la economía mundial y en Francia en particular, además de la amenaza que representa para los usos y costumbres de los franceses al introducir valores que no consideran propios. Debe recordarse el enorme peso que los franceses le han dado siempre a lo que ellos consideran *su* influencia civilizadora: sus cursos de idioma, para citar un ejemplo elocuente, son referidos a *la langue et la civilisation française.*

El aumento de popularidad del Frente Nacional en la primera vuelta de las elecciones presidenciales de Francia (el 21 de abril de 2002) provocó una gran preocupación en diversos círculos intelectuales y políticos en el mundo. Nunca antes, en la historia de la Quinta República francesa, un partido de ultraderecha había conquistado el segundo lugar en la primera vuelta electoral para la presidencia de la República, por encima de la socialdemocracia (Partido Socialista) y muy cerca de los votos obtenidos por el presidente saliente (tres puntos porcentuales de diferencia).[216]

El hecho fue significativo, tanto que incluso partidos de extrema izquierda (en la segunda vuelta del 5 de mayo, como ya se mencionó), se sumaron a la candidatura de Jacques Chirac, de derecha, para evitar que el neofascismo pudiera, eventualmente, disputar en serio la jefatura del Estado en el país galo. Chirac supo capitalizar esa situación, y llamó a los franceses a "unirse en defensa de los derechos humanos para garantizar la cohesión del país, para afirmar la unidad de la República y restaurar la autoridad del Estado".[217] Su partido, el RPR (*Rassemblement pour la République*), que había obtenido la más baja votación para un presidente saliente, logró en la segunda vuelta el 82 por ciento de la votación total. Un gran triunfo de la unión de las izquierdas y las derechas en contra de la ultraderecha, lo cual no dejó de ser una paradoja.

El FN se constituyó con antiguos poujadistas (dirigidos por Pierre Poujade en los años 50 del siglo pasado) y con quienes fueron partidarios de una Argelia francesa (también en esa época) que formaron

de las clases medias", víctimas de la concentración del capital, amenazadas por el ascenso de las clases bajas e inconformes por la disminución de su status material o psicológico. Como se observa, no muy diferente a la situación de las clases medias de la actual Europa, en donde han apoyado a los partidos de ultraderecha.

216 En la primera vuelta Chirac obtuvo 19.9 % de la votación, Le Pen 16.9 % y Jospin 16.2 %. En la segunda vuelta Chirac alcanzó 82.2 % mientras que Le Pen, aunque aumentaron sus votos, logró sólo 17.8 %.

217 Véase *La Jornada*, México, 22 de abril de 2002.

Orden Nuevo (disuelto por el gobierno en 1973). El movimiento poujadista fue de extrema derecha y surgió gracias a la capitalización del descontento de capas sociales como los pequeños comerciantes y artesanos amenazados por la llamada modernización económica de Francia. Los defensores de una Argelia francesa, como su nombre lo indica, estuvieron a favor de que ese país del norte de África siguiera siendo colonia gala. Eran, obviamente, racistas, además de colonialistas. Vale decir que los poujadistas obtuvieron el 11.6 por ciento de las votaciones en 1956 a pesar de ser prácticamente desconocidos unas semanas antes de las elecciones.[218]

La primera expresión electoral del FN (fundado en 1972) fue en los comicios municipales de 1983. Su crecimiento fue muy rápido, ya que en las legislativas de 1986 (¡tres años después!) obtuvo casi la misma votación que el viejo Partido Comunista Francés (9.65 por ciento contra 9.78, respectivamente). Le Pen supo capitalizar a los franceses desempleados, argumentando que los extranjeros, principalmente del norte de África, los estaban desplazando de sus puestos de trabajo además de incrementar la inseguridad especialmente en los barrios pobres y marginados de Francia. Muchos jóvenes blancos desclasados (*lumpenproletariat*) y sin perspectivas de empleo se sumaron al FN. Este fenómeno, por cierto, no ha sido exclusivo de Francia.

Contra los pronósticos de Duverger, quien decía que el FN desaparecería,[219] la votación a su favor siguió en aumento. En la primera vuelta de la elección de 1988 Le Pen obtuvo un alarmante 14.4 por ciento de la votación total, y en 1995 alcanzó el 15 por ciento mientras que el candidato del Partido Comunista bajaba a 8.6 por ciento. Siete años después los comunistas apenas lograron el 3.5 por ciento y los neofascistas del FN quedaron en segundo lugar con 17 por ciento. Si bien era dudoso, según las encuestas de opinión, que en la segunda vuelta Le Pen le ganara a Chirac, el hecho es que la ultraderecha estaba ahí y ha crecido electoralmente más que la izquierda y, en cierta medida, que los partidos de centro. Esto es lo preocupante, y más porque se empata con una tendencia que parece afirmarse en varios países de Europa, como ya hemos visto.

El neoliberalismo y la Unión Europea no han demostrado bondad alguna con los pobres de Europa, ni con los pequeños

[218] Para mayor desarrollo, véase Octavio Rodríguez Araujo, "Elecciones en Francia", Perfil de *La Jornada*, México, abril de 1988.

[219] Cf. Maurice Duverger, *La cohabitation des français*, Paris, PUF, 1987.

empresarios. El desempleo persiste y la concentración de capital, como en el resto del mundo, es innegable. Lo que ha planteado Le Pen, además de su oposición a las políticas migratorias, es un fuerte rechazo a la globalización, una suerte de nacionalismo a ultranza, libre de capitales extranjeros dominantes y de mano de obra no francesa (léase no blanca). Este discurso se presenta en un país donde la sindicación ha disminuido considerablemente, en el que el desempleo (datos de 2002) era de 9.1 por ciento de la población económicamente activa (PEA) y donde tanto los trabajadores agrícolas como los industriales mantienen una tendencia a la baja (4 y 24 por ciento de la PEA, aproximadamente).

La izquierda, por otro lado, ha mostrado una tendencia descendente desde hace muchos años, además de que está muy dividida. Los comunistas, desde que se socialdemocratizaron (el llamado eurocomunismo en su momento), aceleraron su caída electoral y, con ésta, su influencia en el ámbito de los trabajadores. La izquierda radical no ha logrado sumar esfuerzos.[220] La socialdemocracia, representada en Francia por el Partido Socialista, tiene el estigma, para los ultranacionalistas, de haber apoyado la idea de una Europa unida que, al final, sólo ha favorecido a los grandes capitales, tanto franceses como extranjeros o a ambos asociados. Y todas las corrientes de la izquierda se vieron ante la disyuntiva de apoyar a la derecha o, por omisión, permitir que pudieran ganar los neofascistas. Otra paradoja: la derecha, representada por Chirac (con Jean-Pierre Raffarin como primer ministro) ganó gracias a la amenaza de la ultraderecha y a la unión de partidos de derecha (supuestamente moderados) y de centro en la UMP (*Union pour la Majorité Présidentielle*)[221] dirigida por Alain Juppé, pero también ganó la mayoría absoluta en las elecciones legislativas obteniendo 289 asientos (de 577) en la Asamblea Nacional.[222]

[220] Algunos autores han querido presentar los votos de la extrema izquierda francesa como un avance de esta corriente, avance que ciertamente fue real y sin precedente en Francia u otro país europeo, pero omiten la mención de que los diversos partidos de izquierda radical, como también la llaman, se presentaron por separado y no, justamente, sumando esfuerzos.

[221] La UMP reunió a los partidos RPR, DL (*Démocratie libérale*) y UDF (*l'Union pour la démocratie française*). Raffarin era, desde 1997, vice presidente de DL. La biografía de Raffarin puede consultarse en la página de internet del primer ministro del gobierno francés (<http://www.premier-ministre.gouv.fr/fr/p.cfm?ref=411>) y <http:// news.bbc.co.uk/1/hi/world/europe/1970512.stm>.

[222] Véase la página de la *Union pour la Majorité Présidentielle* <http://www.u-m-p.org/index.php> del 31 de agosto de 2002.

En otros términos, el ascenso de la ultraderecha llevó al "voto útil" en Francia para la segunda vuelta electoral de 2002, es decir a la elección de las corrientes que tenían mayores posibilidades de ganar el gobierno —en este caso la derecha y el centro-derecha— y, al mismo tiempo, poder frenar el avance de la ultraderecha.

Interesa subrayar que las ultraderechas que han ganado terreno en Europa no se diferencian mucho de la ultraderecha estadunidense de signo populista-nacionalista, como la que dirige Pat Buchanan[223] (aunque ésta tiene características muy propias de Estados Unidos), y que claramente se ha expresado en contra de lo que consideran el dominio de una elite de políticos ligados a los grandes capitales trasnacionales. Asimismo, interesa relevar que tanto George W. Bush como Tony Blair han hecho suyas las políticas antiinmigrantes al manifestarse expresamente en favor de detener la inmigración ilegal, que ha sido un planteamiento de la ultraderecha sobre todo a partir del aumento del desempleo en los países desarrollados.

El éxito de los partidos de extrema derecha (varios de ellos populistas, como ya se ha señalado) puede atribuirse al fracaso de los gobiernos de orientación de izquierda (en realidad de centro-izquierda), particularmente en su conducción de la economía, y por su incapacidad para abatir el desempleo y para impulsar la productividad y el crecimiento de los estándares de vida que desde mediados de los 90 han crecido muy poco.[224]

En conclusión, la ultraderecha europea no es homogénea (como tampoco la estadunidense), tiene distintas raíces aunque algunas compartidas, pero un aspecto de sus posiciones es el que principalmente le ha beneficiado en el ámbito electoral: el rechazo a los inmigrantes, en unos casos por racismo, en otros por razones religiosas y de cultura, en otros más por el desempleo y, en todos, porque se asocia el aumento de la criminalidad (que en algunos países se ha exagerado) con el crecimiento de exiliados y de buscadores de empleo de otros países menos ricos. Intolerancia, en una palabra.

[223] *American Cause*, fundada en 1993, es dirigida por Patrick J. Buchanan y Angela "Bay" Buchanan. Véase www.theamericancause.org.

[224] Bobbio añadiría que este éxito de la extrema derecha se debe más bien al fracaso de los moderados, de izquierda o de derecha, ante los problemas señalados. Véase Norberto Bobbio, *Derecha e izquierda*, *op. cit.*, capítulo II "Extremistas y moderados".

Esta falta de homogeneidad de la ultraderecha permite ciertas analogías con el fascismo histórico u original (el italiano y el alemán), en realidad con algunos de sus elementos característicos, pero no con todos, como por ejemplo en referencia a las instituciones y las libertades democráticas en varias de las organizaciones de esta corriente en la actualidad.[225] Y esta circunstancia hace a la ultraderecha una realidad de conjunto indeterminado, difícil de enmarcar en un todo sistémico, entre otras razones porque sus partes (partidos, asociaciones y movimientos), a veces contradictorias, no constituyen una unidad conceptual de contenidos definidos y más o menos permanentes, que en buena medida sí tuvo el llamado fascismo histórico a pesar de sus diferencias. Pero aún así, la ultraderecha es una realidad en ascenso, lo que no debe desdeñarse y menos si el desempleo no es solucionado en corto plazo.

[225] Véase el análisis comparativo de José Luis Rodríguez, "La nueva extrema derecha europea: las claves del éxito", en Roger Griffin *et al, op. cit.*, pp. 89 y ss.

FUENTES CITADAS

Aganbeguian, Abel G., *Perestroïka, le double defi sovietique*, Paris, Economica, 1987.

Ajnenkiel, Andrzej, "Aprés le coup d'État de Piłsudski", *Pologne (Manuel)*, Varsovie, Éditions Interpress, 1978.

Alavi, Hamza, "The State in Post-Colonial Societies: Pakistan and Bangladesh", en *New Left Review*, London, número 74, julio-agosto 1972.

Alesina, Alberto, Eward Glaeser y Bruce Sacerdote: "Why doesn't the United States have a European-style welfare state?", Washington, *Brookins Papers on Economic Activity*, núm. 2, 2001, citado en OIT, *Revista Internacional del Trabajo*, Vol. 121, núm. 4, 2002 (Versión en Internet).

Almeyra, Guillermo, "Argentina: las bases de la nueva derecha", *La Jornada*, México, 21 de septiembre de 2003.

Amery, Carl, *Auschwitz, ¿comienza el siglo XXI? (Hitler como precursor)*, España, Turner/Fondo de Cultura Económica, 2002.

Andreff, Wladimir, "Les politiques d'ajustement des pays en développement a orientation socialiste: un retour a l'orthodoxie", Paris, 1988, mimeo.

Arendt, Hannah, *Los orígenes del totalitarismo*, 3 tomos, Madrid, Alianza Editorial, 1999.

Aron, Raymond, *Démocratie et totalitarisme*, Paris, Éditions Gallimard, 1965.

Backer, Susann, "Right-wing extremism in unified Germany", en Paul Hainsworth (editor), *The politics of the Extreme Right*, London/New York, Pinter, 2000.

Badia, Gilbert, "Fascisme", en Georges Labica y Gérard Bensussan, *Dictionnaire critique du marxisme*, Paris, Presses Universitaires de France, (2a. ed.), 1985.

Bahro, Rudolf, *La alternativa*, Barcelona, Materiales, 1979.

Bakunin, M., "Socialismo sin Estado: anarquismo", en *Anarchist Archives; Marxists Internet Archive (MIA)*, 1999. En español, *MIA*, 2001.

Barbu, Z., "Rumania", en S. J. Woolf *et al*, *El fascismo europeo*, México, Editorial Grijalbo, 1970.

Bartošek, Karen, "República Checa", *El estado del mundo,* Madrid, Akal, diferentes años.

Beissinger, Mark R., "Russia", en Joel Krieger (Editor in Chief), *The Oxford Companion to Politics of the World,* (2nd. Edition), New York, Oxford University Press, 2001.

Benz, Wolfgang y Hermann Graml (compiladores), *Europa después de la Segunda Guerra Mundial. 1945-1982,* tomo 2, (7ª ed.), México, Siglo XXI Editores/Siglo XXI de España, 2000.

Berstein, Serge, *1936, anée décisive en Europe,* Paris, Armand Colin, 1969.

Bettelheim, Charles, *La lucha de clases en la URSS (primer periodo 1917-1923),* (3ª. edición) México, Siglo XXI Editores, 1980.

Bigio, Isaac, "Elecciones británicas: revés para Blair", en www. ewbwon. org/internacional/030505bigio.htm.

Binder, Leonrad, "Political Recruitment and Participation in Egypt", en LaPalombara y Weiner, (editors), *Political Parties and Political Development,* Princeton, Princeton University Press, 1966.

Blackburn, Robin (compilador), *Después de la caída (el fracaso del comunismo y el futuro del socialismo),* México, Editorial Cambio XXI/ Colegio Nacional de Ciencias Políticas y Administración Pública/ Facultad de Ciencias Políticas y Sociales (UNAM), 1994.

——, "*Fin de siècle*: el socialismo después de la caída", en R. Blackburn, (compilador), *Después de la caída (el fracaso del comunismo y el futuro del socialismo),* México, Editorial Cambio XXI/Colegio Nacional de Ciencias Políticas y Administración Pública/Facultad de Ciencias Políticas y Sociales (UNAM), 1994.

Bobbio, Norberto, *Derecha e izquierda,* Madrid, Punto de lectura, 2001.

Bobbio, Norberto, Nicola Matteucci y Gianfranco Pasquino (directores de la obra), *Diccionario de Política,* México, Siglo XXI Editores, 12ª. Edición, 2000.

Bonet, Pilar, "Putin, el nuevo amigo de occidente", *El País Semanal,* Madrid, 9 de diciembre de 2001.

Borejsza, Jerzy W., *La escalada del odio. Movimientos y sistemas autoritarios y fascistas en Europa, 1919-1945,* Madrid, Siglo Veintiuno de España Editores, 2002.

Boyer, Robert, *La flexibilité du travail en Europe,* Paris, Éditions La Découverte, 1987.

Braunthal, Gerard, *Parties and Politics in Modern Germany,* USA, Westview Press, 1996.

Brom, Juan, *Para comprender la historia,* México, Editorial Grijalbo, 2003.

Broué, Pierre y Émile Témime, *La revolución y la guerra de España*, (2 tomos), México, Fondo de Cultura Económica, 1962.

Brunner, Georg y Hannes Kaschkat, "Party, State and Groups in Eastern Europe", en Jack Hayward y R. N. Berki (Editors), *State and Society in Contemporary Europe*, England, Martin Robertson, 1979.

Bryson, Phillip J., *The Consumer under Socialist Planning: The East German Case*, New York, Praeger Publishers, 1984.

Buendía, Manuel, *La ultraderecha en México*, México, Océano/ Fundación Manuel Buendía, 1984.

Buhle, Mari Jo, Paul Buhle and Dan Georgakas (editors), *Encyclopedia of the American Left*, Urbana & Chicago, University of Illinois Press, 1992

Buster, G., "El PCCh y la transición al capitalismo", *Revista Viento Sur*, reproducido en *Rebelión,* Internet, 24 de junio de 2003.

Campbell, Hugh G., *La derecha radical en México (1929-1945)*, México, SepSetentas, 1976.

Carr, E. H., "Revolution from Above", en *New Left Review*, London, número 46, noviembre-diciembre 1967.

Castoriadis, Cornelius, *La societé bureaucratique*, tomo 2 *(la révolution contre la bureaucratie)*, Paris, Union Générale d'Éditions 10/18, 1973.

Chaguaceda Noriega, Armando, "Cuba: 'Transición democrática' o renovación socialista. Proyectos y alternativas para un siglo que comienza", ponencia presentada en el *Congreso Internacional "La obra de Carlos Marx y los desafíos del siglo XXI*", La Habana, Cuba, 5-8 de mayo de 2003, en www.nodo50.org/cubasigloXXI/congreso/ponencias.htm.

Chandra, Pratyush, "Linguistic-communal politics and class conflict in India", en Leo Panitch y Colin Leys, *Socialist Register 2003: Fighting identities: race, religion and ethno-nationalism*, London, Merlin Press, 2002.

Chejarin, E. *El sistema político soviético en la etapa del socialismo desarrollado*, Moscú, Editorial Progreso, 1975.

Chenal, Alain, "La démocratie dans le monde arabe: un horizon lointain?", en *Relations internationales et stratégiques*, Paris, trimestral, verano, número 14, 1994.

Chossudovsky, Michel, *Globalización de la pobreza y nuevo orden mundial*, México, CIICH (UNAM)/Siglo XXI Editores, 2002.

Choueiri, Youssef, "Islam and Fundamentalism", en Roger Eatwell y Anthony Wright (editors), *Contemporary political ideologies*, London/New York, Continuum, (2a. ed.) 2001.

Clark, Robert P. y Michael H. Hatzel (editors), *Spain in the 1980s*, Cambridge, Mass., Ballinger, 1987.

Clavijo López, Pablo (director), *Guía Mundial. Almanaque anual 2003*, Colombia, Editorial Cinco, 2003.

Clogg, Richard, *Parties and elections in Greece*, London, Hurst & Co., 1987.

Cockcroft, James D., *América Latina y Estados Unidos (Historia y política país por país)*, México, Siglo XXI Editores, 2001.

Cole, G. D. H., *Historia del pensamiento socialista*, 7 tomos, México, Fondo de Cultura Económica, 1963, Tomo VII, *Socialismo y fascismo (1931-1939)*.

Comisión del Comité Central del P. C. (b) de la URSS, *Historia del Partido Comunista (bolshevique) de la U. R. S. S. (compendio)*, Moscú, Ediciones en Lenguas Extranjeras, 1939.

Comité Nacional de la UNS, *Historia Gráfica del Sinarquismo*, T. 1 (1937-1947), México, s.p.i.

Constitución de Weimar, en *Enciclopedia Universal Ilustrada*, Madrid, Espasa-Calpe, *Apéndice* de 1931.

Copeaux, Étienne, "Turquía", en *El estado del mundo, op cit*, 2002.

Cordonnier, Isabelle, "La democratization en Corée du Sud", en *Relations internationales et stratégiques*, Paris, trimestral, verano, número 14, 1994.

Costa-Gavras (Director), *Betrayed*, (película con Debra Winger y Tom Berenger), USA, 1988.

Cox, Michael y Peter Shearman, "Alter the fall: nationalist extremism in post-communist Russia", en Paul Hainsworth (editor), *The politics of the Extreme Right*, London/New York, Pinter, 2000.

Crampton, Richard J., *A Short History of Modern Bulgaria*, Cambridge, Cambridge University Press, 1987.

——, *Eastern Europe in the Twentieth Century*, New York, Routledge, 1994.

Crouzet, Maurice, *La época contemporánea*, Volumen VII de *Historia general de las civilizaciones*, 7 volúmenes, Barcelona, Ediciones Destino, 1961.

Cunhal, Alvaro, *A revolução portuguesa. O passado e o futuro*, Lisboa, Editorial Avante! (Documentos políticos do Partido Comunista Portugués), 1976.

Dahrendorf, Ralf, *Las clases sociales y su conflicto en la sociedad industrial*, Madrid, Ediciones RIALP, 1962.

Darwin, Charles, *The Descent of man*, www.literature.org/authors/darwin-charles/the-descent-of-man/index.htm.

De Beauvoir, Simone, *El pensamiento político de la derecha,* Buenos Aires, Ediciones Siglo Veinte, [1969].

De Figueiredo, António, *Portugal: Fifty Years of Dictatorship,* New York, Holmes and Meier, 1975.

De Tinguy, Anne, "[Union soviétique] Politique étrangère: un nouveau départ après le retrait d'Afghanistan", en Thomas Schreiber y Françoise Barry (dir.), *L'URSS et l'Europe de l'Est,* Paris, La Documentation Française (Collection « Notes et études documentaires »), 1989 (número especial).

Dedijer, Vladimir *et al, History of Yugoslavia,* New York, McGraw-Hill, 1974.

Del Río Cisneros, Agustín (recopilador), *Obras completas de José Antonio Primo de Rivera,* Madrid, Sección Femenina de la FET y de las JONS, 1959.

Deleuze, Gilles y Felix Guattari, *Anti-Oedipus: Schizophrenia and Capitalism,* Minneapolis, University of Minnesota Press, 1983.

Delgado, Álvaro, *El Yunque. La ultraderecha en el poder,* México, Plaza y Janés, 2003.

Demyk, Noëlle "El Salvador", en *El Estado del mundo, op cit,* 2003.

Derbyshire, J. Denis y Ian Derbyshire, *Political Systems of the World,* (segunda edición revisada y ampliada), Oxford, Helicon, 1996.

Désert, Myriam, "Rusia", *El estado del mundo, op cit,* 2003

Deutscher, Tamara, "Soviet Oppositions", *New Left Review,* London, número 60, marzo-abril 1970.

Dimitrov, Jorge, *Obras escogidas,* La Habana, Editora Política, 1965.

Djilas, Milovan, *La nueva clase,* Buenos Aires, Editorial Sudamericana, 1961.

Dreifuss, René Armand, *1964: a conquista do estado,* Petrópolis, Editora Vozes Ltda., (3ª ed.), 1981.

Durán de Huerta, Marta, "La inundación que salvó a Schroeder", *La Jornada,* 29 de septiembre de 2002 (Suplemento *Masiosare*).

Durham, Martin, *Women and Fascism,* London/New York, Routledge, 1998.

Duverger, Maurice, *La cohabitation des français,* Paris, PUF, 1987.

Easter, Gerald M., *Reconstructing the State: Personal Networks and Elite Identity in Soviet Russia.* England, Cambridge University Press, 2000.

Easton, David, *Esquema para el análisis político,* Buenos Aires, Amorrortu editores, [s.f.e.].

Eatwell, Roger y Anthony Wright (editors), *Contemporary political ideologies,* London/New York, Continuum, (2a. ed.) 2001.

Elleinstein, Jean, "Prólogo" a Voslensky, Michael, *La nomenklatura. Les privilégiés en U.R.S.S.*, Paris, Pierre Belfond, 1980.

Enciclopedia del Holocausto, www.ushmn.org/wlc/sp/index.php?moduleld=10005754.

Enciclopedia Universal Ilustrada, Madrid, Espasa-Calpe, diferentes años y suplementos a partir de 1926.

Engels, F., "Carta a Konrad Schmidt", Londres, 27 de octubre de 1890, en C. Marx y F. Engels, *Correspondencia*, Buenos Aires, Editorial Cartago, 1973.

Epstein, Benjamin R. and Arnold Forster, *The Radical Right: Report on the John Birch Society and Its Allies*, New York, Vintage Books, 1967.

Erös, J., "Hungría", en Woolf *et al*, *El fascismo europeo*, México, Editorial Grijalbo, 1970.

Eyal, Gil, Iván Szelényi y Eleanor Townsley, "La teoría del gerencialismo poscomunista", *New Left Review* (en español), Madrid, Akal, número 9, julio-agosto de 2001.

Fahmi, Raid, "La oposición de izquierdas a Saddam Hussein", entrevista a, en *Rebelión Internacional* (internet), 5 de febrero de 2003.

Fasano Mertens, Federico, "De Hitler a Bush", *La República*, Uruguay, 30 de marzo de 2003.

Flores Olea, Víctor y Abelardo Mariña Flores, *Crítica de la globalidad. Dominación y liberación en nuestro tiempo*, México, Fondo de Cultura Económica, 1999.

Frank, Pierre, *La quatrième internationale*, Paris, Maspero, 1969.

Friedland, W. H. y C. G. Rosberg (compiladores), *África Socialista*, México, Fondo de Cultura Económica, 1967.

Gabayet Jacqueton, Jacques, "El antisemitismo, corazón de la derecha", *Rino*, México, número 34, otoño de 2002.

Gallego, José Andrés, *España en el siglo XX (1900-1978)*, México, Rei/Biblioteca Iberoamericana, 1991.

Gentile, Emilio, "El fascismo italiano", en Joan Antón Mellón (coordinador), *Orden, jerarquía y comunidad. Fascismos , dictaduras y postfascismos en la Europa contemporánea*, Madrid, Tecnós, 2002.

Georgel, Jacques, *Le Franquisme, histoire et bilan (1939-1969)*, Paris, Éditions du Seuil, 1970.

Germani, Gino, "Political Socialization of Youth in Fascist Regimes: Italy and Spain", en Samuel P. Huntington y Clement H. Moore (Editors), *Authoritarian Politics in Modern Society (The Dynamics of Established One-Party Systems)*, New York, Basic Books, 1970.

Getty, J. Arch y Oleg V. Naumov, *La lógica del terror. Stalin y la autodestrucción de los bolcheviques, 1932-1939*, Barcelona, Editorial Crítica, 2001.

Gill, Mario, *Sinarquismo, su origen, su esencia, su misión*, México, Editorial Olin, (3ª edición corregida y aumentada), 1962.

González Casanova, Pablo y John Saxe-Fernández (coordinadores), *El mundo actual: situación y alternativas*, México, UNAM-Siglo XXI, 1996.

González Casanova, Pablo, "Globalidad, neoliberalismo y democracia", en Pablo González Casanova y John Saxe-Fernández (coordinadores), *El mundo actual: situación y alternativas*, México, UNAM-Siglo XXI, 1996.

Graham, Lawrence S. y Harry M. Makler (editors), *Contemporary Portugal: the revolution and its antecedents*, Austin, University of Texas Press, 1979.

Gramsci, Antonio, *Antología* (Selección, traducción y notas de Manuel Sacristán), México, Siglo Veintiuno Editores, (4ª. ed.) 1978.

Griffin, Roger *et al*, *La extrema derecha en Europa*, Barcelona, Temas Clave/Historia y Vida, [2002].

Griffin, Roger, "¿Interregno o final de partida? El pensamiento de la derecha radical en la era posfascista", en Roger Griffin *et al*, *La extrema derecha en Europa*, Barcelona, Temas Clave/Historia y Vida, [2002].

Gunther, Richard, "Democratization and Party Building: The Role of Party Elites in the Spanish Transition", en Robert P. Clark y Michael H. Hatzel (editors), *Spain in the 1980s*, Cambridge, Mass., Ballinger, 1987.

Gurvitch, Georges, *Teoría de las clases sociales*, Madrid, Editorial Cuadernos para el diálogo, 1971.

Hainsworth, Paul (editor), *The politics of the Extreme Right*, London/New York, Pinter, 2000.

Halbwachs, Maurice, *Las clases sociales*, México, Fondo de Cultura Económica (Colección Breviarios número 32), (2ª ed.), 1954.

Harman, Chris, *Bureaucracy and Revolution in Eastern Europe*, London, Pluto Press, 1974.

Hayward, Jack y R. N. Berki (Editors), *State and Society in Contemporary Europe*, England, Martin Robertson, 1979.

Held, David, *Modelos de democracia*, Madrid, Alianza Editorial, 2001.

Hiden, John y Patrick Salmon, *The Baltic Nations and Europe: Estonia,*

Latvia and Lithuania in the Twentieth Century, New York, Longman, 1991.

Hirata, Helena, "El populismo como impulsor de Estado capitalista 'semi-industrial': el caso de Brasil", en *Críticas de la economía política (Edición latinoamericana)*, México, Ediciones El Caballito, número 20/21, julio-diciembre de 1981.

Hirst, Paul y Grahame Thompson, *Globalization in Question (The International Economy and the Possibilities of Governance)*, London, Polity Press, 1996.

Hoensch, Jorg K., *A History of Modern Hungary, 1867-1986*, London, Longman, 1988.

Houtart, François, "Los NICs: 'modelos' para (des) armar", Revista *Temas (cultura, ideología, sociedad)*, Cuba, núm. 29, abril-junio de 2002.

Hui, Qin, "Dividing the big family assets", *New Left Review*, London, número 20, marzo-abril 2003 (en Internet).

Huntington, Samuel P. y Clement H. Moore (Editors), *Authoritarian Politics in Modern Society (The Dynamics of Established One-Party Systems)*, New York, Basic Books, 1970.

ISTAT, *Sommario di statistiche storiche italiane 1861-1955*, Rome, 1958.

Jacoby, Henry, *La burocratización del mundo*, México, Siglo XXI Editores, 1972.

Jelavich, Barbara, *Modern Austria: Empire and Republic, 1815-1986*, Cambridge, Cambridge University Press, 1987.

Juventudes Nacionalistas de México, *Deslices de la TFP y contubernio FUA-MURO-GUIA*, México, 1975.

Kang, T. W., *¿Será Corea el próximo Japón?*, Bogotá, Editorial Norma, 1989.

Kapeliouk, Ammon, "Israel", en *El estado del mundo, op cit*, 2002 y 2003.

Kautsky, Karl, *La doctrina socialista. Bernstein y la socialdemocracia alemana*, Barcelona, Editorial Fontamara, 1975.

King, Desmond S., *The New Right. Politics, Markets and Citizenship*, London, Macmillan Education, 1987.

Kliksberg, Bernardo (compilador), *¿Cómo enfrentar la pobreza? (Aportes para la acción)*, Buenos Aires, Programa de las Naciones Unidas para el Desarrollo/Centro Latinoamericano de Administración para el Desarrollo/Grupo Editor Latinoamericano, 1992.

Kliksberg, Bernardo, "Hacia una nueva visión de la política social en América Latina",http//216.239.57.100/search?q=cache:vQ05G7Y0NucC:www.bndes.gov.br/conhecimento/publicacoes/catalogo/KLIKSBERG.pdf+bernardo+kliskberg&hl=es&lr=lang_es&lr=UTF-8.

Krieger, Joel (Editor in Chief), *The Oxford Companion to Politics of the World*, (2nd. Edition), New York, Oxford University Press, 2001.

L'etat du monde, Paris, Éditions La Découverte, de 1988-89 a 2003 (en español, *El estado del mundo*, Madrid, Akal, desde hace varios años).

Labica, Georges y Gérard Bensussan, *Dictionnaire critique du marxisme*, Paris, Presses Universitaires de France, (2a. ed.), 1985.

Lainé, Valérie, "République démocratique allemande. L'année politique : Erich Honecker joue et perd", en Thomas Schreiber y Françoise Barry (dir.), *L'URSS et l'Europe de l'Est*, Paris, La Documentation Française (Collection « Notes et études documentaires »), número especial, 1989.

Langue, Fréderique, "Venezuela", *El estado del mundo, op cit*, 2003.

LaPalombara, Joseph y Myron Weiner, (editors), *Political Parties and Political Development*, Princeton, Princeton University Press, 1966.

LaPalombara, Joseph y Myron Weiner, "The origin and development of Political Parties" en Joseph LaPalombara y Myron Weiner (editors), *Political Parties and Political Development*, Princeton, Princeton University Press, 1966.

Lefort, Claude, *¿Qué es la burocracia?*, Francia, Ruedo Ibérico, 1970.

Lemoine, Françoise, *La nouvelle économie chinoise*, Paris, Éditions La Découverte, 1994.

Lenain, Patrick, *Le FMI*, Paris, La Découverte, 1993.

Lenin, V. I., "Economía y política en la época de la dictadura del proletariado", en V. I. Lenin, *Obras escogidas en doce tomos*, Moscú, Editorial Progreso, 1977, Tomo X.

——, "Informe sobre el programa del partido" al VIII Congreso del PC (b) de Rusia, marzo de 1919, en V. I. Lenin, *Obras escogidas en tres tomos*, Moscú, Editorial Progreso, 1966, T. 3.

Lhomel, Edith, "L'économie albanaise en 1990-1991: la véritable mesure d'un échec", *Le courrier des pays de l'Est*, Paris, núm. 362, septembre 1991.

——, "Albanie", *L'etat du monde, op cit*, 1993.

Libera, Anna. *Italie: les fruits amers du compromis historique*, Paris, Editions La Brèche, 1978.

Limoeiro Cardoso, Miriam, *La ideología dominante. Brasil-América Latina*, México, Siglo XXI Editores, 1975.

Löwy, Michael, "La dialectique de la civilisation: figures de la barbarie moderne au XXème siècle", en Marcello Flores, *Storia, verita, giustizia. I crimini del XX secolo*, Milano, Mondadori, 2001.

——, "Retour sur Hannah Arendt", www.lcr-rouge.org/archives/111199/controv.html.

——, *El cristianismo de los pobres. Marxismo y teología de la liberación*, México, Colegio Nacional de Ciencias Políticas y Administración Pública, 1988.

——, *Para una sociología de los intelectuales revolucionarios*, México, Siglo XXI Editores, 1978.

——, *The War of Gods. Religion and Politics in Latina America*, London/New York, Verso, 1996.

Luján, Néstor y Luis Bettonica, *Y Mussolini creo el fascismo*, Barcelona, Plaza y Janés, 1972.

Lukács, Georg, *El asalto a la razón*, México, Fondo de Cultura Económica, 1959.

Maitan, Livio, *Party, Army and Masses in China: a Marxist Interpretation of the Cultural Revolution and its Aftermath*, London, New Left Books, 1976.

Makler, Harry M., "The Portuguese Industrial Elite", en Lawrence S. Graham y Harry M. Makler (editors), *Contemporary Portugal: the revolution and its antecedents*, Austin, University of Texas Press, 1979.

Malavé Mata, Héctor, *Dialéctica de la inflación*, Venezuela, Universidad Central de Venezuela, 1976.

Mamdani, Mahmood, "Making sense of political violence in post-colonial Africa", en Leo Panitch y Colin Leys, *Socialist Register 2003: Fighting identities: race, religion and ethno-nationalism*, London, Merlin Press, 2002.

Mandel, Ernest, "Ensayo sobre los escritos de Trotsky sobre el fascismo", en León Trotsky *Obras*, Tomo 16, *Alemania, la revolución y el fascismo*, volumen 1, México, Juan Pablos Editor, 1973.

——, "On the Nature of the Soviet State", *New Left Review*, London, número 108, marzo-abril 1978.

——, *El capitalismo tardío*, México, Ediciones Era, (2ª. ed.), 1979.

Marcuse, Herbert, "La lucha del liberalismo en la concepción totalitaria del Estado", en Wolfgang Abendroth (editor), *Fascismo y capitalismo*, Barcelona, Ediciones Martínez Roca, 1976.

Martínez Estrada, Ezequiel, *Diferencias y semejanzas entre los países de la América Latina*, México, Escuela Nacional de Ciencias Políticas y Sociales (UNAM), 1962.

Martínez Heredia, Fernando, "El socialismo: problemas conceptuales y de estrategia", Revista *América Libre*, Buenos Aires, número 20, en Internet.

Martinotti, Giampiero, "Italia", en *L'état du monde*, *op cit*, varios años, y en *El estado del mundo*, *op cit*, 2002.

Marx, C. y F. Engels, *Correspondencia*, Buenos Aires, Editorial Cartago, 1973.

——, *Obras escogidas*, 2 tomos, Moscú, Editorial Progreso, 1966.

——, Prólogo de 1872 al Manifiesto del partido comunista, en *Biografía del Manifiesto Comunista*, México, Compañía General de Ediciones, 1961.

——, *Materiales para la historia de América Latina*, México, Cuadernos de Pasado y Presente-Siglo XXI Editores, 1972.

Mathias, Gilberto y Pierre Salama, *El Estado sobredesarrollado*, México, Ediciones Era, 1986.

Matthews, Herbert L., *Los frutos del fascismo*, México, Fondo de Cultura Económica, 1944.

Mellón, Joan Antón (coordinador), *Orden, jerarquía y comunidad. Fascismos , dictaduras y postfascismos en la Europa contemporánea*, Madrid, Tecnós, 2002.

Merkel, Angela, "The political order of freedom, i.e. democracy, and the economic order of freedom, i.e. the market economy, are inseparable", en A. Merkel, *The 'we-society' – the need for a New Social Market Economy*, en www.wdu.de/.

Meyer, Jean, *La cristiada*, 3 tomos, México, Siglo XXI Editores, 1977.

Miliband, Ralph, "Reflexiones sobre la crisis de los regímenes comunistas", en Robin Blackburn (compilador), *Después de la caída (el fracaso del comunismo y el futuro del socialismo)*, México, Editorial Cambio XXI/Colegio Nacional de Ciencias Políticas y Administración Pública/Facultad de Ciencias Políticas y Sociales (UNAM), 1994.

Ministerio de Defensa de Colombia, *Los grupos ilegales de autodefensa en Colombia*, en www.mindefensa.gov.co/ publicaciones/ ministerio/espanol/doc-autodefensas.doc.

Mink, Georges, "Polonia" *El estado del mundo*, *op cit*, varios años.

Mitterrand, Danielle, en entrevista con el autor en París, junio de 1996.

Molnár, Miclós, *De Béla Kun a János Kádár*, Paris, Presses de la Fondation Nationale de Sciences Politiques/Institut Universitaire de Hautes Études Internationales, 1987.

Moore Jr., Barrington, *Los orígenes sociales de la dictadura y de la democracia*, Barcelona, Ediciones Península, (2ª. ed.), 1976.

Morse, Chandler, "Economía del socialismo africano", en W. H. Friedland y C. G. Rosberg (compiladores), *África Socialista*, México, Fondo de Cultura Económica, 1967.

Mouffe, Chantal, "Radical democracy or liberal democracy?", en David Trend (editor), *Radical Democracy*, New York, Routledge, 1996.

Mouriaux, René, *Le syndicalisme face à la crise*, Paris, Éditions La Découverte, 1986.

Mourin, Maxime, *Histoire des grandes puissances* (3ª edición revisada y completada), Paris, Payot, 1958.

Mouzelis, Nicos, "Capitalism and Dictatorship in Post-war Greece", *New Left Review*, London, número 96, marzo-abril 1976.

Neumann, Franz, *Behemoth. Pensamiento y acción en el nacional socialismo*, México, Fondo de Cultura Económica, [1943] 1983.

Nin, Andreu, *La revolución española*, Barcelona, Editorial Fontamara, 1978.

Nkrumah, K., *Kwame Nkrumah: un líder y un pueblo*, [autobiografía], México, Fondo de Cultura Económica, (2ª edición), 1962.

Nordsieck, Wolfram, *Parties and Elections in Europe / Parteien und Wahlen in Europe*, 1997-2002 -www.parties-and-elections.de.

Nudelman, Ricardo, *Diccionario de política latinoamericana del siglo XX*, México, Océano, 2001.

OIT, *Anuario de Estadísticas del Trabajo 2002,* Ginebra, Oficina Internacional del Trabajo, 61ª edición, 2002.

Ojeda Avilés, Antonio, "Sindicalismo europeo, su crisis, sus alternativas", en *Sociología del Trabajo,* Madrid, Siglo XXI, número 6, primavera de 1989.

Organization of European Economic Cooperation, *Industrial statistics, 1900-1955,* Paris, OEEC, 1956.

Padgett, Stephen y Tony Burkett, *Political Parties and Elections in West Germany*, London, Hurst & Co., 1986.

Panitch, Leo y Colin Leys, *Socialist Register 2003: Fighting identities: race, religion and ethno-nationalism*, London, Merlin Press, 2002.

Paris, Robert, *Los orígenes del fascismo,* Barcelona, Ediciones Península, 1976.

Parker, R. A. C., *El siglo XX. Europa, 1918-1945*, (22ª ed.), México, Siglo XXI Editores, 2000, Colección *Historia Universal Siglo veintiuno*, vol. 34.

Partido Comunista de la Federación Rusa en "Las diez tesis de Guennadi Ziuganov", *Pravda rossii*, traducido al español en *rebelión.org*, 17 de agosto de 2003.

Patula, Jan, *Europa del este: del stalinismo a la democracia*, México, Siglo XXI Editores/Universidad Autónoma Metropolitana, 1993.

Payne, Stanley G., *El régimen de Franco (1936-1975)*, Madrid, Alianza Editorial, 1988.

Pelikan, Ji i, "The Struggle for Socialism in Czechoslovakia" (Interview by Quintin Hoare & Robin Blackburn), en *New Lwft Review*, London, número 71, Enero-Febrero 1972.

Pereira, Claude, "Venezuela", *El estado del mundo, op cit*, 2002, Frédérique Langue, "Venezuela", *ídem*, 2003.

Petrie, Daniel (director), *Inherit the Wind-Heredarás el viento* (película con George C. Scott y Jack Lemmon), USA, 1999.

Picó, Joseph, *Los límites de la socialdemocracia europea*, Madrid, Siglo XXI de España, 1992.

Pierson, Frank (director), *Citizen Cohn-Ciudadano Cohn* (película para TV con James Woods y Joe Don Baker), USA, 1992.

Pla, Alberto J., *América Latina siglo XX. Economía, sociedad, revolución*, Caracas, Universidad Central de Venezuela, 1980.

Platt, Tony, "The State of Welfare: United States 2003", *Monthly Review*, New York, Vol. 55, Núm. 5, octubre de 2003.

Popper, Karl R., *La miseria del historicismo*, Madrid, Alianza Editorial, 1973.

Poulantzas, Nicos, *Fascismo y dictadura*, México, Siglo Veintiuno Editores, 1971.

Prensa Latina, *Tres continentes*, La Habana, Prensa Latina, 1966.

Pye, Lucian W., "Party Systems and National Development in Asia", en LaPalombara y Weiner (editors), *Political Parties and Political Development*, Princeton, Princeton University Press, 1966.

Radice, Giles y Lisanne Radice, *Socialists in the Recession*, London, Macmillan Press, 1986.

Ragaru, Nadège, "Bulgaria", *El estado del mundo, op cit*, 2003.

Ramos-Oliveira, Antonio, *Historia social y política de Alemania*, Dos tomos, México, Fondo de Cultura Económica (Colección Breviarios, número 71), 2ª. Edición, 1964.

Raulff, Heiner, "Italia", en Wolfgang Benz y Hermann Graml (compiladores), *Europa después de la Segunda Guerra Mundial. 1945-1982*, tomo 2, (7ª ed.), México, Siglo XXI Editores/Siglo XXI de España, 2000.

Rizzi, Bruno, *La burocratización del mundo*, Badalona, Ediciones Península, 1980.

Robert, Élisabeth, "Hungría", *El estado del mundo, op cit*, 1999-2003.

Rodríguez Araujo, Octavio, "Cuba 2003 en la encrucijada", Revista *Memoria*, México, núm. 172, junio de 2003.

——, "Elecciones en Francia", Perfil de *La Jornada*, México, abril de 1988.

——, "Política y neoliberalismo", *Revista Mexicana de Ciencias Políticas y Sociales*, México, UNAM-FCPyS, año XLI, octubre-diciembre de 1996, número 166.

——, *Izquierdas e izquierdismo. De la Primera Internacional a Porto Alegre*, México, Siglo XXI Editores, 2002.

——, *Régimen político y partidos en México*, México, Instituto Electoral del Estado de México, 2002.

Rodríguez, José Luis, "La nueva extrema derecha europea: las claves del éxito", en Roger Griffin *et al*, *La extrema derecha en Europa*, Barcelona, Temas Clave/Historia y Vida, [2002].

Rothschild, Joseph, *East Central Europe Between the Two World Wars*, Seattle, University of Washington Press, 1974.

Rudel, Christian, *Le Portugal et Salazar*, Paris, Éditions Économie et Humanisme/Les Éditions Ouvrières, 1968.

Sánchez Cervelló, Joseph, "El *Estado Novo* Salazarista: una dictadura autoritaria y corporativa", en Joan Antón Mellón (coordinador), *Orden, jerarquía y comunidad. Fascismos , dictaduras y postfascismos en la Europa contemporánea*, Madrid, Tecnós, 2002.

Sartori, Giovanni, *Partidos y sistemas de partidos. Marco para un análisis*, Madrid, Alianza Editorial, vol. I, 1980.

Sassoon, Donald, *Contemporary Italy, politics, economy and society since 1945*, London & New York, Longman, 1986.

Saz, Ismael, "Escila y Caribdis: el franquismo, un régimen paradigmático", en Joan Antón Mellón (coordinador), *Orden, jerarquía y comunidad. Fascismos , dictaduras y postfascismos en la Europa contemporánea*, Madrid, Tecnós, 2002.

Schrecker, Ellen, *The Age of McCarthyism: A Brief History with Documents*, Boston, St. Martin's Press, 1994, en www.english.uiuc.edu/maps/mccarthy/schreker1,htm. (Texto completo).

Schreiber, Thomas y Françoise Barry (dir.), *L'URSS et l'Europe de l'Est*,

Paris, La Documentation Française (Collection « Notes et études documentaires »), 1989 (número especial).

Sen, Amartya, "Desigualdad y desempleo en la Europa contemporánea", OIT, *Revista Internacional del Trabajo*, Vol. 116, núm. 2, 1997 (Versión en Internet).

Serra, Régine, "China", *El estado del mundo, op cit*, 2003.

Serrano, Pascual, "Cuando al engaño le llaman transición", en http://perso.wanadoo.es/camilofidel/resena-sinconstitucion.htm.

Soares, Mário, *Portugal: la lucha por la liberación*, Caracas, Monte Ávila Editores, 1973.

Soulé, Véronique, "Balkans. Albanie, Bulgarie, Roumanie, Yougoslavie", *L'etat du monde, op cit*, 1988-1989.

Spriano, Paolo, *Storia del Partito comunista italiano*, Tomo II, *Gli anni della clandestinitá*, Torino, Einaudi, 1969.

Stadler, K. R., "Austria", S. J. Woolf *et al*, *El fascismo europeo*, México, Editorial Grijalbo, 1970.

Stalin, J., *Cuestiones del leninismo*, México, Ediciones Sociales, 1941.

Stawar, Andrezej, *Libres ensayos marxistas*, México, Editorial Era, 1977.

Stiglitz, Joseph E., *El malestar en la globalización*. Buenos Aires, Taurus, 2002.

Strang, G. Bruce, *On the Fiery March. Mussolini Prepares for War*, New York, Praeger Publishers, 2003.

Swyngedouw, Marc, "Belgium: explaining the relationship between *Vlaams Blok* and the city of Antwerp", en Paul Hainsworth (editor), *The politics of the Extreme Right*, London/New York, Pinter, 2000.

Szelényi, Iván. "¿Los intelectuales en el poder?, En Robin Blackburn (compilador), *Después de la caída (el fracaso del comunismo y el futuro del socialismo)*, México, Editorial Cambio XXI/Colegio Nacional de Ciencias Políticas y Administración Pública/Facultad de Ciencias Políticas y Sociales (UNAM), 1994.

Tarpley, Webster G. y Anton Chaitkin, *George Bush: the Unauthorized Biografphy*, en www.tarpley.net/bushb.htm, (texto completo).

Therborn, Göran, *¿Cómo domina la clase dominante? (Aparatos de Estado y poder estatal en el feudalismo, el capitalismo y el socialismo)*, México, Siglo XXI Editores, 1978.

Torres Robles, Alfonso, *La prodigiosa aventura de los Legionarios de Cristo*, Madrid, Foca Ediciones, 2001.

Toussaint, Eric, *La bolsa o la vida. Las finanzas contra los pueblos*, 2 Tomos, México, CADTM-SNTE-Convergencia Socialista, 2002.

Traverso, Enzo, "Hannah Arendt: les origines du malentendu", *Rou-*

ge, Paris, 21 de noviembre de 2002.
——, *La violencia nazi. Una genealogía europea*, Argentina, Fondo de Cultura Económica, 2003.
Trend, David (editor), *Radical Democracy*, New York, Routledge, 1996
Trotsky, León, *En defensa del marxismo*, Barcelona, Editorial Fontamara, 1977.

Ucelay-Da Cal, Enric, "Introducción histórica a una categoría imprecisa", en Joan Antón Mellón (coordinador), *Orden, jerarquía y comunidad. Fascismos , dictaduras y postfascismos en la Europa contemporánea*, Madrid, Tecnós, 2002.
URSS, *Constitución de la URSS*, Moscú, Ediciones en Lenguas Extranjeras, 1960.

Vajda, Mihaly, *Fascism as a mass movement*, London, Allison & Busby, 1976.
Van Eeuwen, Daniel, "Cuba", *L'etat du monde*, 1993.
Vilas, Carlos M., "El populismo como estrategia de acumulación: América Latina", en *Críticas de la Economía Política (edición latinoamericana)*, México, Ediciones El Caballito, número 20/21, julio-diciembre de 1981.
Villagrán Kramer, Francisco y Mario Monteforte Toledo, *Izquierdas y derechas en Latinoamérica. Sus conflictos internos*, Buenos Aires, Editorial Pleamar, 1968.
Voslensky, Michael, *La nomenklatura. Les privilégiés en U.R.S.S.*, Paris, Pierre Belfond, 1980.
Vuškovi , Boris, "Social Inequality in Yugoslavia", en *New Left Review*, London, número 95, enero-febrero 1976.
Wallerstein, Immanuel, "The decline of the party in single-party African states", en Joseph LaPalombara y Myron Weiner (editors), *Political Parties and Political Development*, Princeton, Princeton University Press, 1966.
Warner, G., "Francia", en Woolf, S. J. *et al*, *El fascismo europeo*, México, Editorial Grijalbo, 1970.
White, Matthew, *Historical Atlas of the 20th Century*, http://user.erols.com/mwhite28/.
Wiarda, Howard J., *Corporatism and Development: The Portuguese Experience*, Amherst, University of Massachusetts Press, 1977.
Wiskemann, Elizabeth ,*La Europa de los dictadores, 1919-1945*, (5ª edición), México, Siglo XXI Editores, 1983.
Woolf, S. J. *et al*, *El fascismo europeo*, México, Editorial Grijalbo,

1970.
Woytinsky, Wladimir, *Les conséquences sociales de la crise*, Genéve, Bureau International du Travail, 1936.
Wright, Erik Olin, *Clase, crisis y Estado*, Madrid, Siglo XXI de España, 1983
——, *Classes*, London/New York, Verso, 1985.

Yates, Michael D., *Naming the System: Inequality and Work in the Global Economy*, New York, Monthly Review Press, 2003.

Ziégler, Jean, *Sociología de la nueva África*, México, Ediciones Era, 1964.

PERIÓDICOS

BBCmundo.com del 8 de agosto de 2002, en http://news.bbc.co.uk/hi/spanish/latin_america/nesid_2181000/2181939.stm.
Cambio 16, Madrid, febrero de 1977.
La Hoja de Combate, México, varios números.
La Jornada, México, varios números.
Rebelion.com
Shanghai Star, 20 de junio de 2002. (en Internet).
The Economist, 1 de octubre de 1994.
U.S. News & World Report, 8 de junio de 1998

PÁGINAS EN LA RED

http://216.239.51.100/search?q=cache:-_sj8m1eqGYC:www.census.gov/hhes/www/img/p60-191.pdf+gini+index&hl=es&ie=UTF-8.
http://abbc.com/pamyat/.
http://chasing.8m.com/ (The Muslim World).
http://es.news.yahoo.com/020923/159/27r46.html.
http://foros.hispavista.com/politica_espana/1005/.

http://motlc.wiesenthal.com/pages/t026/t02612.html.
http://news.bbc.co.uk/1/hi/world/europe/1970512.stm.
http://thomas.loc.gov/cgi-bin/query/z?c107:H.R.3162.
http://watch.pair.com/JBS.html.
http://watch.pair.com/jbs-cnp.html.
http://www.adl.org/adl.asp
http://www.adl.org/backgrounders/joerg_haider.asp.
http://www.adl.org/learn/Ext_US/butler.asp?xpicked=2&item=2.
http://www.agenciaperu.com/investigacion/2002/dic/posibilismo.htm
http://www.agnet.org/library/image/eb434t1.html
http://www.alleanza-nazionale.it/presidente/profilo.html.
http://www.angelfire.com/home/government/FascistFigures.html.
http://www.arrakis.es/~trazeg/fukuyama.html
http://www.aryan-nations.org/.
http://www.asamblea.gob.sv/diputados/arena.htm
http://www.basbakanlik.gov.tr/english/59programme.htm
http://www.bnp.org.uk/news/2003_may/news_may02a.htm.
http://www.campaignwatch.org/
http://www.cdu.de/
http://www.census.gov/hhes/income/incineq/p60204/p60204txt.html
http://www.census.gov/hhes/income/income01/prs02asc.html
http://www.cia.gov/cia/publications/factbook/fields/2172.html
http://www.cia.gov/cia/publications/factbook/geos/pl.html#Econ
http://www.cidob.org/bios/castellano/lideres/
http://www.cisle.org.mx/cislillo.htm
http://www.colombialibre.org/#
http://www.constitution.org/mil/cs_milit.htm.
http://www.cooper.edu/humanities/core/hss3/h_vontreitschke.html.
http://www.cssd.cz/vismo/index.asp?tz=2&id_org=422010&id=34972
http://www.danskfolkeparti.dk/
http://www.derechos.org/nizkor/colombia/doc/convivir.html
http://www.dojgov.net/posse_comitatus_act.htm.
http://www.dvu.de/.
http://www.econlib.org/library/Enc/Fascism.html.
http://www.electionworld.org

http://www.frbsf.org/econrsrch/wklyltr/el97-03.html
http://www.frg.org.gt/historia-frg.htm
http://www.fuerzaecuador.org/
http://www.geocities.com/Athens/Crete/7892/skin/skinhead.htm.
http://www.geocities.com/Athens/Troy/1791/.
http://www.geschichte.hu-berlin.de/ifg/galerie/texte/treitsc2e.htm.
http://www.halliburton.com/about/index.jsp.
http://www.idc-cdi.org/parties/Miembros_IDC.asp
http://www.idgr.de/lexikon/stich/d/dvu/dvu.html.
http://www.iespana.es/rusiaonline/Nivel2/4Lecturas/Lecturas_archivos/amigo_Occidente.htm.
http://www.ihr.org/jhr/v04/v04p–5_Whisker.html.
http://www.jbs.org/visitor/about/aboutrwelch.htm.
http://www.jpfo.org/.
http://www.katyn.org.au/map.html.
http://www.kukluxklan.org/.
http://www.miep.hu/
http://www.natall.com/.
http://www.nizkor.org/hweb/orgs/american/adl/paranoia-as-patriotism/posse-comitatus.html.
http://www.nns.ru/e-elects/e-persons/zyugan.html.
http://www.oup-usa.org/isbn/0195040058.html.
http://www.parties-and-elections.de/.
http://www.peru.com/ivota/planes/p_sanroman.asp
http://www.pp.es/turcana/nacional/VerQuePretendemos.jsp?id=870
http://www.premier-ministre.gouv.fr/fr/p.cfm?ref=411.
http://www.prona-rj.com.br/index.htm
http://www.psd.ro/engleza/index.html
http://www.pur.ro/
http://www.rcsed.ac.uk/journal/vol45_6/4560011.htm.
http://www.rn.cl/
http://www.sld.org.pl/
http://www.tbmm.gov.tr/anayasa/constitution.htm
http://www.theneworder.org/principles.htm.
http://www.tolerance.org/maps/hate/group.jsp?map_data_type_id=1.
http://www.tolerance.org/maps/hate/index.html#criteria.
http://www.tre-sp.gov.br/partidos/prona.htm

http://www.twelvearyannations.com/ourposition.html.
http://www.udi.cl/
http://www.u-m-p.org/index.php.
http://www.u-m-p.org/union/fondements/congres/congres.php
http://www.vidaenelvalle.com/opinion/spanish/story/6018377p-6975110c.html.
http://www.vlaamsblok.be/.
http://www.washingtonpost.com/wp-srv/politics/daily/sept98/wallace.htm.
http://www.worldbank.org/depweb/beyond/beyondsp/chapter5.html
http://www.worldbank.org/depweb/beyond/beyondsp/chapter5.html
www.nationalist.org.
www.theamericancause.org.

ÍNDICE DE NOMBRES Y LUGARES

ÍNDICE

formación: ivonne murillo
familia tipogrñafica: new baskerville 10/12

se terminó de imprimir el
3 de mayo de 2004

en los talleres de cargraphics, s.a. de c.v.
av. presidente juárez 2004
fracc. industrial puente de vigas
tlalneplanta, edo. de méxico

www.ingramcontent.com/pod-product-compliance
Ingram Content Group UK Ltd.
Pitfield, Milton Keynes, MK11 3LW, UK
UKHW041827200726
13854UKWH00002BA/649